JOB
HUNTING
GUIDE

How to Get
a Great Job
in Financial Accounting

一本书突围财会求职

韦新安 赵千 韦政良 ◎编著

·北 京·

图书在版编目（CIP）数据

一本书突围财会求职 / 韦新安，赵千，韦政良编著.
—北京：中国市场出版社有限公司，2021.5
ISBN 978-7-5092-1802-0

Ⅰ. ①一… Ⅱ. ①韦… ②赵… ③韦… Ⅲ. ①会计人员-职业选择 Ⅳ. ①F233

中国版本图书馆CIP数据核字（2019）第034206号

一本书突围财会求职

YIBENSHU TUWEI CAIKUAI QIUZHI

编　　著　韦新安　赵　千　韦政良
责任编辑　辛慧蓉（xhr1224@aliyun.com）

出版发行　中国市场出版社 China Market Press
社　　址　北京西城区月坛北小街2号院3号楼
电　　话　编 辑 部（010）68033692　读者服务部（010）68022950
发 行 部（010）68021338　68033577　68020340
总 编 室（010）68020336　盗版举报（010）68020336
经　　销　新华书店

印　　刷　河北鑫兆源印刷有限公司
规　　格　145mm×210mm　32开本
印　　张　12.25　　**字　　数**　260千字
版　　次　2021年5月第1版　　**印　　次**　2021年5月第1次印刷
书　　号　ISBN 978-7-5092-1802-0　　**定　　价**　58.00元

HOW TO GET A GREAT JOB
IN FINANCIAL ACCOUNTING

求职，是讲究对策的

（代　序）

很多人都有过求职的经历。

然而，很多人凭着满腔的真诚和热情，凭着纯朴、厚道和本色，却处处碰壁，耗费了大量宝贵的时间、金钱和精力。很多人不怕失败，坚韧不拔，屡败屡战，却始终没有章法、不得要领，不讲究应对之策，盲目、反复、天真地碰运气。即使是久经沙场的“老兵”或者在学校时表现颇为出众的学生，面对云波诡谲的招聘市场也常常煞费苦心、不知所措，暗自神伤和叹息。

“我把简历投在沙滩上，被浪带走了；我把简历投在草坪上，被风带走了；我把简历投在天空中，被白云带走了；于是乎，我把简历贴满了大街小巷——我被城管带走了！”在大学校园流传一时的这段文字，成为许多大四学生求职心声的生动表达。

其实，求职是有对策的。“求”，即请求、寻求、探求、谋求、追求。可见，对于大多数人来讲，求职不但要靠实力，还要讲究些策略、方法、智慧。尤其在人才市场求职者明显处于弱势的情况下，招聘方总是会不厌其烦地挑三拣四，故弄玄虚地花样翻新，而且往往高高在上、牛气哄哄。在此情形下，你别无他法，只有知己知彼地把握住它，只有对症下药地克制住它，只有有的放矢地降伏住它，只有投其所好地吸引住它……只有以圆熟老道的“策略”俘获它的芳心，才有可能胜出。

达尔文说：“物竞天择，适者生存。”比尔·盖茨说：“社会充满不公平现象，你先不要想去改造它，只能先适应它。”我想，这两句话用在求职者身上也是十分恰当的。

职场即人场，求职即求人。作为求职者，必须掌握“求”的规律。不但要具备实力，更要学习点求职的技巧；不仅要执着地提升自己的硬实力，还要深入研究形形色色的招聘单位和招聘官们；不仅要有真诚和激情，更要把握求职的对策。求职其实就是一场求职者与招聘者的“战争”，“战争不相信眼泪”，落后就要挨打，无论是实力的落后还是思想、胆略、策略的落后。

求职难，招聘难，应当说既有求职者的问题，也有招聘者的问题。有的HR（人力资源管理，又称人事，本书指人事部门人员）吹嘘说“在短短的几分钟面试之内，或者在简历挑选的若干秒之内就能够立马识别出一个人是不是人才”，这样的大话简直就是笑话。古人云：“路遥知马力，日久见人心。”白居易七律《放言》说：“试玉要烧三日满，辨材须待七年期。”

是不是人才，是不是一个单位真正需要的人才，怎么可能在极短的时间内断定？难道，招聘官们都是火眼金睛？！

可见，招聘程序和招聘官并不一定完美无缺，求职应聘确有规律和章法可循。无数事例表明，那些善于把握和运用求职对策的应聘者都及时、顺利地拿到了 offer（offer letter，录取通知），而很多人还在四处奔波，这样的鲜明对比足以引起思考和重视——求职没有灵丹妙药，更讲究因地制宜，因时制宜，因势制宜，机动灵活。一时的求职受挫也许不必过于纠结，而如果屡屡受挫，那就要建议你读一读这本书了。

需要特别指出的是，每年秋冬季，大批应届毕业生走出校门以后，扑面而来的就是阵阵的求职“寒风”，由于缺乏经验，不懂求职策略，应聘屡屡受挫，只能在萧瑟的“寒风”中不停地、苦苦地求索。这本求职宝典虽然是为财税类专业大学生而写的，但其中的核心思想和案例无疑也适用于更多不同专业的同学们。

囿于写作水平，书中内容浮浅与偏颇之处难免，然诚心可鉴。

是为序。

韦新安

2020 年冬

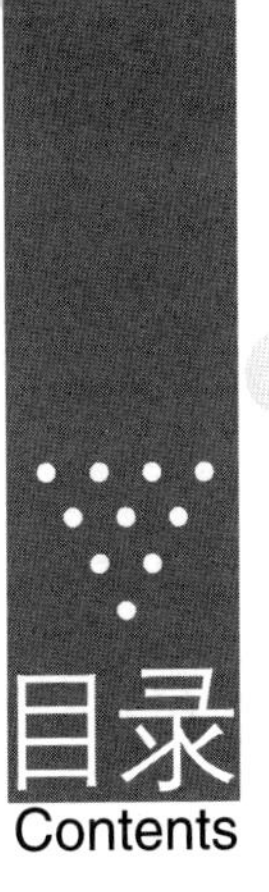

目录

Contents

完胜对策之二 适合的 才是最好的

完胜对策之三 有的放矢 投其所好

完胜对策之四 门当户对 对号入座

完胜对策之六 到什么山上唱什么歌

完胜对策之一

知己知彼 势在必赢

知己，就是要了解自己，比如自己的个性、兴趣、特长、能力、资源、理想、职业观、价值观等；知彼，无疑就是要了解对方，包括你所求职的职业、行业、招聘单位和岗位的情况等。

在求职时，只有尽可能全面、深入、准确地知己知彼，并实事求是地寻求知己与知彼二者的和谐统一，才可能保证求职的顺利，才可能在职业道路上一帆风顺，这是求职必须首先明白的前提。

1.1　知己知彼是求职的第一对策

1.1.1　求职，从了解自己开始

很多应届生在求职时，看到一条招聘信息，感觉差不多，就迫不及待地制作、投递简历，甚至将现有的简历不加任何修改直接投递出去。其实，求职的第一件事不是投递简历，也不是草草地制作一份简历投出去，而是要先做到知己知彼，就是要真真切切地、全面地对照、分析自己，看一看自己在诸多方面是否适合这份工作，同时全方位了解、分析对方，看这份工作是否适合自己。只有完成这一步，明确自己，明确对方，才能做到在求职时有针对性，有方向，有选择，减少时间、金钱等资源的浪费，集中精力，提高求职的成功率。

一位招聘主管抱怨说：

你是新人没关系，但千万别是自以为是的新人。很多新人也不管自己适合不适合，不对照一下自己的情况，只管投简历。曾经有人在简历中把我们公司夸成世界500强，一看就知道这

个人并不了解我们公司。如果一个人连他口口声声想要加入的公司都不了解，我并不认为他适合公司。……对我来说，你是陌生人，简历是我认识你的唯一途径。当我快速看完你的简历，没有任何印象时，我会把机会留给下一位求职者。

知己知彼不是凭空想象就可以“知”得清楚的，必须付出一定的努力，做好必要的功课，才可以水到渠成。

正如一位网友说：

通过暑期实习的体验，有了对自身优势的全面分析及职业发展前景的了解，由于针对性较强，在网投时，节省了大量职位搜索的时间……也提高了简历投递成功的可能性。

当然，要做到知己知彼，需要“知”的方面有很多。单就知己方面来说，首先要了解自己的个性是什么，以便科学地确定自己适合从事的职业、行业及岗位。

1.1.2　求职要让个性与职业岗位相匹配

华润燃气在其校园招聘常见问题回答中，对“招聘时看重员工什么素质？”的回答是：“公司在考查大学应届毕业生时，将通过简历筛选和面试等环节的考查，深入了解新员工的性格、特长、发展潜质等，希望看到应届毕业生最真实的一面。”可见，招聘单位对应聘者的个性、兴趣等非常看重，因为它涉及入职以后的工作态度、表现、效率和效果。

复旦大学一位应届生说：

从 11 月开始，学校毕业生就业办公室门口的招贴栏里就热热闹闹地挤满了各种招聘通知。跨国公司、政府机关、国有企业、民营公司，各式各样，让人眼花缭乱。那么，我所要的信息从何而来呢？既然什么事都要从我做起，那么就从自身了解出发吧。虽然大多数时间是在象牙塔里度过的，但毕竟没有“两耳不闻窗外事”。社会活动、暑期实践、毕业实习，都给了我对于一些公司、一些工作的初步感性认识。我的专业是国际金融，所以曾经先后在银行、保险公司实习。银行的基础操作容易上手，讲求百分之百的没有差错，但有一定的重复性，是一种相对稳定的工作，所以也许不适合那些性格上粗枝大叶，或者总喜欢求新求变的人。而保险公司现今是多足鼎立，竞争激烈，要成为一名优秀的展业人员，不仅要能吃苦，更要有良好的人际交往能力，性格内向在这种工作中也许就不是优点。曾经有过一些 part time job[①] 的经历，例如做市场调研，做家庭教师，在当时也许只是为了多些锻炼的机会，但现在看来，它

① 即兼职。

们同样告诉了我，什么样的工作需要什么样的人，而什么样的人又适合什么样的工作。（来源：吃吃，《个性与求职分析、简历制作、笔试面试经验谈》，应届生论坛网，2008 年 4 月 17 日。）

作为应届生，当然包括会计应届生，选择职业、行业、岗位和求职时，一定要认真分析一下自己的性格，立足现实，并着眼长远的职业生涯发展，多做一些尝试、探索，逐步找到最适合自己的工作。因为就职业本身来讲，永远不存在什么最好的职业，而只有最适合自己的那份工作。

在上海有一所高校，其会计学专业是属全国重点学科，其中国际会计专门化方向是与国外大学合作办学，该专业方向主要专业课程直接使用国外原版教材，旨在培养一批国际公认的、外向型高级会计人才。由于是国家重点学科，并采用独特严格的教学方法，该专业的人才在相关行业内具有品牌影响力，故不少学生毕业后大多在外资企业或会计师事务所、大型中资企业、国内外各大银行从事会计与财务管理工作。正因为社会影响大，就业出路好，所以每年都被优秀高中毕业生和其家长视为热门专业。

某同学家住该校附近，对该校情况比较了解，早在高中读书期间，就将升学和专业选择目标锁定在该校国际会计专业上。因目标明确，学习勤奋，终于如愿以偿地成为该校国际会计的一名学生。转眼四年的学习即将结束，在面临就业的选择时刻，作为国际会计专业的毕业生，她和许多同学一样，将当时的五大国际会计师事务所作为自己应聘工作岗位的首选。

经过严格的层层筛选，她被其中一家国际会计师事务所录用。毕业后，她身着笔挺工作套装，手拎黑色皮包，进出公司大楼做审计工作，成为在他人眼里备受羡慕的 office 白领。

但是，从事这项工作主要是到各类公司进行会计报表等项目审计，整日与数字打交道，渐渐地，她感到工作时提不起精神，开始怀疑自己的性格是否与目前从事的职业岗位相匹配。经过一段时间的痛苦思考，一年后她终于下定决心，毅然放弃月薪 6000 元的工作，跳槽投奔一家月薪只有 2000 元的公司，从事 flash 多媒体制作工作。（来源：吃吃，《个性与求职分析、简历制作、笔试面试经验谈》，应届生论坛，2008 年 4 月 17 日。）

可见，职业选择不是一件小事，所应聘的行业、单位如果与自己的个性不匹配，不仅影响择业的成功，更可能给未来带来一定的负面影响，不得不重新选择。

1.1.3　会计相关工作对个性的要求

那么，什么样的性格或个性更适合从事会计、审计工作呢？应该说，不同的会计、审计岗位和职务层次，对性格的要求是有所不同的。就会计应届生通常求职的初级会计、审计岗位而言，一般需要的个性是：性格沉静、情绪稳定，做事讲究规律和秩序，有条理，注意力集中，克制、忍让、随和，不急躁，有持久力，办事认真，有责任心，稳妥可靠，有一定的沟通、交际能力，善于周到、耐心、仔细、谨慎地完成工作及细节等，那些情绪易激动、浪漫、好动、办事凭兴趣、缺乏耐力和毅力、粗枝大叶等性格的人往往难以适应。而作为财务主管、经理、总监等高层次人员，一般需要具备理性、机智、聪明、迅速、随机应变能力强，思维敏捷，善于沟通和周旋，重视规律和秩序，有原则，有条理，交际、组织能力强等。

总体来讲，从事会计、审计工作的人应该具备外向开朗的性格。正如毕马威会计师事务所合伙人林启华在武汉大学举办的一次招聘宣讲会上所宣称的："我们不欢迎性格内向的学生。"他说，应聘者最重要的是上进心，但排除性格太内向的学生。当然，此观点立即引来不少学生的不解。武大经管学院大四生毛同学称，当会计与性格关系不大，会计贵在认真仔细，性格内向不是更好吗？她坦言自己性格有些内向，但并不妨碍自己做好会计工作，认为这是性格歧视。林启华解释，之所以这样选择主要是从交际角度出发，公司客户来自各行各业，其中有许多是具有复杂运营管理体系的特大型企业，假若员工

“不善于沟通”，就难以跟客户打交道。“不要性格内向者并非性格歧视，完全是从工作出发”。

其实，个性特点是求职者个人“软技能”的体现，这一点被越来越多的公司所重视。一般来讲，HR 看求职者个性特点的描述，目的有二：一是看求职者的性格以及价值观是否与公司的企业文化相符合。比如一些公司强调“工作即兴趣”，一些公司考察“是否能承受高压的工作环境”，另外一些公司提倡“创新精神”……所以，个性特点一栏的描写非常重要，真实而有针对性地展示自我，寻找到真正与自己职业价值观匹配的公司，也是将来开心工作的保证。二是看求职者的个性是否符合岗位要求。比如招聘初级会计，需要你细心缜密，认真负责、有耐心；招聘初级审计，需要你的团队合作、沟通力、责任心和吃苦耐劳；招聘行政助理，则需要你按部就班，循规蹈矩，太有创意和想法的人才是不会留下来的。

客观地说，人的个性本身并无好坏之分，人的个性也是会变化的，是具有很强可塑性、可培养性、可提升性的。应届生的个性并未完全形成，或者尚未完全展现出来，更不用说根据工作需要用心去培养了。即便入职之初不具有一些职业、工作、岗位需要的性格，但随着个人职业生涯的推进和工作岗位的演变，特别是工作的磨炼，职业人在工作中会主动或不知不觉地形成新的性格。所以，会计应届生也好，其他专业应届生也好，不要固执地、绝对地、想当然地认为自己是否绝对适合某一职业或者不适合某一职业，因为你还没有走进职业世界。最好的办法就是，拿不准的就不要多想、多犹豫，而要去多试、多闯，只有试了、体验了才知道，这也是人们建议应届生“先就业再择业”的道理之一。

1.1.4 求职要客观对待“兴趣”

创维集团在其校园招聘须知中明确提出：“只要你的兴趣和能力与职位要求相符合，都可以在网上或招聘会申请应聘。”可见，兴趣是招聘方关注的一个重要因素。对于兴趣，翰威特咨询公司（现更名为怡安翰威特咨询公司）大中华区副总裁许先生说：“职场年轻人在做自己职业规划、准备‘卡位’的时候，还需要考虑自己的兴趣和爱好，因为只有自己真正喜欢的东西才会做得积极和长久。另外，要注意积累自己信息的来源——实际上相当长的时间内，我们都是在为自己的简历打工的。既然这样，我们必须得知道自己的简历要‘卖’给谁，也就是说你要清楚自己未来要做什么。”

一个人一生中选择什么样的职业，兴趣起着主要作用，有时甚至比能力更重要。在兴趣的引导下，即便是枯燥、无味的工作，也会忘我地投入，并从中得到无穷的乐趣。否则，如果不感兴趣，那么这份工作就是一种负担，工作起来无精打采，最终难以取得成绩。

然而，“兴趣”又是一把双刃剑，必须客观对待。关于兴趣与职业的关系，分众传媒创始人、董事局主席和首席执行官江南春有过一段精彩的表述。

有人问他：“都说要靠兴趣来工作，但很多时候我们就是为了谋生。你有过这种困惑吗？”他回答说：“如果你有条件当然是根据兴趣去选择工作，但问题是这个市场往往不以你的兴趣为转移的。很多时候，职业就是谋生的手段。另外，创业和谋职是两个概念，创业可以按照你的兴趣来规划，但谋职就不一样了。另外，我想，不要所有事情都一下子想得太高，分众传媒走到今天没有十年广告界的经历是不可能的。经常有人问我，你以前是诗人，写诗，现在做企业，如何来把握这两方面的呢？我说，放弃，我把诗放弃了，做企业就是要放弃别的东西。诗歌是青春期的东西，我现在没有爱好了，只有职业。”（来源：五百丁，《名企 CEO 妙语评简历》，五百丁简历，2019 年 1 月 29 日。）

因此，在选择职业时，要清清楚楚地明白，什么是自己期望的，什么是自己喜欢的，什么是自己擅长的，在这个基础上，进行冷静、理智的分析，给自己一个恰如其分的定位，不能笼统而盲目地追逐那些感觉不错的东西。因为心性的不同，以及经历、背景、个人资源的不同，特别是在目前就业形势非常严峻的情况下，各人在考虑就业问题时，要根据自己的衡量标准和价值趋向，尽快地作出选择，尽快地取得 offer，也许，只有真切地去做了才会找到感觉。

1.1.5 从事会计工作应有的兴趣

那么，从事会计工作的人应具有怎样的兴趣，或者说应培养怎样的兴趣才能做好会计和财务工作呢？实践表明，第一，要对数据敏感，或者说对数据有良好的感觉，善于理解、体会、挖掘、分析和表达数据背后所隐含的意义，不能对数据的变动麻木不仁。因为会计人员每天工作的对象就是数据，一天到晚都围绕着数据做文章，小数据，大乾坤，没有一个好的数据意识就当不好会计，这是优秀财务工作者的共识。第二，要对收支计算、盈亏计算、资金核算有兴趣，对算账有兴趣，最起码心理上不厌烦。这是做好会计工作的前提。第三，要有善于整理、分类的习惯和意识，会计工作就是一个梳理、分类的工作，面对复杂的会计资料和业务要善于归类，面对混乱的会计信息要善于梳理。可以说，会计其实就是一个分门别类的艺术，每一笔经济业务发生以后，会计人员都要采用专门的方法和一系列程序（诸如设置会计科目、设置账户、编制会计凭证、记账、编制会计报表等）进行科学分类，并符合清晰性、可比性、重要性等信息质量原则。第四，要喜欢规矩，喜欢整洁。不讲规矩，难成方圆。会计人员经常面对很多单据、凭证、资料，如果不喜欢、不善于清理和整理，不爱整洁，不注意归类存档，大大咧咧，随随便便，邋邋遢遢，会计工作必将会是一团糟，他也不可能成为一个好会计。第五，要有很强的规则意识。会计所信奉、所依赖的就是一系列林林总总的规则。

再进一步讲，随着会计岗位层次的提高，作为财务管理人员，还应具有以下兴趣：第一，要对理财感兴趣，对怎样管理和使用好资财善于动脑子，出主意，想办法，精于算计。第二，要对财务会计制度、税收法律法规的条款和变化敏感，对宏观和微观经济政策的变化敏感，不能对政策等会计工作环境的变化无动于衷等。

上述这些都是应届生们求职会计工作前可以认真对照、思考和参考的方面，看看自己是否具有这些基本的兴趣、意识和习惯。当然，如果没有也不是绝对不能从事会计工作，那就要善于规范和培养，让自己尽快符合会计职业方方面面的要求。

1.2 认知职业，是求职的基本前提

1.2.1 认知会计相关职业

认知职业是应届生选择职业前的一项基础工作，是正确作出职业选择的一个前提。会计、审计类专业大学生不但要进行自我职业个性、兴趣、爱好、能力等方面的分析，还要做好与自己所学专业相关的（或者说可以从事的）职业的认知，这就是“知己知彼”之“彼”的一部分。认知职业主要包括以下两个环节（招聘方在实际招聘广告中所表达的正是这两个方面）:

1. 职业岗位描述

职业描述的过程是职业认知过程的一部分。大学生对职业的认识一般比较肤浅，要想在求职中顺利胜出，就要做到能够对相关职业进行客观而有见解的描述。只有认知清楚，才能正确选择，也才能真正让用人单位知道你了解这个职业，喜欢这个职业，让用人单位对聘用你感到放心。描述什么呢?

（1）职业岗位名称。会计职业，常常以出纳、会计员、会计、财务主管、财务经理等岗位形式出现，当然也有直接以工

作内容形式出现的，比如预算管理、内部控制、财务分析、融资专员等，这些都是岗位名称。岗位名称是求职者在应聘时应该首先关注的，也是招聘官筛选简历时的逻辑起点。所以，应聘表述时不能含糊其词，更不能一口气列出好几个，表示都是你想要的。

不过，招聘工作中对有的职位称呼比较规范，也有很多不太规范，这与人力资源部门对会计、审计职业不甚明了有关，求职时不能仅看名称合适就去应聘，更要看招聘的条件要求、工作内容和岗位职责要求。例如，有的企业招聘“预算会计”岗位，应届生不能简单地认为你在学校学过“预算会计”的课程就去应聘，二者其实是两码事。预算会计大多情况下是企业为了满足预算管理工作的需要而招聘，专门用来负责预算制定、考核的人员，而我们通常所说的“预算会计”是指学校、医院、科研院所等主要依靠国家预算拨款来运营的事业单位会计。

（2）职业岗位内容。职业内容描述就是要能够说明某职业岗位的职责和任务、工作开展的内容和要求、所连接的前后道程序的关系、所要接受的被监督内容、绩效考核的内容和形式以及该项工作对谁负责等。应聘前你可以对照一下，看自己是否能够拿得下来。例如，某外资企业在前程无忧网招聘“内审专员”岗位的工作内容是：①负责公司账务审计，采购审计，供应商审核，项目成本审计。②负责公司市场、客户、供应商监察工作；③全面建立公司内控系统，公司内部审计体系建立与组织实施；④根据公司的战略计划及企业发展阶段重点，制定重点内审计划；⑤独立执行内部审计工作，提交审计建议和审计报告，跟踪审计整改意见执行情况；⑥协助企业设定预防性及检查性控制系统；⑦通过内审报告，预测并明示企业各部存在问题，提出预防建议和整改方向。

（3）职业环境（条件）。包括办公地点的位置，办公条件的自然环境状况，安全性，稳定性，安静性等。比如，会计职业的工作地点和办公条件一般比较优越，窗明几净，安全性、舒适性和稳定性好，“风吹不着，雨淋不住”，这是由会计工作的性质所决定的，也是很多同学特别是女同学选择学会计专业的原因之一。有时，招聘方要求应聘者能够适应长期在异地工作，主要是招聘方为异地的分支机构选配人才。

另外，还有职业待遇、社会认可度、职业地位和声誉等。比如，注册会计师职业就是改革开放几十年来比较热门的职业，知名度较高，其工作性质和内容为社会经济改革发展所不可或缺，其职业作为、职业发展和声誉受到社会各方面的普遍关注。

2. 明确职业要求

职业要求就是从事一项职业所应具备的特定的要求，它是每个应聘者都应该通过职业认知、在应聘每个单位之前深入弄清楚的问题，通常包括以下三个方面。

（1）一般要求，包括应聘者的学历、职称、资质、知识与技能、素质、经历、工作经验等。比如，应聘会计员，一般都要求具备会计中专或大专以上学历，一年以上工作经验，能全面处理单位会计账务和编报会计报表，会熟练办理税务事项，熟练操作电脑和财务软件，有一定的文字能力等。

（2）形象要求，包括年龄、性别、健康状况、身高与长相等，这些都体现在招聘单位要求填写的《求职登记表》中。应该说，绝大多数职业对生理状况没有特殊要求，国家政策也不允许单位在招聘或选拔人才时有生理方面的歧视，一般身体健康即可。但是，实际上，一个人的生理状况无处不在，或多或少地影响着求职就业的结果。作为一个现代大学生，在求职前要根据应聘岗位的需要，努力改善一下自己的形象，这是职业本身的要求。

（3）素质要求，包括事业心、责任心、合作精神、敬业精神、沟通能力、观察能力、分析判断能力、组织领导能力等。应当说，这些要求往往比一般要求和形象要求更为重要，招聘单位在选人时主要考察的就是这些方面的素质，是求职者需要培育和训练的重点。

1.2.2 财会专业的求职方向

1. 从事会计工作

（1）各类企业单位，如工业、农业、商业、房地产开发、建筑施工、运输、邮政电信、文艺、出版、科研、旅游餐饮服务企业，以及金融企业，如银行、保险公司、证券公司、各类证券服务机构、期货公司、信托投资公司、产权交易所、商品交易所、租赁公司等。

（2）各类事业单位，如学校、医院、文化单位、体育单位、设计单位、广播电视、出版、水利、环保、计划生育、科研院所、科技馆、图书馆、博物馆、养老院、宗教活动场所等。

（3）各级国家权力机关，即乡（镇）以上各级人民代表大会及其常务委员会。

（4）各级政府行政机关，即乡（镇）以上各级人民政府及其组成部门，如教育部门、文化部门、财政部门、审计部门、交通部门、建设部门、司法部门等。

（5）各级审判机关和检察机关，即各级人民法院和人民检察院。

（6）各级政党组织和政协机关，包括中国共产党的各级组成机构、各民主党派的常设机构和各级政协机关。

（7）人民团体，如各级工会、共青团、妇联、学联、青联等。

（8）各类民间非营利组织，如各级各类民办学校、医院、福利院、养老院、研究所、文化中心、宗教组织，各级各类协会、学会、联合会、研究会、商会、基金会等。

需要职称：从低到高依次为会计员、助理会计师、会计师、高级会计师、正高级会计师等。

工作岗位：从低到高依次为初级会计人员、中级会计人员、主管会计、财务经理、CFO（财务总监、总会计师、主管财务工作的副总经理）等。

进入渠道：上述单位进入难度大不相同，有的需要考取国家公务员，如各级国家权力机关、政府机关、审判机关、检察机关、政党组织、人民团体等；有的需要通过事业单位的招录程序，如各类事业单位；大部分通过人才市场双向选择。

2. 从事会计师事务所工作

就业去向：会计师事务所。

需要资格：主要是中国注册会计师（CPA）、美国注册会计师（USCPA）、加拿大注册会计师（CGA）、澳洲注册会计师（CPA Australia）等。

工作岗位：从低到高依次为助理审计人员、注册会计师、项目经理、部门经理、高级经理、副主任会计师、主任会计师、合伙人等。

进入渠道：人才市场双向选择。

3. 从事咨询工作

工作内容：如财务咨询、税务咨询、管理咨询等。

工作单位：各种类型的财务咨询、管理咨询机构，知名的如麦肯锡咨询、波士顿咨询、盖洛普咨询，以及知名会计师事务所设立的咨询机构，如毕马威咨询、德勤咨询等。

进入渠道：人才市场双向选择。

4. 从事内部审计工作

就业去向：各类企业、事业、行政单位、社会团体等。

工作岗位：从低到高依次为审计员、审计专员、审计主管、审计经理、审计总监、董事会审计委员会负责人、监事会监事等。

需要资格（单位不同而要求有所不同）：助理会计师、会计师、高级会计师；助理审计师、审计师、高级审计师；注册会计师；国际注册内部审计师（CIA）等。

进入渠道：除行政单位、事业单位、人民团体外，其他均通过人才市场双向选择。

5. 从事政府经济管理工作

就业去向：乡（镇）以上各级政府财政、税务等部门。

需要资格：参加国家公务员考试并被录取。

工作岗位：科员、副主任科员、主任科员、副处、正处、副厅（司）、正厅（司）等。

进入渠道：参加公务员考试。

6. 从事政府审计工作

就业去向：乡（镇）以上各级政府审计部门，审计所、审计局、审计厅、审计署及其派出机构。

需要资格：参加国家公务员考试并被录取。

需要职称：从低到高依次为审计员、助理审计师、审计师、高级审计师（只是作为参考）。

工作岗位：科员（一般审计人员）、副主任科员、主任科员、副处、正处、副厅、正厅等。

进入渠道：参加公务员考试。

7. 从事会计类教学和管理工作

就业去向：各级各类公办、民办的大学，高职高专、中专、职业学校、职高，以及各种会计类培训班。

需要学历（依学校不同而分别不同）：从低到高依次为大专、本科、硕士、博士、博士后等。

需要职称或资格（依学校不同而分别不同）：从低到高依次为助教、讲师、副教授、教授、海外归国留学人才、长江学者等。

进入渠道：公办院校需通过较为严格的招录程序，其他通过人才市场双向选择。

8. 从事会计类科研工作

就业去向：各级各类财经、审计科研机构或高校。

需要学历（依单位不同而有所不同）：从低到高依次为本科、硕士、博士、博士后。

需要职称（依单位不同而有所不同）：从低到高依次为助理研究员、副研究员、研究员等。

进入渠道：一般需通过较为严格的招录程序。

9. 从事其他中介行业

就业去向：税务师事务所、资产评估师事务所、律师事务所等。

需要资格（除助理人员外）：注册税务师；注册资产评估师、注册房地产估价师、注册土地估价师、注册珠宝估价师；

律师等。

工作内容：税务鉴证或代理服务、资产评估鉴证服务、律师服务等。

进入渠道：人才市场双向选择。

10. 从事其他工作

就业去向：如企业、事业单位的董事长助理或秘书、总经理助理或秘书、董事会秘书、CEO（总经理、首席执行官等）；财经记者、编辑等。

进入渠道：有的需通过较为严格的招录程序，其他则通过人才市场双向选择。

1.2.3 认清会计相关岗位的真相

1. 招聘岗位“名目”纷乱无章

针对会计相关职业，国家目前没有规定统一的岗位名称，也没有统一的岗位工作标准。因此，实际招聘当中各单位各自为政，岗位设置五花八门，有的非常不规范，岗位名称及职责要求含混不清，甚至存在张冠李戴和错误，在不同的单位，同样的岗位名称其职责和要求有很大不同，薪酬待遇也不一样，甚至差别很大。比如，有些小型企业所招聘的财务总监，其薪酬待遇也许只相当于一个大中型企业的财务经理或会计主管的薪酬水平。即使是规模相同的单位间相同或相近的职位，由于所处行业、地域、性质、业务类型、发展阶段等不同，其承担的工作职责、压力也会有很大区别，薪酬水平相差也很大。这些都需要求职者有一定了解，不可仅看薪酬水平，也不可仅看职位名称。

2. 岗位职责有“加量不加价”的趋势

这种情况主要出现在一些中小型单位对初级人员的招聘中。比如，出纳兼行政助理岗位，出纳兼文员岗位，会计助理兼客服专员岗位等，主要是因为这些单位业务量不大，岗位工作量也很小，但又不能没有这个岗位。因此，他们就将两个或两个以上岗位“合而为一”招聘一个人去做，以节省人力成本，主要招聘的是大专及其以下学历的毕业生。因此，作为这些学生，应该早有这方面的思想准备，提早对相关知识和技能做一下准备。其实，在岗位要求中明确写出工作范围、职责任务的招聘单位还是不错的，假如招聘方不明确表示，但招聘后在使用中给你安排大量“份外”的工作，此时你尽管感到“委屈”也得接受，这种例子是很多的。

不过，不管工作怎样“加量不加价”，年轻人多付出一些，多承担一些，多经历一些，自然就会多一些收获，不必太过计较，多干一些将来是不会吃亏的。

3. 关于“资金专员”岗位

有不少会计类专业毕业的同学在应聘的时候，误认为“资金专员”就是出纳岗位，其实，这根本是两码事。在一些大企业，为了应付常态化的融资工作，他们将“跑贷款”的人从会计部门分离出来，组成“资金部”，主要负责融资和资金调度管理工作，是与银行信贷部门打交道的工作，这些人被称为资金专员。而出纳工作主要是负责货币资金、有价证券的收付和银行单证的办理，属于程序化、重复性的简单劳动，基本上是由初级会计人员担任的，二者虽有联系，但有着很大的差别。在中小企业，一般没有资金专员这个岗位，其职责由出纳、会计人员共同承担，因为中小企业融资工作并不突出，也不常态化。另外，在一些特殊的情况下，企业招聘的“资金专员”还另有所指，它要找的是与相关金融机构有特殊人脉关系的人，为的是贷款更便利。很多企业在招聘这一岗位时明确声称“有金融机构广泛人脉关系者优先”。

4. 关于“成本控制”岗位

尽管成本控制是大学“财务管理”课程中的一个常见术

语，但是在不同的单位、场合，其含义是不同的。比如，在建筑施工企业和房地产开发企业，其招聘的岗位有一个也叫“成本控制”，但其岗位职责和要求却与制造业企业的成本控制完全不同，需要求职者具备建筑工程相关专业的知识和背景。例如，宝龙地产招聘成本控制中心副总（分管造价部）任职要求：①工民建、造价管理相关专业本科以上学历，持注册造价师职称；②十年以上工作经验，五年以上大型房地产企业高层造价预算管理工作。其岗位职责：①配合集团设计方案的测算及比选工作；②跟踪各项目工程进展情况及进度款的支付情况；③与招标部配合做标底分析工作。

5. 关于“预算会计”岗位

与上述“成本控制”岗位相似，有的企业招聘的“预算会计”既不是机关、事业单位从事预算工作的人员，也不是企业从事全面预算管理工作的人员，而是建筑施工企业、房地产开发企业或置业公司从事工程预算编制的人员，要求的是建筑施工专业的专门知识和背景，因此，其“预算”与“财务管理学”课程中的财务预算或现金预算，以及与“政府与非营利组织会计”课程中的预算完全是两码事。换句话说，财务会计相关专业的毕业生如果想到建筑施工和房地产企业从事财务工作，需要另外跨专业学习相关的课程，并掌握一定的技能。

6. 关于“工程审计”岗位

近年来，招聘工程审计岗位的单位越来越多，那么，在学校学过“审计”课程的会计相关专业学生可以去应聘该职位吗？恐怕不可以。要想到建筑施工、房地产企业等单位去应聘，就必须好好选修或补充学习建筑施工专业的相关课程，否则，仅仅凭借在校所学的财务会计相关专业的一般知识是无法应聘这些企业的相关岗位的，即使侥幸应聘也是难以能胜任的。

让我们看一下招聘单位的具体要求吧。例如，汉庭星空（上海）酒店管理有限公司（外商独资）招聘的“工程审计”岗位，职位要求是：①工民建、土木工程类专业或工程造价专业；②懂上海 93 定额[①]（土建、装饰类）；③有工地现场经验；④男性为佳。其职位职责：①新店结算审计；②分包项目和维修项目审核；③资料管理。再比如，恒基兆业地产集团（广州）招聘的“土建审计员”岗位，任职要求是：①本科以上学历，土建、工民建专业优先，需具备中级或以上工程师职称；②熟悉项目开发现场工作，至少具备五年以上房地产项目

① 上海 93 定额，即《上海市建筑工程综合预算定额（一九九三）》。

开发现场施工工作经验；③具备良好的沟通协调能力，责任心强，具有较强的文字写作能力；④熟练使用 Excel、Word、PowerPoint，Auto CAD 等日常办公室软件。可见，这些要求是相当高的。

1.2.4　了解职业世界

兵马未动，情报先行。战争的胜利，很大程度上胜在情报、信息的准确掌握上。求职与战争一样。了解职场，包括了解职业世界、职业市场，了解招聘方及其招聘官，了解招聘条件及其评价标准，了解用人部门及其主管，甚至了解老板、高管的信息，这些都是知己知彼中“彼”的组成方面。

了解职业世界是怎么一回事，就是要了解这个职业里面的人们是怎样工作的，是怎样的一种状态，他们的喜怒哀乐是什么；了解从初级职位到中级、高级职位是怎样的一种发展路径和脉络，在各个发展阶段分别需要什么样的性格、能力、资质证书、素质等。了解的具体方法有很多，比如参加专业实习，搜索和查看相关的网络论坛，走进现场招聘会，咨询老师、长辈，访问学长、朋友，参加相关的职业讲座、培训，阅读相关的文献、资料等。我们以毕业生的实习为例。每年，很多企业都会通过实习生项目挑选毕业生，然而有些毕业生在正式入职以后，对于工作的感受却与实习期间有很大落差。

广州移动人力资源经理赵女士曾提到，他们的“成长100”实习计划让实习生半年期间在不同的岗位轮岗，“有些实习生在实习期间很轻松，因为还没定岗，别人都不会把重要的事情给他干。企业也像个大家庭，很温暖，让他们一进来就觉得一切都很好。等到真正定岗了，这些实习生才发现很痛苦，原来自己什么都不会，工作做得不好时也会受到来自上级的责备，他们就会产生心理落差。”“实习生们习惯于你给他安排一切，所以一到正式工作就感觉承受了巨大压力。另外他们也不了解真实的职场，在工作中会提出很多希望公司照顾的要求，甚至计划‘三年要当经理，五年要当老总’，入职以后就会觉得很受挫折。”（来源：《大学生应了解真实职场——2010年ACCA“全国就业力大比拼”雇主高校一席谈》，中大网校，2014年4月1日。）

所以，学生在学校里应该培养社会力，更多地了解社会以及清楚自己适合什么工作；进入企业也要有生存力，能够承受来自真实职场的压力。在了解的时候要用心观察，设身处地地积极感受，避免走马观花、蜻蜓点水，否则，即便得到了很好的机会，也难以体验和了解到有益的东西，极易对职业和工作的真实状况产生错觉。

1.3 了解招聘方

1.3.1 “两个匹配”缺一不可

了解招聘方的目的是，尽可能做到与招聘方相匹配，使应聘更顺利，让应聘成功后双方的“合作”更为长久。匹配主要有两个方面，一是应聘者与招聘方岗位要求的匹配，二是应聘者与招聘方用人部门经理或主管的匹配，其中后者包括性格、兴趣、专业水平、业务能力、行事风格、为人处世特点等因素，其影响可能比前者更大。

进一步讲，应该说招聘单位老板、用人部门经理与 HR 选人的标准也是有所区别的：老板当然想用经验丰富、能力出众、能提升业绩、促进管理上台阶且人品又好的人。而从用人部门领导角度看，除了要求选人具备以上优点外，还必须能够乐于接受他（她）的领导，与他的个人行事风格一致，能够弥补他工作能力上的欠缺，而不管你其他方面能力如何，不管你性格如何。HR 最关注的是你各方面的匹配性和稳定性，如果不匹配，就会招致领导和同事们的不满以致将你辞退，或者招致你自己的不满意而跳槽，从而给他自己带来麻烦和被动，要不停地招聘。因此，对 HR 来讲，常常是“稳定压倒一切”，特别是针对应届毕业生和那些条件优秀的应聘者。关于这一点，让我们来看看《杜拉拉升职记》[①] 中的一段描述：

这天李文华给市场销售部招一个产品经理，拉拉在一旁跟着学习。他们共见了四位应聘者，最后李文华选中两位准备推荐给用人部门进行下一轮面试。

拉拉注意到李文华给两人分别做了个记号，她好奇地问李文华，估计用人部门会选中哪一个？李文华说 B。

在拉拉看来，A 比 B 更优秀，她不解地问李文华为什么是 B 而不是 A？

李文华说，A 和 B 都算吻合岗位要求，他觉得最后可能是选 B，是因为根据他对用人部门经理性格的了解，他觉得 B 和该经理的配合度会更好。

拉拉疑惑道：“我还以为招聘时，主要考虑应聘者和岗位要求的匹配呢。”

李文华指点道：“除了和岗位要求相匹配，应聘者和直接主管的匹配也很重要。有的应聘者完全能胜任岗位要求，但是和直接主管的个性很不匹配，最后往往干不下去的。比如资深

① 李可 . 杜拉拉升职记［M］. 西安：陕西师范大学出版社，2009.

强势的经理，往往希望招实力强的人进来，你就不要给他找能力一般的人来；有的经理喜欢管得特别细致，你就不要给他找一个不喜欢主管把自己管得很死很细的人，否则以后上下级之间会有矛盾；比如一个经理是急性子，你就别给他找一个动作很慢的人；又比如不少新被提拔的经理，招人的时候会很在意他是否能控制住这个人，所以往往希望用老实听话的，你若给他招一个能干但是有脾气的，他们很可能会合不来。”

关于上下级之间的匹配，该书中还有一个典型的招聘例子：

李文华离开之前为拉拉的北京办主管职位找了两个人选，李斯特正巧到北京出差，就先面试了这两人，觉得都还值得考虑，便让拉拉自己上北京看看，挑一个。

拉拉看过两份简历后，问李斯特：“您觉得这两人都有些啥特点？哪个更合适？”

李斯特说：“我先不说我的看法，免得影响你的观点。等你把两人都见过了，我们再碰一碰意见。”

拉拉见了第一个，觉得对方有点婆婆妈妈，节奏偏慢，说话做事的重点不够突出，就不太想要。

再见第二个，这人叫周亮，30 出头，一副精干的模样，言谈举止专业得体，有着北京小伙子特有的客气里藏着股傲慢的劲儿，看简历原先在 ICI 做过人事行政主管，目前在一家不知名的印度IT公司做人事经理。

拉拉上来就问他："为什么要应聘现在这个岗位？"

周亮老实回答说因为想做HR经理，年初跳槽到了这家IT公司，谁知道压根儿没法接受那儿的企业文化。这一折腾，吃尽郁闷，也算是明白了自己不适合在小公司发展，如今只想重新回到专业的大公司，老实做个主管。

拉拉想，这也好，吃过苦头，有过比较，才会珍惜这个职位，免得心气劲儿太高，不好满足。

再问了问有8年的招聘和行政经验，这正是她需要的。

尤其周亮说起话来一二三四，条理清晰，很对拉拉的胃口。

拉拉想了想，问他："你是急性子还是慢性子？"

周亮说："有点急吧。"

拉拉听了比较中意，她的团队现在工作量不轻，急性子才能手脚麻利地把活做出来。

拉拉便打定主意用他。

可见，在求职上，优秀的求职者并不一定比不优秀者顺利，关键是求职者必须注意与将来的主管"优势互补"或"对味儿""对路"，这也是求职者做到"知己知彼"的一个重要方面。

一般来说，HR面试往往注重非专业方面，如应聘的动机、就业的稳定性等，用人部门经理们面试则侧重于专业经验、是否可以合作愉快、是否与自己"对味儿"，是否容易去领导，求职者最好能够让他们觉得有一见如故、相见恨晚的感觉。二者面试的共同目的在于，从不同的角度全面了解应聘者的综合素质，专业水平以及软性技能，工作态度及价值观。了解面试官各自的特点和侧重点，应聘者就能对症下药，让随之而来的求职之路更加顺畅。

另外，很多中小企业在面试专业人才时，老板不懂得财务会计工作“质”的规律，不考虑“人性的弱点”，以致反复招聘总是招不到合适的人——不是招不到，而是能力强的人在前面的环节被排挤掉了，正所谓“劣币驱逐良币”。也就是说，在招聘有关人员时，经过 HR 简历筛选环节或“初面”环节确定的人选如果不符合用人部门负责人（面试官）带有私心的要求，这些人有可能早早地被面试官 pass 掉了[①]。

1.3.2 了解招聘方，尽力与其匹配

1. 了解招聘方及其偏好

作为初入职场的大学生，一定要了解招聘单位的相关信息，一定要清楚地知道招聘单位的想法或目标，清楚对方正在

① pass 掉了，意指被淘汰了。

寻找的是什么样的人才，清楚企业的目标客户和消费群体、企业的聘用流程、企业文化及其核心价值观。某公司 HR 经理说："我觉得，求职者要想进入一个公司，首先你得了解这个公司，特别是它的企业文化，你只有和公司的企业文化一致或接近，成功的概率才会高。"上海日立有限公司人力资源负责人曾表示："现在大部分学生搞不清楚行业内目标企业的不同点及各自的优势，这样对于应聘来说，就难免有不同程度的盲目性，也就是说，在没有彻底了解本行业每家企业特点的情况下，就无法确定自己的兴趣专长更加符合哪家单位的需求，就无法保证应聘的'命中率'。知己知彼，百战不殆，只有对本行业内所感兴趣的企业（并且它们有招聘计划）的情况有较多了解，才有可能走出比较成功的第一步。起码粗略的了解可以让主考官有一种惊喜感，从而使面试交流能在较深层次上进行。"

既要了解招聘方及其偏好，也要了解整个企业界、职业界对人才的偏好。比如，《职场》杂志在近年"50 佳第一工作场所"评选时，对参评企业报名表所作的统计结果表明，所有报名参评企业（包括联想、微软、麦肯锡、海尔、新东方、雀巢、上海通用、三星公司等约 157 家）在招聘大学毕业生时最主要考虑的因素依次为：沟通能力 53%；团队精神 44%；解决问题能力 41%；责任感 38%；学习能力 34%；专业匹配度 31%；工作态度 28%；学习成绩 9%；抗压能力 9%；领导技巧 6%；分析能力 3%；工作经验和校园活动 0。这些信息其实都是我们求职准备时的很好的向导。

很多同学大学毕业之前根本不关心职业，不关心职场，对职场前辈们和专业人士苦口婆心的“规劝”无动于衷，对职场上激烈竞争的状况充耳不闻，好像与己无关。比如，网上，包括大学网站上，有很多好的指导文章，读一读就会深受启发。可是，看一下点击率，一般都很低，即使是在每年 11 月至第二年 5 月的黄金求职季，其点击率也不高。这说明什么？一是不会求职，不知道怎样求职，不知道怎样搜集相关信息，不知道怎样提高求职技能，不知道可以或者应该向他人学习。只是一味地郁闷、迷茫，挂在嘴上，表现在脸上，难受在心里，但就是不知道如何解决。可是，在网上聊起 QQ 来、玩起游戏来，个个都是专家、高手，真正需要解决自己问题的时候却束手无策。二是虽然知道求职难，但并没有下功夫研究如何破解，摆不好心态，放不下身段，沉不进去，要面子而不要点子。

2. 了解 HR 及其偏好

每个人都是有偏好的。求职者要想顺利过关，就必然要了解 HR 个人之偏好，包括学历、经历、性格、爱好、特长、习惯、观念、风格等，因为这些都会影响到其对应聘者的判断和选择。你如果不能投其所好，不能引起他的欣赏和首肯，你就不可能过去他这一关。清醒地认识这一点，无论是对简历撰写还是初次面试，都是至关重要的。“你想去什么样的企业，就要关注它的文化、通过各种渠道了解企业的用人信息、用人标准，尽可能参与企业相关的活动，要有意识地去跟企业接触，这样你在面试阶段就有和HR进行深度沟通的砝码和必要的谈资，才能让你在面试中与HR产生心灵共鸣，赢得就业机会。”一位HR经理的这段话语就是最好的注解。

反映新东方发展历程的《东方马车——从北大到新东方的传奇》[①]一书中，有一段关于出国签证申请者如何在出国咨询导师徐小平的指导下绝处逢生、拿到签证的故事。这个故事的背景是，2000年6月前后，在沈阳，一大批拿到美国大学全额奖学金的出国留学申请者在签证时遭到当地美国领事馆的“拒签”，徐老师的《美国签证哲学》失灵。其中一位女生在遭到拒签的情况下，通过徐老师一字一句“面授机宜”，神奇地拿到了签证。关于该女生与签证官的对话，该书是这样描写的：

……她一去，签证官就问：“你去美国干什么？”

“我要去学习新闻，研究美国宪法第一修正案。”

“你为什么要研究这个东西？”

① 卢跃刚．东方马车：从北大到新东方的传奇［M］．北京：光明日报出版社，2002.

“我要研究美国宪法第一修正案如何促进了美国社会的进步，如何保护了美国人民的权利，并把一些普遍的原则介绍进中国，促进中国社会的发展。”

签证官一听就乐了，拿着她的护照，不说话，似乎还有些犹豫。一般人这时会静等着签证官最后的决定，但是她鼓足勇气，按照徐小平的“面授机宜”，大胆地说：“先生，你的手上确实掌握着促进中国文化交流的权力，你给我签证，意味着你正在行使这个权力。”

这个被东北学子诅咒的签证官“杀手”笑了，“咣”，在她的护照上盖了签证章。

在与签证官的对话中，始终把握一条“让签证官听着满意、听着可信、听着放心”，并观察签证官的表情，随机反应，沉着应对。这其实是“知己知彼、百战不殆”这一兵法在签证中运用的结晶，是徐老师透彻了解美国文化及其签证官的脾性，并在具体事例上精准把握的结晶。对于求职面试，又何尝不是这样呢！

3. 了解用人部门、老板及其偏好

通常，不但要了解 HR 的偏好，还要了解用人部门负责人甚至公司老板的偏好，因为，按照招聘流程，HR 初步筛选后，

还要交用人部门选择和甄别，很多面试都是由用人部门负责人甚至老板主持的，要谁不要谁，只能看用人部门负责人或者老板的偏好。对此，一位 HR 在网络论坛上发帖说：

> 今天在坛子上也看了不少抱怨 HR、抱怨公司的帖子，其实吧，这属于看问题没有看全。比如说 HR 太不专业，那是因为很多公司 HR 就是打杂的，做做录用退工、办办保险什么的，能不能录用人,HR 决定不了，要部门负责人或者老板来决定，你去看，很多小公司财务经理和人事经理那是一个人干，下面配两个小助理就完事了。这样的情况，就别去和 HR 较劲了，较也较不出真。比如 HR 面试的时候歧视部分人群啦，有的公司不招外地人啦，有的公司看到女的已婚未育直接枪毙啦，这种也很少是 HR 来决定的，基本都是大老板说话。大家试想一下，你要开个公司，招什么人会去让 HR 来决定么？还不是你来定规矩！

分众传媒创始人、董事局主席和首席执行官江南春说："其实简历和我们做策划是一样的，要有针对性，一份放之四海皆有用的简历是最没有用的。要抓住老板想问的问题，比如把简历给我，你就得抓住我江南春的心理，提前了解我喜欢什么，我大概会问什么问题，好好研究分众传媒。我从来不在乎你学历有多高，是硕士还是初中毕业对我来说没什么区别，我要的是你曾经做过什么，或者你对问题有什么独特的看法，这都是我的建议。”

1.3.3 了解招聘方的评分规则

了解招聘方的评分规则是知己知彼的重要方面，是让自己不犯原则错误或者低层次错误的基础。大多数求职者对此不注意了解，因此吃了很多哑巴亏，这是不应该的。单位不同，岗位类别不同，招聘方简历筛选标准和面试评分标准等就会有所不同。现以某企业简历筛选标准和财务助理类人员招聘评分标准为例加以说明，供求职者参考。

1. 简历筛选标准

在招聘中简历用得最多的是作为第一轮筛选工具。其筛选标准如下（见表 1–1）：

表 1–1
简历评分参考表

评分项	评分标准	满　分	备　注
规范	格式规范，符合大众心目中简历的格式；行文规范，符合书面用语规则。	10	
内容全面	简历所含项目及编排顺序不做统一要求，以能够全面地展示毕业生的基本信息和在校期间的学习、工作、生活的收获及求职意向为度。	10	

续表

评分项	评分标准	满 分	备 注
重点突出	详略得当，能简明扼要地突出毕业生的特长与潜能。	10	
设计美观富有个性	简历整体应具有视觉美感，或具有自己的突出特点，易于从众多简历中脱颖而出。	10	
杜绝错误	不出现用字、用词、排版等方面的错误。每发现一次扣 1 分，直到扣完 10 分为止。	10	
合计总分		50	

（1）分析简历结构——简练，不超过两页。可以从一定程度上反映应聘者的组织和沟通能力。

（2）重点看客观内容：①个人信息：包括姓名、性别、年龄、政治面貌、籍贯、民族等；②受教育经历：包括上学经历和培训经历（特别关注有关技能水平：英语能力、计算机能力、资格证书等）；③个人成绩（奖学金及其他相关的奖励）；④社会实践经历。

（3）判断是否符合职位技术和经验的要求（如专业是否对口、是否故意填写模糊信息等）。

（4）审查简历中的逻辑性。

（5）对简历的整体印象：①有针对性，目标明确；②突出自己的优势；③整洁、准确；④表达得体。

2. 面试评分标准

面试评分标准详见表 1–2（举例）。

表 1–2
面试评分标准

测评要素	考察要点	分值	评分标准			
		100	优	良	中	差
专业能力和管理潜能	具有从事本岗位工作所必需的基础理论知识和运用能力；独当一面的管理能力（主要包括计划和决策能力）；团队意识。	45	36~45	26~35	15~25	0~15
职业判断能力	对会计法律法规的熟悉程度；逻辑分析能力；职业道德。	15	13~15	10~12	7~9	0~6
沟通能力	能清楚、流畅地与各部门人员进行口头交流；公文写作和处理能力。	15				
组织和协调能力	为完成一定的任务而对人、财、物及各种资源进行安排、调配、整合的能力。	15				
个性特征	应试者表现出来的气质风度、情绪稳定性、责任心、自信心、成就动机、自我认知、价值取向等。	10	9~10	7~8	5~6	0~4

需要强调的是，岗位不同，职责不同，需要的能力、素质等条件也不同，相应地其测评要素也是不同的。比如，营销类岗位的测评要素有沟通能力、应变能力、仪容仪表、逻辑思维能力、专业能力和个性特征等。这一点需要求职者特别注意，不能以“以不变应万变”的心态和行动来应对。

1.3.4　求职成功之根本：有实力才有魅力

决胜职场，虽然知己知彼很重要，但说到底首先要有实力，要提早做个有心人。正如婚姻一样，人们自身条件不同，嫁或娶的对象自然就会不同，而实力强的人嫁或娶时都拥有优越的筹码。因此，求职大事说到底应从改变自身、打造实力做起，从大一入校开始就有目标地谋划和准备，为将来“娶得好或嫁得好”积蓄力量、创造条件。

1. 早日做个有心人

先来看一个例子。

张运慧，北京大学光华管理学院会计专业本科毕业生，大四开学不到两个月——11 月 19 日，当别人还在为求职面试奔波时，他已经神闲气定地拿到了波士顿咨询公司的 offer。

好运只光顾有准备的头脑。许多人临近毕业才考虑以什么行业作为职业发展的起点、哪些公司是最佳的求职目标、自己的能力是否与企业契合，但张运慧的思考提前了四年。大一下学期，他就确定要以咨询公司作为未来事业的起点，大二开始陆续进入中国建设银行、贝恩咨询公司实习，“在拥有贝恩的实习背景之后，就没再实习，因为贝恩的经历已经可以很好地帮助我找到一家排名靠前的咨询公司。”接下来，张运慧把的精力放在国际交流项目的活动上，他本来就拔尖的英语越发运用自如。至于咨询行业内哪几家是top5公司、各自的特点是什么、简历怎么投、怎么准备面试问题、案例面试时要注意哪些问题……诸如此类的问题，张运慧在北大、清华的BBS，以及和师兄、朋友的聊天中积累了大量信息和经验。(来源:《几分钟决定你的命运》，考试吧网，2010年5月8日。)

正因为提前有了这些工作经验的积累，张运慧最终如愿地进入了心仪的公司。

一名应聘到外企500强的同学说:

其实，牛实习/工作经验真的非常重要。很多同学大学一直待在学校，拼命地争取学生会主席、社团团长等职位，甚至有些怕因为找工作耽误学习和毕业放弃校外的实习机会，毕竟，in the end of the day[1]，学校是不会给每个学生提供工作的，而是公司付你的薪水！学习也不是离开学校就终止的，公司可以给你更多 hands-on[2]，更实用的知识和经验。公司招聘员工，更在乎的不只是其在大学中的成绩或者职位，而是对方能否胜任公司某个岗位上的那份工作，如果已经有过类似的工作经验，哪怕和那些学历更优秀的人站在一块，其实也是有一定优势的。此外，不少公司的实习生，比如 P&G，四大这些都是可以转正的，也就避免了大四再从头开始从人海中一轮一轮搏出位的痛苦。（来源：《500 强校园招聘大学生应该知道的十件事》，豆瓣小组，2014 年 7 月 8 日。）

可能有人会觉得“张运慧”们未免太幸运了，否则，为什么在职场竞争如此激烈的情况下，他这么一帆风顺呢？其实不然。但凡经历过职场残酷竞争呢过的人都知道，能够在面试中脱颖而出的学生，他们的优秀不仅表现在那些让人赏心悦目的成绩单和奖励证书上，更重要的是，他们都是有心人，从踏入大学的那一天起，就开始为自己的职业生涯方向打点了。

---

① the end of the day，在结束之时。

② hands-on，动手实践。

2. 求职最终靠的是实力

人们常说“没有那个金刚钻，怎能揽那个瓷器活”，所谓金刚钻，指的就是实力。张运慧靠实力拿到了知名咨询公司的工作，而上海的另一位女同学小林也靠实力赢得了很不错的offer。

经历两次失败的面试之后，小林郁闷至极，但几天后，一家英国公司的招聘广告让她重新打起精神。这次的应聘很奇特，与前两次都不一样，公司对形象也没什么要求，那天她也很准时地到了应聘现场。

所有面试的人都集中在一个大房间里，考官给每个人发了一张试卷，上面只给了一道看起来简单的题目：英国每年买几个高尔夫球？没有其他数据，要求在45钟内完成。

这是个看似无厘头的题目。初看的时候，小林都傻眼了，后来仔细再看，这样的题目对她这个经济系的高才生来说并不算难，中间涉及的很多管理知识对她来说也轻而易举。

所谓的“英国买”其实就是英国进口。进口的数量与市场需求有关，市场需求与人口有关。英国有多少人口，这个我脑子里要有数。可以假设16~70岁之间有多少英国人，其中最有可能打高尔夫球的30~45岁之间有多少人。为了使数据精确，小林在试题上写着如何进行抽样调查。写完步骤后，她再假设 50 万人口在打高尔夫球。经常打的有多少人，这些人估计每年要用多少球，其他的人会多久打一次，需要用多少球。加起来就是英国总的市场需求。然后写下一组数字，小林很满意地交了试卷。

这题不是要你随便弄个数字就行了，而是需要一个思考的过程。一个月后，小林收到这家公司的录用通知。（来源：zcnfbia,《读大学，究竟读什么？》,360 问答,2014 年 7 月 9 日。）

实力是招聘单位所喜欢的第一能力。全球私募巨头凯雷集团创始人及董事总经理大卫·鲁宾斯坦曾在接受麦肯锡专访时说："我自己一直努力信守的忠告是：尽量使自己成为组织中不可或缺之人；精通一门学科，确保你比其他任何人都更了解它。"

3. 实力来自默默的"修炼"

"合抱之木，生于毫末；九层之台，起于累土。"无论是硬实力还是软实力，都是平时默默积累的结果。临阵磨枪，或者像演员一样表演，往往都逃不过 HR 们敏锐的眼睛。

以"杂交水稻之父"名扬天下的袁隆平，已经拿遍了除"诺贝尔和平奖"和"中国科学院院士"外全球几乎所有的重要相关奖项荣誉，然而年逾九旬的他始终保持着“中国最著名农民”的本色，是值得所有职业人士好好学习的榜样。

2010 年 6 月 5 日上午，“两院”院士大会在京开幕，逾千位院士参加，身为中国工程院院士的袁隆平却还“赖”在长沙，直到湖南省农科院的领导倾巢前来动员，他才定下到北京的行程。4 天的会议，他只参加了 2 天。

这年年初，袁隆平就表达了要“躲起来做点事”的心愿，科协的大会、政协常委会，他都躲了。以至于，政协工作人员打电话给这位省政协副主席的时候，已经改了说法：“袁院士，这回请不请假？”（来源：《中国新闻周刊》。）

完胜对策之二

适合的
才是最好的

在知彼知己的基础上，求职者还需要对职业、行业等“五大选项”用心选择，恰当定位，因为无数职场案例表明，适合的，才是最好的。这是职业大事宏观、长远、战略层次的考虑。

就职业选择来讲，其实它就是一个人选择今后要走一条什么样的路、做一个什么样的人、过一种什么样的生活的问题，就是自己如何以最优化的手段达成上述目标的问题。虽然在校学的是会计相关专业，虽然所读的学校地处内地或偏远省份，但在求职时不一定非紧盯会计工作不放，也不一定原地徘徊，可以根据自己的情况，选择比较适合自己的工作。

2.1　求职要顺应规律

2.1.1　适者生存

大家知道，在自然世界中，凡是生存下来的生物都是适应环境的，而被淘汰的生物都是对环境不适应的，这就是适者生存。实际上，在招聘工作中，招聘方所寻找的既不是最好的人，也不是完美无缺的人，而是最适合的人，也就是在其现有的工作条件、工作环境、工作任务、薪酬待遇下可能最适应的人。因此，在当今社会，最正确的人才观念应当是：无论什么职业、什么岗位，无论在什么行业、什么单位，不管是什么样的个人条件（包括颜值、性别、年龄、学历、职称、资格……），适合或能够适应的就是人才，不适合或者不能适应的就称不上人才。

任何层次的人都可以找到自己合适的场所、位置，都可以像不断追求学历、职称、职位一样不遗余力地提高自己适应环境的能力，只有这样的人，才能称得上名副其实的人才。同样，站在求职者的角度来讲，你所追求的也不一定必须是那些大名鼎鼎的单位，不一定是“北上广深”等一线或者二线城市的单位，不一定是看起来像花儿一样漂亮的单位，而应当是那些对你自己的生存、发展最合适、最有利的单位。事实上，世上既没有完美无缺的职业，也没有完美无缺的单位，而那些外表十分光鲜的单位具有很大的“包装”性，往往在你进去以后，很快就会感到落差，很快就会产生一种郁闷的感觉。

对于应届生来讲，很多情况下，适合别人的，并不一定适合自己，即便是同专业、同班级、同年龄、同性别的同学。因为人的性格不同，兴趣爱好不同，价值观、职业观、家庭背景等不同。适合自己，才能生存和发展；不适合自己，或许半年不到就会被辞退或者无奈跳槽。

2.1.2　求职是有规律可循的

在“适合”原则的引导下，求职的方法实际上是有规律可循的。如果借用一句哲学语言的话，那就是“一切从实际出发，实事求是，具体情况具体分析”。毛主席说：“实事”就是客观存在着的一切事物，“是”就是客观事物的内部联系，即规律性，“求”就是我们去研究。显然，求职者认知自己、了解职业世界……是上述命题的客观要求，因为职业世界有其发生、发展的客观规律，要想成功求职，必须洞察、总结客观规律，按照其规律和要求行事，自觉顺应其规律和要求，不能盲目行事，更不能违背客观规律和要求行事。

实际上，本书中将反复提到的有的放失、投其所好、门当户对、对号入座、量体裁衣、对症下药、扬长避短、到什么山上唱什么歌……都是上述哲学思想的体现，都是求职的正确思路和规律。比如，作为求职者，应如何与不同学历、毕业于不同学校（名牌或非名牌）的面试官打交道，应如何与不同性格、爱好的面试官打交道，如何与男面试官或女面试官打交道，如何与年轻的或年老的打交道，如何与漂亮的或不漂亮的打交道，据专家研究，这些都是有讲究的。对象不同，你可能需要不同的表现，采取不同的方式，使用不同的声音说出不同的话语。

总之，一切从实际出发，实事求是，投“实际”之所好，投“实事”之所好，对实际和实事进行入木三分的分析和了解，是求职者决胜职场的法宝。

2.1.3　求职的铁律：适合的，才是最好的

综观所有招聘单位的要求和条件，概括起来无非就是一个字：适。招聘方永远都在无声地问你：你是否适合我？我是否适合你？——只有这两个问题都得到肯定回答的时候，双

方的这个“交易”才是恰当的，才是有效的，才是成功的，才会持久。

为了达到目的，招聘方所做的所有工作，包括简历筛选、笔试、群面、单面等，都是在考察和验证“你是否适合我，我是否适合你”，而不是单纯地看你的能力有多强。那么，作为应聘者，你所有要做的，也都应该是考察和验证“我是否适合你，你是否适合我”，也不是看这个单位名气如何、规模如何，看上去是否亮丽光鲜等等。不仅如此，在整个与招聘方的接触之中，你都要用最真诚的态度、最缜密的思维、最恰当的语言、最合适的行为来表达“我为什么适合你？你为什么适合我？”，唯此，才有可能形成双赢的结局。

概括起来，这种“适”集中体现在四个方面：适才、适性、适所、适势。

1. 适才

“适才”的意思有三个：第一，你所应聘的职业、行业、地域、单位和岗位一定要适合发挥自己的才学，包括所学的专业、学到的知识和本领、取得的学历和资格证书、具备的职业素养等；第二，自己的才学要合乎招聘方的要求；第三，量力而行，根据自己的才学，来设定恰当的目标。

事实上，任何社会都不可能人人都成为高级人才，任何一个人都不可能成为全才，社会分工愈来愈细，追求做一个全才也是非常困难的。相反，争取成为某一个职业、行当的“专家”“能手”，人人勤奋、乐业、知足，应当成为职业人士追求的目标。

培养“高素质、综合型”人才是我国高等教育的方针，其实，这六个字不知让多少职业人士产生误解，不知使他们为此而付出了多大的职业成本。首先是全民学英语，因为英语好被认为是素质高的第一条标准。然后是不停地考职称、评职称，因为职称是高素质人才的又一条标准。然后是考证书，因为资质证书、技能证书是高素质人才认定的再一条标准。无数“体制内”的人们还在不遗余力地往上“爬”，“爬”得心力交瘁。最滑稽的是，全民追求高学历——因为人们通常认为学历高代表素质高、能力强、水平高、价值大。其实，我们不必盲目追求“高”“新”“大”“全”，那样不但很累，还会带来很多莫名的烦恼和痛苦。应该根据自己的情况，选定一个适当的目标，努力成为一个本职业所需要的适当的人才，而不一定是最优秀的人才。同时，国家有关的政策导向也该有所调整。

2. 适性

适性就是选职业、找工作、择岗位一定要适合自己的个性、爱好、情趣和价值观，要倾听和遵从自己内心的声音。这有点像外出旅游，本身是为了放松身心，而不是像一些人那样非要征服某个山头。此时，你如果以征服某座山头为目标，就会感到很累，而且那就不是旅游了，应该去参加登山运动队。人生其实就像一次旅游，既要有目标，又要能愉悦身心，至于去哪里旅游，是爬山还是涉水，是徒步还是乘车（乘机），完全看自己的兴致和能力。前面所讲的上海某高校毕业、放弃会计师事务所6000元的工作而重新选择2000元的多媒体制作工作的那位同学，就是比较理性的，是选择“适性”工作的代表。影视界名人徐静蕾为智联招聘做的广告中说：“既然一辈子有半辈子在工作，就像恋爱一样找个喜欢的吧。”

具体来讲，适性大致包括三个方面的含义：一是所选择的职业、行业、地域、单位和岗位，包括其职业特点、行业特点、管理模式、企业文化、工作方式等，要适合自己的真性情，合乎自己的“口味”；二是自己要真的喜欢这个职业、行业、地域、单位和岗位，不是一时喜欢，而是长久喜欢；三是在不适合、不喜欢的情况下，自己要能够适应这个职业、行业、地域、单位和岗位，因为大多数情况下，要想找到完全适合、喜欢的工作非常困难，这种情况下只能“委屈”和克制自己努力适应，先适应，再调整。

3. 适所

适所就是要适得其所。求职、工作，要选择适当的、适合自己的场所，包括职业、行业、地域、单位和岗位，而不是一味地追求知名、风光、响亮的职业、行业、单位，不是一味地追求繁华的大都市以及豪华、高级、舒适的场所。从另一个方面讲，传统认识上的“革命战士是块砖，哪里需要哪里搬”从“适所”的角度讲是不尽科学的。

很多大学生求职者爱跟风，爱追求热门，爱傍名牌，爱一厢情愿。

其实，求职不仅是看什么职业最热门，而且要看你喜欢什么职业；不仅是看你喜欢什么职业，而且要看你最适合什么职业；不仅是看你喜欢什么行业，而且要看你最适合什么行业；不仅是看你喜欢什么地方，而且要看你最适合什么地方；不仅是看你最喜欢什么单位，而且要看你最适合什么单位；不仅是看你最喜欢什么岗位，而且要看你最适合什么岗位。

不是每个人都适合做“白领”，不是每个人都适合做精英，不是每个人都适合当高管，不是每个人都可以挣大钱，不是每个人都适合做公务员，也不是每个人都适合创业当老板……在这里，“适”是唯一的判断标准。因为，经济学理论告诉我们，投入与产出具有基本的匹配性，高报酬与高风险如影随形，而每个人所能够承受的“投入”和“风险”是不同的，原因是每个人的心胸、气度、性情、风险偏好、职业观、价值观、成功观不同。IBM大中华区人力资源部总监郭女士说过一句话：“公司大小是求职者一开始选择的很重要的因素，但到最后，最重要的是你觉得在这个公司里被肯定和认同。”也就是说，成功的求职和职业感受应该是你要感到有发展，有成长，有成就感、满足感，而不是挫败感、倦怠感、痛苦感。

因此，逐步找到一个适合自己的场所，选择一个适合自己的岗位，保持一个积极向上而又平和知足的心态，最大限度地发挥自己的潜能，这才是人们对待职业应有的态度。

4. 适势

适势就是要认清并自觉适应自己当前所处的阶段、状况、职业环境和就业形势，不能一味地、固执地追求和坚持自己的目标，要能够顺其自然。在求职时决不能“宁折不弯”，找不到合适的宁愿什么都不做，不符合自己的要求宁肯在社会上“漂”着，宅在家里做“啃老族”。实际上，这样的求职者特别是大学生现在着实不少。作为应届生，在求职不顺利的情况下一定要降低期望值，主动变通，主动适应当前的形势，须知，现在的职场人大多数都是“苦，并快乐着”。在求职上要有“曲线救国”的思想，在不能走直线的情况下，不妨走曲线，走一点弯路。愿望和现实不一致的时候，要尊重现实，这是实事求是的体现。然而，现实是，很多同学不能够“适势”，而且对职业的认识过于表面化。

近日，某财经大学会计系的一名应届毕业生在一场招聘会上接受记者采访时说：“我不想做出纳，只做会计。”他身旁的几位同系同学也随声附和。尽管在目前形势下，没有太多工作经验的应届毕业生找会计工作并不容易，但这几位同学还是选择放弃应聘企业出纳一职。

在采访过程中，记者听到这群“90后”高校毕业生说得最多的就是“我是会计系毕业生！”，而且重音都放在“会计系”这三个字上，仿佛这样一来就可以将出纳与会计区分得清清楚楚。中央财经大学的高冉不愿意做出纳的想法由来已久，从读大学的第一天起他就想好了，毕业后到企业做会计，在岗位上考CPA（注册会计师）等一系列证书。至于为什么如此排斥出纳这个职业，他说：“说不清，就是觉得这个职业听起来不洋气，无非就是个‘资金中转站’，又不做账，丝毫没有技术含量可言。”旁边另一个男孩打断他说：“洋气不洋气倒是其次，关键是男孩子做出纳不是很难为情吗？会变得婆婆妈妈的。”陆雨是女孩子，同样不愿意做出纳，她的理由比起高冉的“不洋气”要理智一些。她认为，出纳工作每天是重复的。实际上，这些学生对会计、出纳工作的认知是非常肤浅的。（来源：《如何从出纳蜕变成为一名会计》，中华网—考试，2016年7月8日。）

关于适势，再讲一点大道理，那就是应届生一定要立足社会的现实需要，把握时代和职场的脉搏，不能不顾社会现实，一味地追求理想，一味地从自我出发，异想天开，抱着不切实际的幻想，导致挫折和失意。从这个意义上讲，“革命战士是块砖，哪里需要哪里搬”这句话也是有一定道理的。

2.1.4 职业选择的最佳境界：不动摇、不懈怠、不折腾

2008年12月18日上午，在纪念中国共产党十一届三中全会召开30周年大会上，胡锦涛总书记说：“只要我们不动摇、不懈怠、不折腾，坚定不移地推进改革开放，坚定不移地走中国特色社会主义道路，就一定能够胜利实现这一宏伟蓝图和奋斗目标。”这句语重心长的话对我们选择职业，选择工作，做好任何工作都具有深远的指导意义。这句话的核心就是不动摇，就是认准了自己适合干什么，认准了什么样的职业、行业、单位适合自己，就坚决不动摇，坚持做下去，不反复，不摇摆。看准了的航路，就要坚定不移地前行，不为任何风险所惧，不

被任何干扰所惑。

一位资深经理人说："职业生涯其实也是一种投资，投入的是我们的生命时间、宝贵精力、知识积累，产出的是我们的人生成就、生活状态和财产发展，后者综合起来的收益就是我们所谓的幸福还是不幸福。而漫漫人生路中造成我们各个阶段收益不同的关键点，是我们的选择——包括对坚持的选择、对放弃的选择、对工作的选择和对城市的选择。很多时候，我们的尴尬人生就是因为在大家都看好某件事的时候我们选择趋之若鹜，而当情况相反的时候，我们就会选择放弃或者转换，缺乏定力、恒力和毅力。而我们的收益，常常也在这种转换中被扯平、略有亏损甚至严重亏损。"

新东方掌门人俞敏洪说得更直率："对于第一份工作的态度应该是马上去做，而不是去左右衡量它是不是最好，去哀叹自己怎么就没有别人命好。……第一份工作很重要，你面对第一份工作时，就不要去想成败，而是应该去想我怎么样全力以赴地把这份工作做好。你全力以赴做成功了，那表明你做这件事情是合适的。如果说全力以赴以后依然失败了，也很正常，因为你没有工作经验，也许这份工作不适合你做。"

袁隆平院士数十年如一日进行杂交水稻的研究，常年工作在水稻田里，不为任何利益所诱惑，他就是当代不动摇、不懈怠、不折腾的卓越代表。

2.2 求职的过程，实际上是自我认识的过程

2.2.1 求职——认识自己的过程

一名应届生网友说：

两个月的求职征途宛如一次华丽而曲折的探险旅程。最初上路的时候只有一个空空的行囊，而现在驻足回首，留下的有思考、信心、成长，也有压力、挑战和对新旅途的展望。这两个月找工作的体验，于我而言，更像是一个认识自己的过程。为了更好地回答面试官的问题，你要仔细地挖掘自己的故事；面对 offer 的选择，你要清楚自己的兴趣、特长，以及期待。与面试官的交流，与面试者的交流，与其他人的交流，他们的反应、评价、回馈都是一面认识自己的很好的镜子。

求职基本上前前后后面了十多家，中国五矿物流、德国乐满香精、德国拜耳、英国第一太平戴维斯……现在回想下，每个面试背后都有不平凡的故事。而整个求职过程就像一部电影，一切都发生得如此合情合理，一切又发生得那么意外丛生。（来源：《进入外企的面试攻略》，青夏教育网，2018 年 4 月 9 日。）

求职，首先要认知自己，明确自己之所好。自己的优势有哪些，劣势有哪些；喜欢什么工作，讨厌什么工作。这些对职业有什么影响？如果对自己之所好，不清晰，不明确，对求职和工作将非常不利。也就是说，良好的自我评估是毕业生应聘工作的第一步。然而，统计数据显示，高达 67% 的大学生说不出自己的优势，21% 的大学生能说出 1~3 个优势，仅有 12% 的大学生能够准确地说出个人 3 个以上的竞争优势。这也是很多应届生求职困难的原因之一。

2.2.2　求职的过程值得倍加珍惜

一位网友说：

2016 年下半年，作为即将离开校园的 2017 届毕业生，我成为数十万求职大军当中的一员，职业定位—简历制作与修改—网投—等待—笔试—等待—面试—等待—结果，不同单位的求职历程，或完整或中途结束的道路，当中的迷茫，艰辛，焦虑，喜悦，激动，各种复杂的情感夹杂并存，难以言喻。然而，正是通过这一次次的求职，一次次的思考和总结，让自己在求职路上不断积累，不断成长，最终拿到了自己心仪的 offer。回首自己一路走来的历程，深浅不一的记忆和脚印，不同的阶段都使自己有所感悟和收获。(来源：刘亮,《厚积薄发，滴水穿石——记我的求职心得》，百度文库,2011年10月7日。)

在求职的过程中，最常见而且最应该正确对待的问题就是“失败”。可以说，绝大多数求职者都经历了无数次的失败，才找到了或满意或并不满意的工作。因此，对待失败、对待挫折、对待打击的态度和能力（有人称之为“逆商”）也是看一个人是否成熟、是否健全、是否优秀的重要方面。失败并不可怕，关键是要正确认识，“失败是成功之母”是每个人都懂得的道理，失败常常是成功之前必须做的功课。正如通用电气 CEO 杰夫·伊梅尔特在凯洛格商学院的毕业演讲中所说：“我希望你们遇到失败，这比任何事情都重要，我不是指坏的那方面。我无法告诉你我从失败中学到了多少东西，这就是你慢慢建立自信的过程。”

2.3 求职的选项

2.3.1 求职就是“做多选题”

求职之事起码涉及职业、行业、地域、单位、岗位五大层面的选择。职业选错，将时时纠结、处处郁闷，“男怕入错行，女怕嫁错郎”就是其形象写照；行业、单位选错，就像上错了车，乘错了船，任你如何折腾，也改变不了大局；工作的地域选错，将时时有压力，常常有落寞，处处有被动，徒增很多烦恼；岗位选错，犹如沙地种花、逆水行舟，事倍功半。职业、行业、地域、单位、岗位任何一项选择失误，都等于犯了方向上的错误。更为严重的是，这五大选项中某一项选错，就像考试一样，其他正确选项将难以得分。同时，由于任何一个职业以及行业在进入之前的准备工作都不是短时间内可以做好的，而是需要较长时间的修炼和浸润，需要加倍付出成本。因此，求职者对职业、行业的选择尤其需要慎重，一旦选定下来，就要长期坚持下去。

因此，求职实际上就是做多选题，不仅第一次求职时要做，以后每次求职、跳槽或变更工作时都要做，这是人们一生都难以回避的大题目。

2.3.2　职业的五大选项

如前所述，任何职业的选择都要做好、做对五大项选择题：

一是选择什么职业，是会计职业，还是审计职业、教师职业、公务员职业等。

二是选择什么行业，是制造业，还是商品流通、房地产开发、建筑施工、交通运输、金融行业等。

三是选择工作的地域，是沿海还是内地，是东部还是西部，是发达地区还是欠发达地区。

四是选择什么性质的单位，是国有还是外资、民营、股份制等。

五是选择这个单位的什么岗位（职位），是会计职业的出纳岗位，还是会计员岗位、税务专员岗位等。

这五大选项的基本关系是：任何职业、岗位都是存在于特定行业和单位之中的，行业和单位是职业的栖身之地，是职业赖以生长和发展的土壤、场所，而岗位即是职业的体现和载体，任何地域都活动着 N 多职业的身影。

就会计职业来说，同样是从事会计职业，第一，在行业方面，有行政机关、事业单位、企业、其他非营利组织以及政府财政会计之分，具体来讲行政机关里面又有立法、行政、司法、政党、政协、人民团体等部门之分，事业单位里面又有学校、医院、科研机构、新闻媒体等之分，企业里面更有金融业、制造业、商品流通业、房地产开发、建筑施工、广告、饮食服务等行业之分；第二是单位，以上所说每个行业、类别都有无数个大大小小的单位，而且这些单位又有国有、民营、外资、合资、股份制、上市与非上市之分；第三是岗位，同样是会计职业，又可以分出许许多多岗位；第四，地域更不用说了，西部东部，内地沿海，大城小镇，差别很大。这四大选项常常综合决定着职业的冷热，影响着一个人生存的方方面面，尤其是体现在薪酬、福利待遇上。

由于职业是存在于行业、单位之中的，离开了这个行业和单位这个平台职业就不复存在，因此，选择职业时必然要对你所钟情的行业和单位进行考察，不同的行业、单位在职工薪酬、福利待遇、培训机会、发展前景和空间以及稳定性、舒适性等方面往往有着很大的差别。会计应届生在求职、选择之前，必须对这些有一个全面、客观的认识，以便增强求职和职业发展的信心，从更高的视角和长远的眼光，看清楚自己的未来。

2.3.3 选择什么样的单位——单位选择的辩证法

1. 大企业 or 中小企业

对于会计类毕业生来说，很多人踏入职场之初通常会乐于选择一家大型的会计师事务所或者大型企业，这无可厚非。然而，从个人能力快速、全面提高的角度看，小企业或许不比大企业差。在大企业，由于分工细，你可能只是一颗不起眼的螺丝钉，而在小企业，可能就是一根重要的轴承，甚至是一台企业运转离不开的机器。也就是说，在大企业，可能只是众多会计人员里面的一个不起眼的小会计员；而在小企业，就相当于是主管会计，工作如果能有见有识、有章有法、有声有色、大胆果断一些，你的身份可能就是负责全面工作的财务部门负责人，干的实际上就是财务总监的工作了！

何况，我国的企业大多数都是中小企业。据有关部门统计，中小企业占我国企业总数的90%以上，安排了80%的就业人口，产值占到全国的55%，提供了45%的税收收入。在全国1700多万增值税纳税人中，一般纳税人只占到10%，其余都是小规模纳税人。在全国1000多万会计就业大军中，绝大多数会计人员都在中小企业就业，一心盼着进大企业既很困难也不现实。特别是大专生、一般本科院校毕业生，对此一定要有清醒的认识。

几年前，由美国Accountemps公司主持的一份调查中（该调查采用分层抽样法，样本是雇员人数超过20人的美国公司，调查中共回收了1400份来自上述公司的CFO的问卷），当CFO们被问及“你建议现在的会计毕业生选择下列哪种形态的公司作为职业生涯的起点？”这个问题时，他们的回答结果如下：中小型企业，46%；中小型会计师事务所，30%；大型会计师事务所，10%；大型企业，9%；其他或未知，5%。当被问及“你建议毕业生们从下面哪个领域开始会计专业工作”时，CFO们的选择是：普通会计，49%；内部审计，17%；成本会计，13%；税务会计，10%；贷款与收款，6%；其他或未知，5%。

Accountemps的主席Max Messmer说：“财会专业的毕业生选择从小公司或小型会计师事务所做起可以为自己在职业生涯的初期赢得更多的机会来承担更大型的任务和更重要的职责，这主要是由于小型公司的内部资源有限，雇员通常同时负责多项任务，从而能在客观上获得更多的锻炼机会。”（来源：《CFO忠告：财会毕业生应从“小”做起》，软件—来势科技。）

“麻雀虽小，五脏俱全”。在小企业工作接触面广，逼着你处理好对内、对外各种财务关系，银行、税务、工商等地方政府部门等都会接触，遇到需要沟通、协调、处理的问题，没有别人，财务上只有你们一两个、两三个人，逼着你们去处理。这时，你不想办法解决都不行，你能力不想提高都不行，很快可以独当一面！而在大企业，人多、岗多、分工细，工作被分割为条条块块的，岗位间又有多种制约，很多事情你想接触但根本轮不上，那怎么提高？一辈子当一个不起眼的会计员都是有可能的。当然，由于什么都干，可能很忙，很辛苦，但是在时间、精力许可的情况下多干一些并没有坏处，这其实是很好的锻炼机会。

2. 会计工作 or 出纳工作

很多毕业生都曾遇到过这种困惑：应聘的是会计岗位，企业却有意让我从出纳做起，怎么办？是否选择或接受出纳岗位工作？

其实，出纳是一项十分重要的工作，企业里几乎所有业务都与资金的收付有关系，通过办理资金业务能学到很多业务经营、运作方面的东西，从而熟悉整个公司的业务，甚至能了解很多商业秘密。因此，干一段时间的出纳也不错，能学到很多重要的技能。而且你要知道，这个岗位如果不是老板信任的人一般还不会让你做。在大多民营企业，只有老板的亲属或信得过的人，才有资格做出纳。现在对出纳的要求更高，很多企业要求出纳必须有企业当地户口，或者能够提供一定的担保。当然，一般来讲，出纳工作更适于女性做，因为女性一般比较细心、踏实。所以，单位招聘出纳时一般会给女性求职者更多机会。

一位资深财务工作者说："要成为一名好的财务总监，大家千万不要鄙视最初级的出纳或者是会计记账工作。我大学毕业后就职于一家外贸公司，先让我做了两年出纳，当时我心里挺郁闷，怎么能让我做这种工作。我跟会计处长也不熟，也没有别的什么经验，换工作是不可能的，但是这些基础性工作为我以后把握大局确实奠定了基础。我想改变，想提高，于是开始积累，这种积累是很痛苦的，但是这种积累有朝一日爆发时，会受益匪浅。……”

在江西某会计高等职业专科学校任教的蔡莹老师认为，应届毕业生不愿意做出纳，是由于缺少工作经验、阅历以及社会的打磨，在对出纳工作缺乏了解的情况下就否定了它。

已成为江苏仁禾中衡会计师事务所审计师的徐征，走的就是一条从出纳到记账会计，再到主管会计和CPA（注册会计师）的路。1994年，她开始在一家国企任出纳。当时，徐征认为，出纳地位较低，主要就是管理现金、跑跑银行，工作比较琐碎，不需要太高的文化程度。

后来发生的一件事改变了徐征对出纳的看法。因为实战经验不多，徐征填写各类单子时常常不规范。有一次，她拿着支票去银行办理转账，柜面上的会计对她说：“支票填得不对。第一，支票上的金额前应加一个‘零’，表示前面没有数字了；第二，章要盖得缺一点角，这样支票填后就不能再用了。以后有什么不懂的地方，我教你吧！”徐征当时听了很感动，并深刻地体会到了出纳和会计最原始的共同点：细心。

“我转变了出纳地位低的看法，觉得自己在出纳的位置上能把细心这一样本事练好就算是最大的收获。”徐征说。（来源：《从出纳到会计：如何实现曲线突围》，中公教育，2013年9月18日。）

因此，不管是男生还是女生，都要能够适应企业的需要。一开始没必要考虑太多，先做起来再说，具体工作是好是坏，有益还是无益，只有做了以后才知道。不论在哪里，不论在什么企业，也不论企业情况怎样，只有努力才会有好的未来。正如黄灿在《黄玫瑰》这首歌里唱的那样：“别怕啊，别傻啊，哪里都能开花。”

3. 企业 or 会计师事务所

是选择进会计师事务所从事审计工作，还是选择进企业做财会工作，这对于尚未踏入社会的毕业生们来说，也是一个难以确定的问题。实际上，据有关资料，近年来每年进入会计师事务所的学生只占到会计相关专业毕业生（包括本科生和硕士研究生）总人数的 10%左右。可见，企业是大家的主流选择。在此，可选企业多、事务所少是主要原因。

进入会计师事务所，尤其是进入以“四大”为代表的大型事务所，可以说是很多会计专业学生的梦想。那么，是不是每个人都适合在会计师事务所工作呢？应该选择哪种类型的事务所呢？

要回答这些问题，首先，要看你进入会计师事务所的目的是什么。对不同的人来说，目的也有所不同。

有的人进入事务所是为未来跳槽做准备的。现在很多企业喜欢接受拥有会计师事务所从业经验的人加入，因为这种人不仅能够游刃有余地胜任会计工作，还能够以其丰富的审计经验加强内部监管，或应对外部的审计。很多CPA在执业的过程中就已经选定了未来的东家。如果是抱着这种态度进入会计师事务所的，最好选择一些名气比较大的事务所。站得越高，将来选择的着陆点越好，选择面越宽。

有的人纯粹就是因为喜欢这个职业。对这些人来说，在选择即将进入的事务所时就要更谨慎，而且要考虑到自己的价值取向。“四大”等一些大的事务所接手的业务一般规模比较大，具体的审计规程成熟、细致，做法上较一些小规模的事务所要规范得多，但由于其人员较多、分工较细，且工作程式化，新手在相当一段时间内所接触的工作内容可能会比较单一，对业务整体和深度的了解比较少，想从高手林立的环境中出人头地也相对比较难。而在一些没有太大名气的中型事务所，由于人手有限，需要新的加入者尽快上手，即使是新人也要接触业务的方方面面。学东西会更实际，机会相对会更多一些，个人发展空间还是比较大的。

“从某种角度看，会计师事务所是一个能使个人快速成长的学校。其培训、工作和管理机制会令从业者学到许多专业知识和管理理念，审计从业经历也会为将来的财务管理工作提供独特的视角。”北京瑞美克通讯设备有限公司财务总监陈女士这样理解。

其次，入行者还应该清醒地认识到，由于工作的时效性、政策性、服务性很强，事务所工作实际上是强度很大、风险很高的一种工作，很多业内人士称自己的身体处于“加速折旧”中，而且工作中常常伴随着对一些问题如何处理的精神压力以及潜在风险的担心和折磨。因此，在看到“四大”的高报酬、好前景的同时，一定要考虑到自己未来是否能够承受这种精神和体力的双重压力。多年来，这种压力事实上也已经造成了CPA从业人员的频繁流动和对CPA职业的“逃离”。

最后，会计师事务所工作的方式还要求其成员有良好的沟通合作能力。工作中，每项业务都需要一个临时或固定的审计小组共同完成，不管你负责的是会计要素中哪个部分的审计，都会对审计的结果产生影响，融洽、和谐的集体有利于降低审计风险。这就要求入行者考虑自己的性格特点和沟通合作能力。

4. 内资企业 or 外资企业

关于内资企业，由于企业众多、情况纷繁复杂，不好简单下结论，但一般认为国企、上市公司较好，至于原因嘛，想必大家都比较明白。

而外企，数量有限，其内部情况差别不是太大。《职场》杂志读者令东来的看法具有一定的代表性，可以供我们在选择单位时参考。

500 强企业的就职经历，唯一的好处是后面跳槽，工作相对好找而已。毕竟，人的名儿，树的影儿。但要真正说到待遇好，要把待遇分成两方面看。企业管理的文化氛围、工作自由程度、对于个人的培训机会以及锻炼的岗位，还有工作压力相对较小，竞争激烈度低，福利好，假期多，这是其一。其二，才是工资待遇。从这个角度看，500 强企业盘子大，人才太多。同一公司内部都是高速运转，竞争激烈，压力大。薪资方面，中高层薪水高，低层待遇并不怎么样（至少在欧美企业中是这样的）。工资只能说一般，福利也一般。

我所接触到的是，真正待遇好、福利超好、工资高、工作舒服、自由发挥的，多是进入中国时间不久、在中国境内规模较小的欧美企业。直接由外国人管理，这样的情况下，他们的福利待遇几乎是与欧洲同样标准，高得离谱！

任何外企，只要中国人或者华人参与了高层的企业管理，那么对中国员工的福利待遇必定是直线下滑！中国管理者一旦进入管理层，马上就会制定许多超出原本企业制度以外的小规章制度。一来显示自己能替老板节约成本，二来是权力野心膨胀。欧美企业平等的企业文化很快就会被踏平。

所以，进入中国市场时间久了的外企，必定会演变为“有中国特色的外企”。除非自己创业，否则我感觉最好的工作反而是那些二、三线的欧洲企业（美国企业都一般），或者是冷门行业的欧洲公司在华办事处之类的。天高皇帝远的没人管，往往一人身兼数职，可以极大地锻炼个人的综合能力，待遇好，劳动强度低，假期又多！（来源：天涯论坛社区。）

5. 成熟企业 or 新创企业

有的企业管理基础确实较差，没有内控制度，没有规范的操作流程，甚至连本像样的账都没有，大家处于无序忙碌当中。这样的企业能去吗？

实际上这样的企业并不可怕，也可以作为一个选择。俗话讲“乱世出英雄”，不规范的企业，你只要正确对待，大胆工作，说不定反而有利。大家可能知道，这种事例很多，海尔集团总裁张瑞敏刚接手海尔的时候，企业竟然乱到职工在车间里大小便的程度。张瑞敏并不气馁，他采取措施，制定规章制度，企业很快面貌改观，起死回生。你如果能像张瑞敏那样，正确运用所学到的财务专业知识，在财务这个领域也会大有可为的。当然，做任何的工作都要取得上级和老板的支持，都要有工作规划，有策略，有方法，一步一步来，就像医生给一个病重的人看病一样。

而成熟企业各方面都已经比较成熟，条条框框比较多，人才也都已经到位，大家按照各自的一小块分工，按部就班，各司其职，少数新人进来一般很快就会被同化到那种缺少生机与活力的步调里面去。

6. 大城市 or 中小城市

不少同学，刚毕业时眼光高得很，口气大得很："除了 ××（大城市），我哪都不去！"结果，时间一天天地过去，他在一天一天地等待所谓的好单位，高不成，低不就，整天无所事事。几年之后，别的同学在中小城市的企业一步步地干到了财务主管、财务经理，他才感到后悔。正如有的条件不错的女人一样，年轻时眼光太高，高不成，低不就，越挑眼越花，最后成了"嫁不出去的姑娘"。由于好单位、大单位、处于大城市的单位，拥有的高级人才多，"牛人"多，很多好一点的机会轮不到你，企业在用人上又十分挑剔，你怎么能轻易求职成功？侥幸应聘成功后又怎么巩固自己的职位？对长远发展不一定有利。

因此，对有些中小城市甚至偏僻地方的企业，别人不去，你不一定不去。一本不愿去，二本可以去；二本不愿去，三本可以去；三本不愿去，高职高专可以高高兴兴地去。只有条件艰苦，企业用人才会更迫切，对你才会更重视，更爱护，你才有施展的空间，才真正锻炼人。因此，工作初期选择到偏僻、艰苦的地方工作一段时间，不一定是坏事。真正有能力了，实践经验积累得差不多了，有机会的话，再到大城市应聘也不晚。

关于这一点，可以学习一下伟大领袖毛主席的迂回战术：农村包围城市，最后夺取城市。

2.4　求职不要幻想一步到位

2.4.1　求职都有迷茫期

每个人在人生的不同阶段，对自己的认识，适合的职业，还有对自己特长的展现和挖掘可能都不尽相同，这是一个探索和认识的过程。有人说工作就像谈恋爱，也许谈完一次，才会知道自己到底要找什么样的对象。

巴斯夫全球高级副总裁、巴斯夫（中国）有限公司总裁，早年毕业于伦敦大学帝国学院化学工程专业的关志华在谈到自己的职业选择时说：

我毕业后的第一份工作是做养牛顾问，只干了半年。（拜请各位读者私下传播即可，否则日后与公司新进大学生见面时，我要不停地解释做牛倌的乐趣与化工产业的未来两者之间的关系……这两者好像没啥关系吧）。我想说这件事，是因为人生或多或少都会经历一段职业生涯选择的迷茫时期，尤其是刚毕业的大学生，所以别光看到成功者的光环，机遇和努力在职业生涯中都很重要。给牛兄做了半年饮食起居的顾问后，我再也没兴趣了，还是决定回到我的专业，去了一家很大的美国石油公司，一干就是15年。

关志华说：

我和同事们在巴斯夫大力推行的“成长计划”就是在努力解决刚毕业的大学生不知道自己能做什么的问题。这个计划的初衷跟我刚入职时从困惑到什么都干、然后才知道干什么的职业发展经历有关系。在这个计划中，我们为毕业生提供三个不同的职业领域以供选择：市场营销（包含供应链、采购）、生产与技术和职能部门（财务、人力资源、企业传播等），在为期18~24个月的岗位轮换期间，会有相应的岗位主管指导工作；在整个计划期间，每一位毕业生还有一位高级经理自始至终以导师的身份提供职业发展建议。所以，对我来说，有没有经验不是问题，我们更看重的是员工在成长过程中，公司对员工的培养能换来员工对公司、对事业的认同感，让他焕发出自信和光彩。“成长计划”完成之后，公司才会根据毕业生的表现以及业务需求，帮助他们正式步入工作岗位。（来源：关志华，《做团队的催化剂和安全阀》，中国论文网。）

一般来讲，每个职场人都要在入职以后的若干年里“折腾”一阵子或者很多年，才能搞清楚自己到底适合做什么。但是，如果你能够碰到一个好“东家”，那无疑你是无比幸运的。尽管这样的“东家”很少，但还是有的。

当然，绝大多数毕业生面对的都是身单力薄的中小企业，没有巴斯夫那样的实力、大气和深谋远虑。遇不到这样的老板，那只有靠在职场上“自我折腾式轮岗”，来找到自己最适合的职业和岗位了。

2.4.2　一鸟在手，胜于十鸟在林

在求职中，面对众多各有特色、本质上相差无几的招聘单位，“挑花眼”、犹豫不决是十分常见的现象。但是，当断则断，千万不要错过求职的“黄金时期”，“拣到筐里的才是菜”。不要觉得招聘单位挺多的，机会挺多的，再挑挑看看也无妨，尤其是那些学历不高、学校不“响”、条件并不优越的求职者。多年以来，我国总体就业形势非常严峻，每年都有好几成的毕业生错过了求职季节而找不到工作。须知，人才市场瞬息万变，拿到手里的，才是自己的。

“典型的高不成低不就！”回顾自己半年来的求职经历，

吕莎莎十分感慨。作为浙江工业大学中文系的应届本科生，吕莎莎在学校里表现出众。翻开她的简历，奖学金、优秀学生干部、资格证书、实习经历一样都没落下，这几天还参加了校优秀毕业生评选。然而，即便如此，她的工作至今依然八字没有一撇。

前段时间，学院辅导员推荐她去某机关一个岗位应聘，工作很轻松，但只是个合同工，没有编制。犹豫再三，考虑到未来发展缺乏保障，她还是放弃了。

多次应聘没有结果后，吕莎莎萌生出这样的念头："没遇到理想的工作，宁愿等一等。"前不久，她和众多毕业生一样冲向了公务员考试这座"独木桥"。她报了杭州萧山区农业局的岗位，几百号人"争"一个岗位，竞争之激烈可想而知。（来源：《走近毕业大军看求职》，应届毕业生网，2017 年 5 月 19 日。）

对"吕莎莎"们来讲，第一要明确自己的职业理想是什么，即内心最想干什么；第二要看自己的性格、兴趣最适合干什么；第三，要看目前市场上能够提供的最接近的工作；第四找出前三者的"职业交集"并朝着这个目标去寻找。哪怕开始工资低一些，岗位"微不足道"一些，但只要方向正确，就可以果断地确定下来——先就业，再调整。另外，"只是个合同工，没有编制"这种现象应该是暂时的，不能以静止的眼光看问题，

“一鸟在手，胜于十鸟在林”，总比苦苦地等待强得多。

很多大学生一毕业都想一下子找到理想的工作，一步到位。实际上，这是不可能的！即便是你目前认为理想的工作也不一定“理想”，过一段时间以后你就会产生新的“理想”。因此，只能通过自己在工作中的一步步努力使“部分状态”逐步接近理想。

有很多人嫌工作单位这不好、那不好，其实，作为职场新人，只要在那里你能学到东西就好、充实就好！你又不是必须嫁他（或娶她）一辈子。对于绝大多数人来讲，现在所应聘的单位只是你职业生涯中的一个驿站或者叫修炼之地，以后的路还长着呢！既来之，则安之。不管能力大小，不安分、这山望着那山高的人是用人单位最不喜欢的。

2.5 求职，要能够适应奔波的过程

2.5.1 随时调节自己的情绪

求职中被鄙视、遭淘汰的境遇常常出现，如果不能很好地调节自己的情绪，没有一定的意志和耐性，极有可能灰心丧气、一蹶不振。而假如能采取恰当的调适方法，就能不断地轻装上阵，柳暗花明又一村。

下面是一位同学在求职受挫、面对压力时的有效经验，值得借鉴。

找工作对大部分人而言是一个持久的过程，可能会面对一些压力，经受一些挫折。在这些压力、挫折面前仍然保持良好的状态需要一定的情商和意志力。找到一些能够自我鼓舞的东西或行为可以有效地坚持自己必胜的信念。小孩子往往要抱着自己心爱的娃娃才能入睡，有些人通过大喊来派遣压抑的情绪都是同样的道理。我们可以通过心理上的自我转移来将环境的负面影响屏蔽。有了这样一层屏蔽，我们就会强壮很多。……我个人的调节利器是一部电影《当幸福来敲门》。男主人公克服困难的勇气与谋略、对工作的热情与执着、对人生的态度都激发了我内心深刻的共鸣。他在面试时所表现的姿态、回答方式都是找工作的朋友们很好的教材。电影里，每次男主人公命运即将发生转折，必然有一段他在大街上狂奔的镜头作为预示。于是在现实里，我每次面试前，都会深呼吸几次，心里不断地告诉自己“The Pursuit of Happiness”（当幸福来敲门），然后整个人就会特别亢奋，面试的状态也就出来了。所以有一个可以将负面情绪转移，激发自己的转移载体，前行的路上会轻松很多。（来源：Vincent，《海阔天空，在勇敢之后——我的求职路》，豆丁网。）

2.5.2 贵在坚持

关于求职中的忍耐和坚持，下面这位求职过来的同学说得再好不过了：坚持，我觉得这也是做任何事情必备的条件之一。

从9月开始求职到12月底，大约4个月时间。这期间虽然有不少面试的机会，但有很多我想去的公司都把我给拒了。可我的信念是不到最后一刻战斗就没有终止，我会一直活跃在招聘会和面试现场，直到找到满意的工作为止。提高个人的“抗击打能力”，不要太顾及所谓的“面子”，因为现在不是我们讲面子的时候。求职被拒实在是一件再平常不过的事情，现在看来似乎很严重，可是我能预见到以后会觉得远没有现在所想象的那么严重。就像我现在回想中学时期遇到的困难和挫折，有很多都是十分可笑和幼稚的。我所要做的就是尽量不让它们影响我的心态，因为我坚信我的付出可以换来好的回报。大部分公司都要经过一个投简历、笔试、一面、二面……N面的过程，当时想想是十分的无聊，尤其是投简历，回答开放问题，就一个字：烦！有些人“烦而退”，有些人“烦而往”。可谁让我们是求职者呢？处于这个角色就要遵守游戏规则，要找到好的工作就要经历这些必要的过程。现在还仅仅是填填表格，回答回答问题，以后一定会有更加令人烦躁的事情让我们不得不去做，谁能够坚持到最后谁就是胜利者。（来源：《GE面试经验：成功拿到 offer 的经验和亲身体验》，应届毕业生网，2017 年 11 月 12 日。）

2.6　职业不仅要规划，更要谋划

2.6.1　职业更需要的是谋划

现在各个大学都在强调大学生做好职业规划的重要性。什么是规划，规划就是比较全面的、长远的发展计划。正是由于规划太长远了，对大学生来讲，有点“雾里看花”“水中望月”的感觉，所以，无论老师如何讲，学生们都感到鞭长莫及，无所适从。因此，很多大学的职业规划课都流于形式，根本提不起学生们的兴趣，有点对牛弹琴的感觉。其实，学生们需要的不是“规划”，而是“谋划”！

所谓谋划，就是筹划、想办法。在根据自己的性格、兴趣、能力以及所学专业大致确定目标职业后，就要针对这个目标进行谋划了。规划是长远的，而谋划是近期的；规划是全面的，而谋划是针对性很强的。针对什么？针对一个人近期或者说起步期的职业目标去进行筹划，想办法，做准备。这样，目标就十分明确了，就是看得见、摸得着的了，就是可以一步步接近的了。万丈高楼平地起，职业发展也存在打牢基础的重要阶段。从这个意义上讲，谋划比规划更有意义，更有指导性，更需要提倡。

需要特别指出的是，谋划的内容还应当包括求职的方法和技能。找不到工作，没有工作可做，什么职业规划都是白讲。所谓求职，实际上求的是作为个人眼下最适合、最可能、最稳妥、最基本的职业岗位，所有大学生都应该或必须尽早地围绕这些最初的职业岗位去做一切努力。

2.6.2 职业谋划，及早开始

依我看来，职业谋划起码应从高考报志愿开始。从一定程度上讲，学生所报、所学的专业决定着将来可能从事的职业。到了大学以后，不管所学的是什么专业，都要围绕“职业”二字而做文章，它是学习、考证、考研、实习、实践等一切活动的指向标，也是一切活动的归宿。正如作者在《修炼你的独到之处：大学会计，应该怎样学》① 一书中所说：“同学们在校需

① 韦新安．修炼你的独到之处：大学会计，应该怎样学［M］．成都：西南财经大学出版社，2011.

要把握‘两个导向’：一是就业导向；二是能力导向。即‘两个凡是’：凡是有利于求职的内容，有利于就业的内容，有利于职业发展的内容，不管书本上是否有，不管学校是否开设和讲授，都是应该加强学习的内容；不管什么能力，凡是有利于求职的能力，有利于就业的能力，凡是招聘单位要求的能力，有利于职业发展的能力，都是学习的重点。”这样的学习本身就是职业谋划的一个重要部分。

有人说“计划赶不上变化”，因此计划没有用。这话对吗？虽然“计划赶不上变化”，但做不做计划一定是不一样的。因为计划制订的过程是一个思考的过程，是对自己与外界主动进行分析和选择的过程，即使将来随着形势的发展变化，计划跟着变了，那也是思考和选择的延续，是主动作为，而不是被动接受，是有思想准备和行动对策的。况且我这里强调的是“谋划”，还不是计划，“谋”者，就是计谋、计策，就是针对目标去做准备、想办法。只有科学地谋划，才可以在职业的道路少走弯路，少走回头路，才会不犯方向性的错误。

当然，谋划是一个过程，不是一蹴而就的，更不是像在学校应付差事地完成老师布置的职业规划作业那样。这是一个逐步尝试、积极反思和修正的过程。

完胜对策之三

有的放矢
投其所好

在选择和定位的问题明确之后，就要在整个求职过程中瞄准目标，以便有的放矢，投其所好。

人才市场上，很多人条件非常优秀，但求职之路并不顺利；还有很多人，似乎实力平平，却风调雨顺，游刃有余。这其中，实在是有讲究的。

3.1　有的放矢、投其所好新解

3.1.1　有的放矢、投其所好之内涵

所谓有的放矢，就是说话做事要有针对性。毛泽东在《整顿党的作风》中说：“马克思列宁主义理论和中国革命实际，怎样互相联系呢？拿一句通俗的话来讲，就是‘有的放矢’。”在求职过程中，有的放矢就是制作简历、投递简历、参加面试等活动都要有明确的针对性，所有的求职准备活动都要围绕职业、行业、单位、岗位这些“的”做文章，提高关联度，提高匹配度，提高命中率。

所谓投其所好，就是迎合别人的喜好。同义词有：对症下药、供其所需、施其所求等。“投”者，诸如投入、投缘、投身、投合、投亲、投靠、投契、投注、投奔等，当然还有并不受人待见的“投机”。“其”，在求职中不仅是指社会、职业世界和招聘单位，也包括自己——自己的个性、兴趣、能力、资源、理想等等。“好”，就是喜爱［跟“恶”（wù）相对］、爱好、习惯和需要。

适者生存、优胜劣汰是生物学家达尔文的经典论断，而在

求职活动中，投其所好可以说是“适者生存”的内在要求和升华。因为“适”是被动的、消极的，而“投”是主动的、积极的，包括积极地知、积极地悟、积极地行。一字之差，决定着职业、事业等很多事情的结果大不相同。作为求职者和职场人，只有善于总结经验，把握规律，不断地提高“适”和“投”的境界和水平，才能成为职场“适者生存”和“投其所好”的高手。

3.1.2 投其所好是成功的法宝

1. 投自己之所好

投自己之所好，就是自己要关心、爱护自己，自己对自己负责，自己最忠实地倾听并尊重自己内心的呼声，自己不为难自己，自己不欺骗自己，自己努力主宰自己的选择。应届生趁年轻，求职、工作，首先要投自己之所好，对自己真正感兴趣、有信心的事情就要坚持下去。在这方面，“哈利·波特之母”J. K. 罗琳就是一个很好的榜样。

在哈佛大学 2008 年毕业典礼上，罗琳做的题为“失败的好处和想象力的重要性”的致辞鼓舞了很多人。罗琳说：“对于一个已经 42 岁的妇人来说，回顾 21 岁毕业典礼的时刻并不是一件十分舒服的事情。在前半生中我一直奋力挣扎，为了在自己的雄心壮志与亲人对我的期盼之间取得一个平衡。”

她自己认定今生唯一想做的事情就是写小说。然而，出身贫寒、从未受过大学教育的父母却认为，她那过于活跃的想象力只不过是个人的怪癖而已，永远也不能帮她偿还贷款，也不能帮她弄到养老金。

在毕业后的一二十年里，她经历了一系列的失败：破碎的婚姻、失业、贫困……但失败“揭去表面那些无关紧要的东西”，罗琳“终于重新做回自己，开始将所有的精力投入到自己在意的唯一作品”，直至《哈利·波特》在全球范围内的成功。（来源：J. K. 罗琳，《J. K. 罗琳在哈佛的演讲：失败的好处和想象的重要性》，快资讯，2020 年 2 月 11 日。）

2. 投师长之所好

这里的所谓师长，泛指老师、家长或长辈、上司、领导等一切尊长。在学校，要投老师之所好，德智体美全面发展，好好学习，天天向上；在家庭，要投家长之所好，懂事明理，说家长喜欢听的话，做家长喜闻乐见的事；在单位，要投上司、领导之所好，努力适应公司文化，勤奋敬业，积极工作，勇创佳绩；在社会上，要投社会风尚之所好，讲文明、讲礼貌，尊老爱幼，遵纪守法。实际上，这些年中央一直强调“以人为本、关注民生、科学发展”的治国理念，就是在投人民之所好，做广大老百姓希望做的事；在西方国家，那些角逐总统宝座的人所提出的竞选口号基本上都是千方百计投选民之所好，尽一切努力赢得选票。这些与我们的求职活动在本质上没有什么区别——求职的目的就是赢得招聘官的“选票”！实际上，我国儒家所倡导的传统道德规范和文化所宣讲的都是要投师长之所好。否则，一切与师长对着干，与组织对着干，或者一味漠视师长和组织的感受，我行我素，是不会有好结果的。

求职者作为一个较为弱势的群体，必须头脑清醒，把握规律，发挥智慧，努力投招聘单位之所好，走进职业发展的春天。

3. 投职场之所好

在学校，在职场，处理好与同学、同事之间的关系，互相尊重，相互关心，团结友爱，共同发展，这种投其所好都是每个人所希望的。比如，很多下属、员工都希望领导能记住他的名字，这样说明自己受到了关注，领导没有忘掉自己，这样的领导往往更受下属的爱戴。

据网络报道，曾经被誉为“打工皇帝”的唐骏在微软任总经理时，为了融洽关系，建立好人缘，便于工作和管理，设法记住子公司1000多位员工每个人的名字。空降到盛大网络以后，他提出的工作任务是进行“完善”，而不是“改造”。因为他深知，一个领导到一个新单位以后是容易受到抵触的，而“完善”

更容易被接受，“谁都要完善，哪有完美的？微软是全世界最好的企业也要不断地完善，盛大也一样”，这种态度使他更容易地融入新的集体。唐骏的秘书说，很多记者，特别是电视台的访谈节目，都喜欢请唐骏做嘉宾，因为他不会冷场，说话“上路”，不论多敏感、尖刻的问题，他都不会拒绝回答。可见，唐骏是投其所好的高手。其实，好性格、好人缘都是善于投其所好的表现。“好的性格就是不挑剔别人的任何性格。性格是成功必不可少的关键，社会上需要性格好的人才。”唐骏如是说。

因此，认识清楚了社会之所好，认识清楚了用人单位之所好，认识清楚了职场之所好，认识清楚了老师、家长、上司、老板之所好，认识清楚了自己的所好，然后义无反顾、一往情深地“投”之，你的前程将如春天的阳光般灿烂，收获将如秋日之果实般丰硕，心情也将如怒放之鲜花般美好。

3.2　投其所好，大学生应从大一开始

3.2.1　根据喜好，安排自己的学习

高中阶段，是基础教育阶段，主要是应试教育，一般情况下，你不可能完全根据自己的爱好去学习，也不可能完全根据自己

的人生理想去选择性地学习，更不可能根据自己将来打算从事的职业或工作去学习。除非你能像韩寒、郭敬明或者众多体育明星那样，很早就直接走上职业化道路。

而在大学里，正如作者在《修炼你的独到之处：大学会计，应该怎样学》一书中谈到的，从大一开始，你就要认真思考并对待自己的学习了。你要坚持“一个中心、两个坚持、两个避免”，你要把握“两个导向，两个凡是”，你要“至少完成六个一工程”……，这是“投其所好”的自然要求。当然，在求职阶段，在看到本书的时候，大学生活对于你来讲，也许已经正在变成“过去时”，后悔已经来不及了。但是，抓住眼前的时光，在求职之前，根据招聘单位的所好“恶补”那些软硬知识和技能，亡羊补牢，并不算晚。

3.2.2　应届生择业的三大选项

经过几年的大学生活，很快就到了毕业求职的季节。那么，在职业选择上，是应该选择兴趣优先，职业优先，还是二者兼顾呢？

1. 兴趣优先

所谓兴趣优先，就是在选择职业、行业、工作地域、单位和岗位时，将兴趣、喜欢作为自己的优先标准，当职业诸方面与兴趣一致时就选择，否则就放弃。应当说，这是最理想的选择，也是最人性的选择。在无数的成功传奇中，那些忠于自身兴趣的人很多都大获成功。

大名鼎鼎的比尔·盖茨，当年放弃父亲要求他学习的法律专业、而专心从事自己喜爱的软件开发。同样，沃伦·巴菲特，美国最优秀的投资家，在回答学生的问题时总是说："我和你没有差别。如果你一定要找一个差别，那可能就是我每天都有机会做我最喜爱的工作。"

但要做这种选择，你就要先弄清楚两个问题：第一，你的兴趣究竟在哪里，你能说清楚吗？第二，你现在感兴趣的东西真的是你的兴趣吗？感兴趣的未必就是自己的兴趣所在。

北京外企人力资源服务有限公司人力资源部经理萝莉女士认为，我们应该鼓励发现自己的兴趣所在，但是，不应该过分把兴趣的定义简单化。真的想找寻自己职业兴趣的人就要花时间去了解每个行业里的各种工作，了解每个职位需要什么样的人。

同时，感兴趣的未必就是自己的兴趣所在。比如，你喜欢玩网络游戏，并不等于你在网络游戏开发上有天赋和能力；你喜欢唱歌、跳舞、演小品，并不等于你可以在娱乐圈有施展的空间，能够出人头地；你喜欢打篮球、下围棋，这些都很难成为自己的职业。

因此，兴趣优先所指的兴趣是与职业相关联的兴趣，比如，喜欢数据分析就是与会计职业相关的兴趣，喜欢提出质疑、刨根问底就是与审计职业相关的兴趣，喜欢演讲演说就是与教育、教师职业相关的兴趣等。

2. 职业优先

到底什么是“职业”？职，就是职位或者岗位，比如，会计岗位，审计专员岗位；业，就是行业或者领域，比如汽车制造行业，房地产开发行业。将这二者加在一起，就构成了完整的职业——职业 = 职位（岗位）+ 行业（领域）。比如，汽车制造企业的会计，房地产开发企业的审计专员。可见，职业选择的不仅是职位，也必然要考虑行业。

所谓职业优先，就是将职业理想作为自己选择职业的优先标准，基本上不考虑兴趣和爱好，或者说，当自己所谓的兴趣和爱好与职业不一致的时候，不要让兴趣干扰对职业的选择。只要这个职业符合自己的基本要求和发展方向，不管它暂时待遇如何，企业对个人兴趣、爱好的重视程度如何，以及自己现有的兴趣、爱好在这个职业里面能否发挥，都会选择。

实际上，由于每个人找工作都必须落实到一个单位上，而任何一个行业（或领域）都有着无数个大小各异、优劣不同的单位，因此，任何一个人的职业落脚点都必然是：

职业 = 行业（或领域）+ 单位 + 职位（或岗位）

可见，会计类大学生在求职的时候，就面临着三个问题：①面对众多行业，选择哪个行业？②面对每个行业里面众多的单位，包括不同所有制、不同地域、不同类别的单位，选择哪个单位？③面对众多职位，选择哪个职位？这就要看自己的兴趣、爱好、特长、能力、职业观、价值观、人生观以及自己所拥有的资源（人脉关系）了。

3. 职业与兴趣兼顾

通过讨论和比较可以看出，能够将职业与兴趣兼顾，以职业为主、兴趣为辅，应该说是最理想也是最现实不过的选择。比如，一个打算从事会计工作的人，有唱歌、跳舞、演小品的爱好和特长，而正好歌舞团招聘会计，那么，能够从事歌舞团的会计工作就是再理想不过的了。再比如，一个人喜欢学校的工作环境和氛围，喜欢阅读和研究，但又想做会计，那么到一所学校从事会计工作就是不错的选择。

如果你还不知道自己喜欢的领域有哪些不同种类的工作，不知道这个岗位每天都会做些什么，不知道这个岗位自己是不是真正喜欢，有哪些乐趣、刺激和满足，又有哪些烦恼、困惑和辛苦，那就需要通过实习等方式去了解，看它是不是自己的兴趣所在，是否符合自己长远的打算。现实生活中，人们总是对没有做过的事情有一种好奇和憧憬，这就是所谓“围城效应”，但一时的冲动和好奇未必就是自己真正的兴趣。

3.3 求职不可逾越的六大环节

纵观求职过程，任何求职者都不可逾越察、思、写、说、做和备这六大环节。这是环环相扣、步步为营的六个环节，是一个求职系统工程，在这个工程的六大环节上，始终都要贯彻落实好“有的放矢、投其所好”，任一环节做不到位，都会前功尽弃，要从头再来。对此系统工程，必须前后统筹考虑，妥善安排。

1. 察

察，就是在应聘前对招聘方进行全方位的观察、考察、了解，努力做到“知彼”。这一步做得好，才能够有的放矢、对症下药，才能保证互相匹配，才不至于因选择错误而后悔或上当。很多求职者饥不择食，在未对招聘方做任何考察、了解的情况下，在不知道招聘单位及其岗位是否适合自己的情况下，就盲目投递简历，而且是见一家投一家，不但成功率很低，而且还隐藏着一些隐患。这既是对招聘方不负责任，也是对自己不负责任的做法。

2. 思

思，即思考、思虑、谋划。就是在“察”的基础上思考如何有的放矢、投其所好，如何做到门当户对、对号入座，如何在职业、行业、地域、单位、岗位的选择上更好地深谋远虑、从长计议。行成于思而毁于随。前面这两个环节做好了，后面的环节才会水到渠成，卓有成效。

3. 写

写，就是开始动笔写简历，就是根据观察、考察和思虑的结果，采用最恰当的文字和实例，有的放矢，对症下药。写简历这项工作承上启下，是简历制作阶段的核心，必须高度重视，谨慎为之，因为简历通不过招聘方的筛选，你将注定跨不进招聘方的面试门槛，不管你如何自信和优秀，后面的环节都无从谈起。

4. 说

说，就是表达、说服，就是在面试时用最恰当的口头语言和表情、行为来打动面试官，让他们欣然地给你 offer。面试环节需要注意的事项不少，但“说”绝对是其中的关键和核心，因为其他方面不管面试官是否关注和重视，说的内容、说的口气、说的态度、说的音调、说的表情……他们是一定要关注和重视的。

因此，求职的关键不仅在于你写的水平，还在于你说的水平，如果你说的水平不高，吞吞吐吐、张口结舌，那你写得再好都白搭，因为一张口就暴露了弱点。另一方面，如果你连说都不会说，“水瓶里煮饺子”——倒不出来，怎么证明你会“做”？

5. 做

假如“说”这个环节你通过了，那么，通常你就被录用了。但是，你不要高兴得太早，录用是有试用期的。我国劳动法规定，试用期最长可以为 6 个月，一般为 3 个月。试用期的要害在于“试用”，没有人给你打保票“你有工作了”，如果经试用不合格，试用期内会随时被“请出去”的。因此，“说”完之后，接下来就是“做”，就是看你的实际表现，这个阶段的水平高低才真正决定了你第一份工作的稳定与否。当然，在试用阶段招聘方有许多要考察的方面，但做的方法、水平、思路、效果应该是试用阶段考察的核心。

6. 备

“备”就是准备、具备、防备，就是为了顺利拿到 offer 甚至为了顺利度过试用期而提前做好一切准备。可以说“备”是以上写、说、做的基础和关键。

写、说、做都要靠平时的不断训练、积累和临阵前的精心准备。假如你运气好，凭借妙笔生辉和花言巧语，过五关斩六将，一路绿灯，而进入了“做”的环节，就不能靠运气了，这时是要靠实力真刀真枪干的。所以，“备”是写、说、做三个环节的基础和核心，决定着这三个环节的成败。

当然，“备”不是一朝一夕的事情，不是靠需要时的一阵子恶补能够完全奏效的。正如笔者在《修炼你的独到之处：大学会计应该怎样学》一书中所说，“求职从大一就开始了”。不管在大学几年里准备得怎么样，求职之前都需要做好进一步的准备。

3.4　投其所好是一种大彻大悟

3.4.1　投其所好是实事求是的需要

求职是一门哲学。之所以使用“哲学”的字眼，是想提醒求职者们应将辩证思维贯穿到求职活动的全过程中。任何事情没有一成不变的真理，真理之苗只有在辩证之中才能长成参天大树，求职之事只有在辩证之中才能取得圆满结果。“投”只不过是求职辩证思维的一个主动表现而已，也是求职辩证思维的一个内在要求。

大家是否记得相声演员冯巩在春节晚会出场时的那句名言——“朋友们，我想死你们了！”？他这一句话一出，立马赢得一片欢呼和掌声。其实，这是一句典型的“投”观众所好的语言。无独有偶，2010 年 11 月 12 日晚在广州亚运会开幕式上，亚洲奥林匹克理事会主席艾哈迈德亲王在讲话时突然冒出的一句蹩脚的汉语“晚上好！”，顿时赢得全场热烈的掌声，这也是其深悟“投其所好”法则的表现。经研究发现，很多大腕和名人，都是善于投其所好的表率。

求职本质上也是一个努力赢得“听众”欢呼的活动，那么，在求职时，该怎样说、怎样做其实就是一件不言而喻的事情！——招聘官希望你怎样说，你就怎样说；希望你怎样做，你就怎样做；希望你怎样表现，你就怎样表现；希望你是一个什么样的人，你就竭尽全力展现出你是一个什么样的人。不仅如此，你必须按照他所希望的说，必须按照他所希望的做，必须按照他所希望的表现。为什么？因为你不这样，意味着你对他们的渴望熟视无睹，意味着你对他们的期盼视而不见，你写得再多、说得再多如果对不上他们想要的“标准答案”，就只能无功而返。除非你是土豪，你无比的强大，不投其所好也能主宰自己的命运！

“投”是一切从实际出发、具体情况具体分析哲学思想的体现和客观要求，是实事求是人生态度的忠实反映。不“投”不行，不“投”就会有分歧，有矛盾，有角力，有对抗，有冲突，有斗争，有分崩离析。生活中“严以律己、宽以待人”实际就是“投”别人所好的表现，外交中“求同存异”其实也是“投”的表现。现在人们都在讲团结、团队、合作、和谐，“投”在其中是离不了的。

“投”是目标清晰、方向明确、重点突出、自信满满的表现，不是胡子眉毛一把抓；“投”是一种智慧，一种理性，一种随机应变，一种大智若愚，一种大彻大悟。主动也好，被动也罢；赞成也好，反对也罢；真诚也好，虚伪也罢；善意也好，恶意也罢；……纵观各行各业，但凡有所成就的人们，大抵都善于投其所好。

3.4.2　投其所好要“具体情况具体分析”

投其所好必须具体情况具体分析，必须因地制宜、因时制宜、因势制宜。不同的情况下需要你展示不同的羽毛。在求职上，投其所好是在具备多项知识、技能、职称、资格，拥有多种选项的前提下选取最优选项的过程，是知识再学习、智慧再开启、思想再解放的过程，是认清对方、认清自己、认清所求岗位并达到互相匹配的过程，是在拥有多种鲜花时选取最合适的一束送人的过程，是为对方负责、为自己负责的高度责任感的体现。比如，很多同学都身怀一个或多个专长，体育、音乐、舞蹈、棋艺、演讲、绘画、魔术等，可是企业招聘时，一般情况下，中小企业并不看重你的这些专长，应聘这样的单位就不必展示你那些无比骄傲的文体长项。但如果一个单位非常重视文体演艺活动，活动经常搞得如火如荼，那么，应聘这样的单位，你的文艺、体育等特长就是确定无疑的利器，在简历中突出地显示这些特长就是无比正确的“投其所好”。

因此，求职时务必要弄清楚四个基本判断：“不是……而是……”。

不是你手里有什么，而是招聘方需要什么；

不是你简历要写什么，而是招聘官需要你写什么，他想在简历中看到什么；

不是你面试时想说什么，而是面试官需要你说什么，他想听什么；

不是你要选择什么，而是“知己”与“知彼”碰撞的结果决定了你选择什么。

针对你所应聘的特定岗位，面试官喜欢什么，讨厌什么，看重什么，鄙视什么，你都要做到心中有数。哪些话语不能说，哪些举止不能有，哪些表情不能有，哪些态度不能有，都要提前有所准备。

大量实例说明，不仅职场“菜鸟”，即使很多职场“老鸟”，很多中、高级人才也没有很好地掌握求职的方法或诀窍，一味地向招聘方强调自己如何优秀、如何能干、如何精明、如何独当一面等，而不知道具体情况具体分析，不知道常常需要“投其所好”。不过，具体情况具体分析，仅靠查看招聘方宣传手册和职位说明书上所列的东西确实是远远不够的，必须做进一步的了解。

3.4.3　怎样做到有的放矢、投其所好

1. 我很真诚

我很想，我很热爱，我特别有兴趣，并且能够用切实行动表达出来，应该说这是最能让 HR 们感动的特质了。让我们先看一个广为传播的经典求职故事。

松下电器创始人松下幸之助，因家境清贫，去一家电器公司求职。人事部主管见他瘦小且衣着不整，就推诿："不缺人，一个月后再来吧。"一个月后松下真来了。主管回答："你太脏。"松下回去借钱买衣服，穿戴整齐地又过来。主管却说："你不懂电器知识。"两个月后，松下再次出现，说："我学了不少电器知识，您看还有哪些差距，我再一项一项来弥补。"至此，主管感慨万分："我几十年第一次见到你这样的，真佩服你的热情和韧劲。"松下求职成功了，后来成为享誉全球的"企业经营之神"。

试想一下，如果你是那位主管，碰见这样的求职者能不被打动吗？所以，假如你真的很在意那份工作，真的很喜欢，那就把它表现出来吧。记住，在一般的面试过程中，千万不要太在意"脸面"，脸皮儿太薄，尤其是初入职场的年轻人。

让 HR 知道，你对这个工作特别有兴趣，保证能做好。从 HR 的角度来看，如果员工的兴趣、爱好和工作岗位相吻合，那就最好不过了。职业选择理论认为，兴趣能发挥员工全部才能的 80%~90%，并且能引导员工从对职位的有趣（短暂、多变的兴趣）发展到乐趣（专一、深入的兴趣），进而形成自己的志趣（具有社会性、自觉性、方向性的乐趣）。许多 HR 在人才市场里四处淘金，就是想找到对这个职位特别有兴趣的人。当然，如果仅仅嘴上这么说，那也没用，态度真诚之外，最好拿出有兴趣的行动和证据来。

需要特别注意的是，越是没工作经验的人，越要证明自己对该职位的热情和爱好。投简历、面试完之后，记住要跟进，让 HR 知道你很在意。

2. 我会稳定工作下去

许多 HR 有一个担忧：你能在这里做多长时间？你会不会跳槽？你的价值观、职业观与我们一致吗？越是学校“响”、学历高、职称（资质）高、条件好的人，他们越担忧。对没有工作经验的，他们会问，你为什么选择这里？你对这里了解多少？你的志向是什么？对有工作经验的，他则会问，你为什么老是换工作？为什么离开原单位？你有什么长远打算？对学校“响”、学历高、职称（资质）高、条件好的人，他们会问，你为什么应聘我这个单位？你有什么长远打算？你的职业目标是什么？等等。要知道，HR 们最忌讳频频跳槽的人，可能刚把他招进来，干几个月就跑掉了。

美国管理专家彼得·德鲁克在《21 世纪的管理挑战》一书中说：“要想在组织内有所表现，个人与企业的价值观必须兼容。双方的价值观不需要完全一致，但一定要接近到足以共存，否则，个人不但会无法做出成绩，也会有挫败感。”因此，求职者要告诉HR“由于××××，我很看重这个平台，我们会坐在同一条船上，我不会半途离你而去”。

许多单位为什么不喜欢招聘应届生？刚培训结束，刚培养成熟，等到可以用的时候，找不着了，他们遇到更好一点的单位就溜了！有些应届生不知己、不知彼，目标不明确，纯粹为找工作而找工作，不管什么单位，只要能进去就好，一发现不合适就跳槽。当然这也难怪，毕竟目前大学毕业生就业率太低了，迫于各种压力，只能先就业再择业。

3. 积极主动

下面这位网友的经验和态度很值得广大会计毕业生借鉴。

积极主动这一点对于想做销售或者管理的同学至关重要。现在的毕业生这么多，对于HR来讲，学生和学生的差别不是很大，都只是一个一个的名字符号。而我们要做的事情就是要让他们一看见这个符号就能想起我们这个人。比如投了简历之后打个电话问一下，多参加宣讲会，对于想去的公司争取面谈的机会。在11月的时候，我手里只有美的的offer，不是很想去那里。当时博世汽车开始一面了，没有通知我。我是挺想去博世的，于是就去“霸王面”。跟着一个被邀请去面试的同学到了那里，说好话让China HR的人收下我的简历安排面试。

当我看到有博世面试官出来的时候赶快抓住机会上去和他谈，终于同意我参加面试，就这样面了一轮两轮最后拿到了 offer。是积极主动的态度让我从一个连简历关都没有过的人走到了最后。（来源：《参加校园招聘会心得体会》；百分网，2017 年 10 月 21 日。）

德国西门子股份公司北京总部人事部的负责人孙女士也说，大学生求职，尤其是没有经验的大学生求职，除了要有一份有效传递信息的简历外，还需要有一种敢“主动出击”“积极争取”的素质。她说，曾经有一位大学生在通过了简历筛选后，希望到西门子的一个销售部门去工作，当时孙女士觉得他做研发也非常适合，结果这个学生天天“缠”着孙女士。最后，孙女士猛然发现，这个同学的这种精神，正是做一个销售所不可或缺的，后来就同意让他去做销售工作了。后来，这个学生因为出色的销售业绩晋升了职位，去担任某城市的销售代表了，尽管他到西门子还不到一年。

其实，几乎所有单位招聘都喜欢积极主动、勤勉尽责的人，企业所要的人一定是方方面面为它着想、能够给它带来现实利益的人。现任全国政协副主席卢展工同志在福建任职时曾提出“官员保姆论”而被舆论津津乐道。他在一次会议上说：“各位是如何选用自家保姆的？”“我想，大家肯定都是要选勤勤恳恳的，吃苦耐劳的，艰苦朴素的，在采购东西时能够替东家着想的，而不是去选一个大爷，反过来还要你去伺候他。”

4. 机智、勇气与韧劲一个都不能少

在《东方马车：从北大到新东方的传奇》[①] 一书中，还有一段描写若干明星教师如何机智地通过俞敏洪“面试”跨进新东方的文字。以所谓“激励派”（在新东方有学院派、激励派、激情新概念派……一说）代表人物之一的宋昊为例，该书是这样描写的：

1991 年宋昊考上山东师范大学生物系，1994 年以第一名考上中国科学院研究生院，进了植物研究所。……读研究生一个月发 200 块生活费，苦哈哈，十分窘迫，家里穷，不好意思伸手。有一天，他拿了同学的听课证，混进新东方课堂听 GRE。一听，老师讲的那些玩意儿他也会讲。大学的时候，写过功夫学英语，考过 GRE。他问同学：“这里讲课的人能挣多少钱？”同学告诉他：“按小时算，一小时好几十块。”

他一听，妙啊，一小时几十块，何不当老师，挣点银子花花，聊补囊中羞涩。

---

① 卢跃刚 . 东方马车：从北大到新东方的传奇［M］. 北京：光明日报出版社，2002.

他钻进了中关村二小新东方的办公室，一间破破烂烂的小屋。办公室旁有个厕所，臭烘烘的。

“我找俞校长。”他说。

“俞校长特忙，不见人。”接待小姐说。

“我是中科院的宋昊，来应聘的。”

“我不认识你。”小姐死活不给找。

他跑出来给新东方咨询台打电话：“我找俞校长。”

“你是谁呀？”

“中科院宋昊。”

“宋昊……不认识你。”

对方不耐烦，挂了电话。

宋昊不死心，一个小时后，又给咨询台挂电话。他压粗了嗓子：“小俞在吗？”

“你找俞校长干吗？”

“我是他大学同学，睡在他上铺的兄弟，刚从加拿大下飞机，要他接我，快把他的手机告诉我。”

“90873579。”

宋昊有超强的记忆力，自称“有7万词汇量，仅次于老俞”（俞敏洪自称有5万英语词汇量），五年后脱口说出五年前俞敏洪手机号，可以说是小菜。

他打俞敏洪的手机：“是俞校长吗？”

“你是谁？”

“我是中科院的宋昊。”宋昊反复以“中科院”的名头给自己加码。

俞敏洪不吃这一套。他冷冷地说：“我不认识你。”

“不认识我就对了。”

“你想干吗？”

“我想到你这儿讲讲课。”

“你讲什么？”

“什么都能讲。你想让我讲什么，天文、地理，气功也能讲。”宋昊拿出了那种野孩子离经叛道的劲儿。

俞敏洪听了很受用。他说：“你来一趟，咱们交流交流。”

两人见面，神侃一个小时，“互相折服”。俞敏洪当即说：“没问题，就你了。你讲什么？”

“什么都行。”

“先讲 GRE 词汇。”

“行。你给我两天时间，先酝酿酝酿。”

俞敏洪问：“你有什么联系方式？”

他说：“没有。”

“你连个呼机都没有吗？”

“没有。”

“没事，讲两节课就有了。”

宋昊一听，心中狂喜。“当时，一个摩托罗拉呼机一千多块钱，讲两节课就一个呼机，言下之意，一节课五六百。”他说。

他出新东方，来到中关村大街，喊道：“生活改变了！”

旁边行人以为他是疯子。

这是典型的机智、勇气和韧性结出的硕果，也是一个典型的投其所好的实例。因为他事前了解到俞敏洪要求所有老师必须见多识广、旁征博引、能说会道，必须有激情、有感情，必须在枯燥的英语中注入幽默段子、知识经验、人生阅历，必须将课堂气氛调节得盎然有趣。宋昊不但具备这些天性，而且将这些天性机智、自然、巧妙地展现给了俞校长，俞敏洪怎么会放过这样的“天才”（宋昊自称自己是天才）呢？

5. 珍惜每一次机会

人力资源市场是个买方市场，不管你是不是牛人，不管有多牛，在招聘方面前，都是弱势群体，都应该积极争取并不放过任何一个机会。

一位求职成功者说：

还是拿自己举例吧，接到欧莱雅面试电话的时候，其实我在广州宝洁参加市场部终面，欧莱雅要求我第二天下午在南京参加第一轮面试。我当时赶紧解释情况，说自己非常珍惜这个机会，但要从广州宝洁终面飞回来（诚实地说明情况的同时，让对方了解自己的实力），之后我便把第二天的飞机签到最早的一班，赶回南京又打车在高速上让司机飙到180公里左右的时速。但还是错过了最后一场集体面试，便找了朋友去现场诚恳地解释情况。HR了解到了我的诚意，晚上居然亲自打来电话，让我第二天直接去参加第二轮面试。再到之后的五轮波折，最终拿到L'Oreal Paris Marketing的offer（聘书）。现在想想，如果没有当时那一瞬间的争取和努力，这个几万分之一的机会就擦肩而过了。……最近，在我帮500强公司推荐实习生期间，遭遇过两件很雷人的“错失良机”事件：有位同学，把面试时间记错，迟到一个小时才到，而且没有记住对方HR的名字，也没有对方的电话号码。对方HR还以为被这位大学生给“鄙视”了；还有位同学，面试前居然在寝室睡觉睡过了。这两位，还都是国内顶尖大学商学院的学生。在职场上，这样懒散，不遵守时间或者不珍惜机会的做法，是大忌！切记，态度决定一切！（来源：《校园招聘中外企求职不知道的10件事》，兼职猫，2019年2月1日。）

6. 把握好细节

细节决定成败。在招聘时，招聘方既关注一些重要的、敏感的方面，更关注细节，并通过这些细节对应聘者作出判断。

在谈到求职的细节问题时，一位求职者说：

求职准备是一个长期的过程，不可能到公司招聘开始了才开始准备。简历、cover letter（求职信）的东西基本上提前一个月就要开始准备。关于简历的撰写问题，很多求职书上都有谈到，这里不赘述。但有一点要强调的是，简历上每一个字都要仔细斟酌的，简历怎么改都不为过。我的简历前后改了8版，基本上每一版都有结构上和内容的调整。一个细节问题，很多人忽视了简历的纸张问题。BE DIFFERENT！我所有的简历都是用120克，纸张手感更好，亮度更强。试想一下，面试官手里拿着一叠简历，你的简历手感摸着更好，也是一种竞争力，至少会引得他多看几眼吧。（来源：《求职真人秀：外企面试技巧全揭秘》，云南招聘网，2019年6月28日。）

在谈到面试的细节时，一位HR的建议是："要注意细节；尤其是当面试官在录用与不录用之间犹豫时，细节可以帮你取胜！这些细节不一而足：譬如面试结束后第二天发一个邮件或短信，面试结束时顺便摆好椅子，带走茶杯等，但不要太夸张！"

7. 说出招聘官最爱听的话语

在求职见面时，很多人不知道应该说什么，不明白应该怎么说。实际上，你要说的内容都已经写在纸上了，让你说话的目的多半是考察你说话的方式、语调、音色是否符合考官的口味或兴趣，对有些问题的看法是否偏激、从而看你的性格特点和为人处事的态度。面试内容本身并不太重要。能说话幽默一点、机智一点、讨巧一点都是很好的。故此，一般性格开朗、随和、反应敏捷、善解人意的求职者成功率较高。

然而，在此基础上，最为重要的是，要以对方的语言说话。

美国成功学家戴尔·卡耐基曾引用一位名人的话说："你必须以你的顾客的语言来说话。如果你对双方都有所了解，才会大有助益。……要设身处地变成对方，想办法找出对方所要的，然后就采取适当的举动。人们喜欢跟一个他觉得是同类而且相处自在的人做生意。"

换句话说，就是要"见什么人，说什么话"。求职中切记，不是你要说什么，而是招聘官希望你说什么，最喜欢听什么；不是你要表现什么，而是招聘官希望你如何表现，最喜欢你如何表现。你不这样说，不这样表现，就通不过！人们常说，酒逢知己千杯少，话不投机三句多。物以类聚，人以群分，了解不同人的特征，变换自己的沟通特征与之适应，这样所有的人都会觉得与你沟通非常愉快，都愿意接纳你。这也会使你不论和任何人沟通，不论和什么样的面试官沟通都能达成一个圆满的结局。

8. 细微之处见精神：2 元票据的故事

大家都知道一句名言，大礼不辞小让，细节决定成败。中国道家创始人老子也说：“天下大事必作于细，天下难事必作于易。”在生活中，我们确实应该注意谨小慎微，“小处无随便”。在求职中，我们更应该注意一些细节，尤其是对会计、审计、金融这些时刻与金钱、票据打交道的职业岗位。

一家大型企业招聘一名财会人员，消息传出，报名者竟达数百人。望着堆积如山的应聘简历，大伙都觉得有些遥不可及，但还是抱着试一试的态度报了名。

据主管介绍，笔试和面试的试题都在两本资料上面，要大伙先去预习，一个月后再来参加考试。参与竞聘者每人可以从那儿取两本精装手册，但每人需要交 2 元钱的押金。主管声明考试之后可以退还，但资料不能弄丢，否则押金作为罚金。起先，我们以为是骗押金的，但看着金额不大，而且又开了票，估计不会使假。我们仔细看了那两本资料，奇怪的是里面几乎没有什么财务管理知识和内容，全是一些企业的管理制度、诚信口号及发展规划。内容虽然很杂，但不算难记，不出一个星期，90% 的人都能将它背得滚瓜烂熟。

总算等到了考试那天，所有应聘人员早早来到了现场。因为胸有成竹，许多人连资料都没有带，不过就是2元钱嘛，丢了也就是那么回事。现场，主管的第一件事不是出题，而是问大伙的票据带来了没有？

“什么票据？”不少人面面相觑。“就是买这本资料的押金，2元钱的票据。”

应聘者乱了套，纷纷从身上、提包里到处找那张票据。因为金额太少，大伙都忽略了它们。最终能够交上来的，只有10个人。主管一一收好他们的票据，转身对其余的应聘者说：“你们可以走了，我们需要的财会人员，将在这10个人中产生。”

主管又问这些交上票据的人，是如何管理这张小票据的？一些人说，自己夹在钱包里面的；另一些人说，自己有一套专门的保管档案；只有一个人说出了这样的话：“我习惯了精打细算的生活，凡是我经手的每一个项目、每一笔钱，我都会随手记录和立据。我手上不光有票据，还有本次应聘的所有资料。”

主管听到这里，又对其余的9人说：“招聘到此全部结束了，无须我再多解释。2元钱的票据虽小，但我们财务工作，就需要这种于细微处见精神的有心人。”（来源：《2元钱的票据》，中国会计视野，2005年11月29日。）

9. 应聘岗位要“投”自己的个性

会计视野论坛有一位名叫“红泥小火驴”的网友在总结自

己应聘内审专员的经历时说：

一家国内很有名的民营企业集团，大老板的个人资产在富豪榜上排在前60位。他们审计部门的头儿是个挑剔的人，想挑一个得力的助手。这位总监是工作经验非常丰富的人，国企、外企、政府审计部门全干过，他对事务所的态度是很不屑的。问了我很多相当专业的问题，比如现金舞弊怎么查、难以盘点的消耗性存货怎么控制、假发票如何辨别。越到后来，问题越难，有些问题我简直束手无策，所以我干脆虚心一点，面试变成了向他学习讨教的过程。他也很坦诚，因为老板给他的压力很大，他对下属的态度是非常严厉的，下属见了他就像耗子见了猫，战战兢兢的。我一直表达一种可以理解他的处境和心情的态度，可能得到了他的好感。最后结束时，他说我的经验他是不太满意的，但是觉得我思维清晰、逻辑清楚，比较有悟性，和他谈得来，还是可以雕琢成器的。两天后，接到了人事部门的报到通知，但是我拒绝了。这个单位内审部门和被审计部门的关系是相当紧张和对立的，内审部门的工作方式也比较粗暴，不是我希望的伙伴式关系。我这样个性温和的人，很难接受。（来源：红泥小火驴，《我的找工作经历》，中国会计视野，2006年5月13日。）

应当说，这名网友是相当明智的，既在面试时“虚心”“讨教”，投面试官之所好，又在接到报到通知时，知其不可为而干脆、果断地放弃，投自己个性之所好，这是自己对自己负责的典范。

10. 巧妙利用“信息不对称”

一位应聘银行工作的女生对如何利用“信息不对称”深有研究，让我们看一看她讲述的自己巧妙利用信息不对称的经历。

中国工商银行是我国最大的银行，中国建设银行也是我国的四大国有银行之一，这次招聘的又是总行，报名的学生特别多，总行招管理人员，主要招硕士和博士，也有极少的本科生职位。形式是笔试、一面、二面。对于我这样的普通大学的女生（非中共党员、非英语六级、非干部、没得过一等奖学金，还只是本科学历），自知实力不济，但也参加了网申。

找“金融实践”这门课的老师聊天，知道了工总行和建总行某两位领导的名字，我就给领导寄了信。给建总行的信里，说是某某老师推荐我来的，并附上了简历；给工总行的信里，啥都没说，就寄了简历，偷懒了，嘿嘿。

后来，我接到了工总行的笔试通知。笔试那天，我只看见了系里另外一个成绩极优秀的女孩，只有我们2人，可我们系共有近190名毕业生呐。

经验：因为现在的银行领导也比较避嫌，可能我不说明情况的简历，给中层的员工造成错觉，误以为是领导的亲戚递过来的。至少是有来头的人才能知道他们的名字和部门。……员工怕领导，领导和高级金融教授有来往，我再暗示自己是老师介绍来的，通过选择正确的身份，成功地利用了对方内部矛盾关系。信息不对称帮助我获得考试的机会。……别以为只有条件不好的学生才应该这么大费周折地争取面试机会，现实中优秀的学生得不到银行面试的机会的人很多。（来源：《智力应聘，我在4间银行的面试经历》，职场指南网，2017年6月14日。）

可以说，这也是另外一种形式的投其所好，这位女生在求职上还是蛮有心计的。

3.4.4　求职的误区

1. 与招聘方不对路

在求职应聘中，不对路是指所谓的个人优势、特点或表现与招聘方的要求、标准、理想不相匹配。也就是说，你所表白或表现的长处、能力、优势、获奖情况等必须与招聘方及其岗位要求相匹配，否则，就是“不对路”。事实一再证明，再优秀的人在找工作时不对路也不行。

且看一位研究生陈蕾的求职经历：

12 月，某市一家国企在两轮面试后，通知陈蕾到单位实习 3 天，“算是最后一次考核，通过就会被录用”。通知参加实习的算上陈蕾一共有两个人，另外一位同学因为已签约，没参加实习。最后只有陈蕾一个人去参加实习，为此，她觉得，这次被录用的机会应该挺大的。因为读书期间一直在学校做兼职，陈蕾说她比别的同学更勤快些，“实习几天，除了做好单位交代的事，我还会主动做做卫生什么的”。实习最后一天，一个老总与她面谈，当问起是否玩网络游戏时，陈蕾犹豫了一下，回答“不”，没想到老总当时就“怒”了：“你知道吗，我们企业要会玩游戏的！”老总说她学生气重，“没自信”，他是做项目的，希望员工有闯劲儿，不死板。就这样，陈蕾与这份最有希望的工作失之交臂。（来源：《南开女硕士的求职故事》，应届毕业生网，2017 年 5 月 13 日。）

这是一个典型的因“不对路”而失败的实例。其实，老板所说的“我们企业要会玩游戏的”也许只是一个借口，可能这位老总已经暗暗地观察她几天了。可能老总觉得，作为一个研究生，应该比较自信、开放、大气，应该少一些学生气，表现得更加成熟、洒脱甚至前卫一些，更有魄力和活力一些，更强一些。勤快、主动做卫生等行为对一个本、专科生来讲无疑会加分，而放到一个研究生身上可能就是减分的因素。显然，陈蕾的表现与老总心目中的“研究生”形象有差距，二者与他的期望有差距，不对路，不堪担当重任。

由此看来，在实习期间（此例中实际是进一步考验期），与该单位员工多接触、交流，尽可能多地了解企业文化和氛围，了解老总的处事习惯和管理风格，特别是对人才的偏好，了解他以前对所招聘人才的期待，包括性格、爱好、素质、能力、表现等，然后投其所好，这是无比紧要的。一句话，求职者必须以老总、HR们最期望的形象出现。

其实，对职业、行业、单位、岗位的选择，扬长避短，弘扬优势，发挥长处，在现有的优势环节上体现出更大的价值，尽可能地让招聘官更加欣赏自己，这才是求职及职场制胜之道。比如，有些学会计的同学，在校一直喜欢舞文弄墨，喜欢访谈、写稿，不喜欢做会计分录、做账这些事情，对会计核算丝毫不感兴趣，那你就必须“扬长避短”，找一个能够施展长处和爱好的职业、岗位，例如争取申请有关媒体单位从事新闻记者、编辑等工作，并在应聘时争取出众地表现。《孙子兵法》说：“激水之疾，至于漂石者，势也。”水势集中于一点，可以漂起石头，人只要充分发挥自己的优势，将优势与所求职位匹配起来，即使不能取得面的成功，也能求得点的突破。

2. 不懂得顺其自然

在求职上，顺其自然就是不要过于固执，过于坚持，钻牛角尖，而是可以根据实际情况调整自己的目标、方向和理想，该降低要求的时候就要降低要求。尽管寻找“适合”自己的工作很重要，但也要实事求是，在多次不顺利的情况下，就要调整思路了。实际上，寻找“适合”的工作也是需要辩证对待讲究时宜的。一些人空摆架子，死守理想，死要面子，为了找到最“适合”的工作，一直等啊等，找啊找，宁折不弯，宁死不屈，直至求职淡季的到来，机会不再出现。

一位求职者说：

当我面试了N次之后，对面试的感觉就好多了，前面的面试就是热身。被拒之后要收拾心情，不要轻易放弃。千万别抱着非一线、二线城市不去，非外企不去，非N万年薪不去的想法，要学会根据社会的要求调整自己的预期。不要跟招聘方较劲。工作机会对求职的人来说永远是稀缺的，看看随便一个什么会计岗位，申请的人都是几百以上。每份工作都有它的不如意之处，要谨慎选择。要灵活一点，要睡个好觉，精神状态好一点，头脑清醒一点，会反应灵活一点。（来源：红泥小火驴，《我的找工作经历》，中国会计视野，2006年5月13日。）

实际上，对于大多数同学而言，并非找不到工作，而是由于对工作的期望值过高，对一些小单位、低档次的工作不屑一顾，盲目追求一些脱离自身实际的所谓理想的工作。

3. 不愿到基层工作

大学生刚刚踏入社会，刚进入企业，很难立刻进入角色。一些公司在招聘中规定，所有新参加工作的大学生都要到一线去锻炼一年，有的同学一看不能马上搞专业工作、搞管理工作，要“吃一年的苦”，就打退堂鼓不愿意干了，白白丢掉了得来不易的工作。

千里之行，始于足下。一个人的成长必然要经历由低到高的过程，只不过个人条件和能力不同，各阶段时间长短可能有所差异。但任何人都不可能一下子筑起空中楼阁，任何单位都不会把一个新手直接任命为主管或经理，那就像把整辆客车的乘客交给一个刚拿到驾照的司机一样危险。所以不要惧怕那些基础的、重复性的工作，如果你足够用心，你会从中学到许多在学校里没有见过的知识。一个成熟的财务工作者需要 N 年的历练，是急不得的，需要对业务的环节了如指掌，需要把财务、税务问题反复研究和处理，需要尽心处理每一笔业务事项，需要学会一定的沟通和管理技能，这一切都需要从最简单的一步步做起。

巴斯夫全球高级副总裁、（中国）有限公司总裁关志华谈到自己的经历时曾说：

我是从最基层的员工做起的。刚进这家大型公司时，我对自己很怀疑：到底有没有办法懂那么多东西？大学里学的知识简直是九牛一毛，哪怕是曾经很自信地从世界著名学府以优异的成绩毕业。我的特点就是肯干，参加公司举办的各种活动，无论是与工作有关的还是无关的，有些活动是自愿参加的，有些活动是别人带着我参加的。在这个过程中，我逐渐了解到各项基层业务是怎么做的。有一次，一位资深的财务经理问我：为什么你过去的背景都是市场营销，可是说起财务也那么头头是道？我说因为我全情地投入到了所参与的每一个项目，从不同背景的同事身上尽可能地学到东西，达到同事不在时可以一肩顶上的境界。（来源：关志华，《做团队的催化剂和安全阀》，中国论文网。）

4. 计较第一份工作的薪水

“不要计较第一份工作的薪水。”这是安利（中国）日用品有限公司总裁黄德荫的看法。同样，也是许多白领志愿者对即将步入职场的大学生们的建议。黄总裁认为，先找到一份自己的工作，目的是积累经验而不应该只停留在挣钱；无论打算在这个职位工作多长时间，一定要去努力工作。只要努力工作就一定有人能够看得到；同时，不要害怕机会，有机会就一定要勇于表现自己的能力。即使出现错误，老板也会原谅这些刚刚进入企业却敢于承担责任的新员工；另外，在工作中必须处理好人际关系，不要去伤害别人。黄德荫从一所中学的教师，以兼职的名义进入一家跨国企业，然后成为全职员工。然后，由主任级职员、经理级职员、市场部经理……一步一步地晋升为这家跨国企业中国区总裁。

惠普（中国）有限公司总裁孙振耀先生认为："看待工作，眼光要放远一点，一时的谁高谁低并不能说明什么。从这个角度上来说，我不太赞成过于关注第一份工作的薪水。……常常听朋友抱怨老板很'资本家'，很黑很恶毒，薪水少得可怜。是啊，谁工作的首要任务是奉献呢？就要面临生存与生活，能不在意薪水吗？可是……"

关于薪水与工作的关系，还有一个网络上流传已久的经典故事。

很多年以前，一位20多岁的年轻记者去采访日本著名的企业家松下幸之助。年轻人很珍惜这次采访机会，做了认真的准备，因此，他与松下先生谈得很愉快。采访结束后，松下先生亲切地问年轻人："小伙子，你一个月的薪水是多少？"

“薪水很少，一个月才一万日元。”年轻人不好意思地回答。

松下先生微笑着对年轻人说：“很好！虽然你现在的薪水只有一万元，但是你知道吗？你的薪水远远不止这一万日元。”

年轻人听后，感到非常奇怪。看到年轻人一脸的疑惑，松下先生接着说：“小伙子，你要知道，你今天能争取到采访我的机会，明天你也同样能争取到采访其他名人的机会，这就证明你在采访方面有一定的潜力。如果你能多多积累这方面的经验，这就像你在银行存钱一样，钱存进了银行是会生利息的，而你的才能也会在社会的银行里生利息，将来能连本带利地还给你。”

松下先生的一席话，打开了年轻人观念的抽屉，使他茅塞顿开。

许多年后，成了报社社长的年轻人，回忆起与松下先生的谈话，深有感慨：“对年轻人来讲，注重才能的积累比注重目前薪水的多少更重要，因为它是每个人最厚重的生存资本。”（来源：段绍译，《能力比金钱更重要》，搜狐网，2018 年 4 月 1 日。）

5. 没有自知之明

有一次，在北京国展召开的人才招聘会上，美国特路普公司的摊位上方昭然写着“北大清华毕业生一概免谈”的告示，令应聘者议论纷纷。

美国特路普国际集团北京代表处首席代表吴沁致态度鲜明：应聘者要有自知之明，要在公司里选择好自己的位置，要有角色意识和舞台意识，才能准确地完成导演的要求。公司追求的是综合效果，要的是合作精神和团队意识。“一般院校的毕业生，只要给他一个合适的位置，就能发挥其无限潜力。”

该公司孙英魁副总摇着头说，过去公司曾用过北大和清华的毕业生，但没有一个成功的范例。“他们会有莫名其妙的优越感，浮躁而不务实。”中国要培养高素质的人才，但他们不应是眼高手低的毕业生。北大、清华的毕业生就是这方面最典型的代表。“如果遇到一把扫帚，他都不想着捡起来，而是跨过去。”孙指着地上说。

该公司鲜明的招聘态度也引起了周围用人企业的关注。记者询问了10家招聘企业，有8家都有同样的担心。如果北、清的毕业生能从头做起，扎扎实实，爱岗敬业，给企业做出贡献当然受欢迎。但事实上，名校毕业生很难长久坚持下来，跳槽的情况很普遍。相反，中流大学的毕业生更显扎实、持重。

盛唐电脑总经理单占军很有感触：“我和一位清华毕业的人共事，结果项目遇到了困难，他就撂摊走人了。”做软件开发的陈先生曾和两个清华人一起去美国谈项目，最后是谁也不听谁的，项目最终失败了。“他们很高傲，很难踏实工作。”（来源：熊海燕，《北大清华毕业生一概免谈》，中国教育在线，2002年3月5日。）

完胜对策之四

门当户对
对号入座

在求职时，很多人失败得不明不白。明明自己条件足够优秀却“败落马下”；明明自己各方面的条件都非常符合要求，却得不到面试通知；明明双方谈得挺好，却没有回音。很多硕士生拼不过不过本科生，本科生拼不过专科生，高级职称拼不过中级职称，等等。

究其原因，就是这些人没有认识到求职不但要能够知己知彼、恰当定位、有的放矢、投其所好……还要讲究“门当户对”“对号入座”。

4.1 求职，也讲究门当户对、对号入座

4.1.1 门当户对、对号入座新解

1. 门当户对

大家经常听到“门当户对”，也都深有体会。在择偶、婚姻等问题上，男女双方的门户条件要比较般配，一方过高不行，一方过低也不好，不可“高攀”，也不可“低就”，双方必须半斤八两，必须有缘或者“般配”，即使不够般配，双方也要有世交，有背景，有渊源，有成婚的基础。

在推崇婚恋自由的今天，你还认同“门当户对”吗？最近有媒体针对79446人进行的一项调查显示，59.0%的受访者认同门当户对的择偶观，67.7%的人认为门当户对有利于以后的婚姻。很多人向往灰姑娘遇见王子式的浪漫情节，但现实中，上演的更多的是公主与王子、平民与平民一起步入婚姻殿堂。你可以说它挺世俗，但它成为流行的婚恋观趋向，也未尝不是一种现实理性：“门当户对”确实有利于婚姻生活的稳定。（来

源:《"门当户对"无违婚恋自由》,新京报网,2014年5月21日。)

在求职时，门当户对也非常重要。就是应聘者的各项主要条件都要与这个单位、这个岗位相匹配。你若过高于它，HR会疑惑不解，产生用人上的担心；你若过低于它，HR可能根本不瞧你一眼，你再苦苦求他都白搭。大家都知道结了婚的人很多人不幸福，为什么？什么样的人找什么样的人是有讲究的，如果两者错位严重，志趣不投，只是由于"一面之交"侥幸结合到一块了，往往是不会得到幸福的。求职如求婚，应聘者与招聘方必须门当户对，必须在某些重要方面互相倾慕，志趣相投，才可以结合在一起；"婚"后同心同德，互相投其所好，共同维护，幸福才可以长久。否则，分手是必然的。

2. 对号入座

对号入座，就是要像去影剧院看电影、演出一样，坐对自己的座位，才不至于观看中途被人"驱逐"，才会心安理得地看下去。职场上很多人不停地跳槽、换单位，原因之一就是没有对号入座——明明不适合自己做的职业，偏偏去做了；明明是自己毫不熟悉的行业，却硬着头皮进去了；明明是不适合自己的单位，却入职了；明明是自己完成不了的任务，偏偏不自量力去承担了，如此等等。显然，"对号入座"也是求职时的基本要求，涉及你对职业、行业、地域、单位、岗位这五个层面的选择和定位。

可以这样说：职业选对了，还要选对行业；行业选对了，还要选对地域；这三者都选对了，还要选对单位；单位选对了，还要选对岗位。只有这样，才算是真正地做到了对号入座；只有这样，才能够在你选定的“位子”上不纠结、不郁闷、不忐忑、不折腾，自信、自然、自得、自乐地待下去。“男怕入错行，女怕嫁错郎”既是对选择错误的担忧，也是对正确选择的重视和期盼。无论高攀还是低就，无论阴差还是阳错，都是我们应当尽量避免的。

3. 找工作就好比找对象

大学生就业季刚刚开始的时候，有网友发帖称：“找工作就像找对象，太好的 BS（鄙视）自己，太坏的自己 BS，什么时候找到一个，相互 BS 都不那么强烈，饭碗就算有了。”一时被众多学子奉为经典。

求职者朱磊是坚定的“宁缺勿滥”观点的实践者，爱情如是，找工作也如是。朱磊在同学中广为流传的求职经历是，去一家国有地产公司面试，面对混乱的招聘现场和傲慢的面试副总，朱磊气定神闲地走上前去，说：“对不起，贵公司不适合我，请问我可以拿回我的简历吗？”然后在众多应聘者和工作人员诧异的目光中扬长而去。他认为，找工作就像“相亲”，毕业生与用人单位之间是“双向选择”，毕业生没有必要唯命是从。用人单位也应注意自己的招聘态度和言行，虽然现在就业市场是“买方市场”，但要招到真正适合单位的人才，招聘环节的规范化与人性化非常重要。（来源：《找工作找回的是自己》，中国应届毕业生网，2017 年 3 月 3 日。）

《我是你一辈子的试用品》[①] 一书中，讲了两个典型的例子，说明一个适合自己的男人对女人来讲是多么重要。同样，对求职者来说，一个适合自己的单位也非常重要。其中一个例子是：

据说在泸沽湖地区至今还有母系社会的习俗，那里的少数民族姑娘被称作“胖金妹”，女人在外工作，男人打牌喝茶。当地人曾开玩笑对我说，有的男人打牌输光了钱，就给妻子打手机，妻子立刻会送钱过来，并以此为荣。我想，现代都市中肯定也存在“胖金妹”情节的女性。试想，这样一个男人落到别的女人手里会怎样？估计只会有无尽的争吵，离婚几乎是一定的，他能遇到“胖金妹”真是幸运，是前世修来的福分。

---

① 老猫．我是你一辈子的试用品［M］．南京：江苏人民出版社，2010.

4. 适合，才是招聘的真正标准

很多人都在追求优秀。

优秀就一定能胜出吗？不见得。不够优秀就一定会出局吗？也不一定！

企业招聘中有一条“适用原则”，即根据企业发展需要和应聘者的专长、能力、志向与条件，聘用适用的人才，做到人尽其才，才尽其用，各得其所。也就是说，招聘方所需要的，不一定是最优秀的员工，而是最适合其所聘工作岗位的人。同样，组织、人事部门和领导选拔干部，选的也不一定是最优秀的人，而最起码是他们认为最合适的人。

适合不适合是非常值得研究的。招聘方具体找什么样的人才，全看其老总、用人部门负责人和HR们的要求（当然，他们之间选人的标准也不一定完全一致）。有时你感觉自己各种条件都符合，但就是通不过，那是因为你在某个重要方面仍然不符合他的要求，仍然没有达到门当户对。展开来讲：

他想找个强的，你强就对了，弱就不行；他想找个弱的，你弱就对了，强就不行；他想找个男的，你是男性就对了，女的就不行；他想找个女的，你是女性就对了，男的就不行；他想找个高学历的，你学历高就对了，低就不行；他想找个低学历的，你学历低就对了，高就不行；他想找个职称高的，你职称高就对了，低就不行；他想找个职称低的，你职称低就对了，高就不行；他想找个性格开朗的，你性格开朗就对了，否则就不行；他想找个老实听话的，你老实听话就对了，否则就不行；他想找个俊美的，你足够俊美就对了，不够俊美就不行；他想找个长相一般的，你长相一般就对了，过美过丑就不行；他想找个智商或情商或逆商高的，你智商或情商或逆商高就对了，低就不行；他想找个智商或情商或逆商低的，你智商或情商或逆商低就对了，高就不行；他想找个有特殊人脉、能协助他“通天”的，你有这个关系就对了，没有就不行；他就是为了做广告、造声势，不真正招人，你火眼金睛对此不理不睬就对了，不这样做就不行！……所有这些都要求求职者用心了解，以便门当户对，对号入座。

可见，求职时专科生不必害怕本科生，本科生不必害怕硕士生，博士生也不要因自己学历高而沾沾自喜。因为招聘方要找的是最合适的人，不是学历最低的人，也不是学历最高的人。

有的本科生在面试时一看有不少研究生，或者在群面时与研究生分在同一个小组里，就有一种天生的自卑感，觉得这下“完了！”，自信心全无，然后乱了方寸，也不认真对待了，这是最要命的。不管别人情况如何，你都要始终信心满满地、以最佳的状态面对，坚持到最后。

5. 了解招聘的真相，做一个适合的人

要做一个适合的人，求职者就必须认真了解招聘单位设

定的条条框框。

一般情况下，求职者按照招聘单位广告上的要求去组织简历和面试，是顺理成章的事情。但很多情况下又不能光看招聘广告表面上讲的。拿招聘的岗位来说吧。同一个岗位名称，具体到每个单位，其具体要求、工作侧重点和对应聘者性格、能力、使用上的考虑都会有所不同。比如，“内审专员”一职，有的要求侧重于查错防弊；有的要求侧重于内部控制；有的要求必须能够独当一面，有的只要求当好经理的助手；有的是实职，有的就是一个摆设，起一个内部“威慑”的作用。可是，从招聘广告上你是看不出这些深层次要求的。再者，很多单位对招聘岗位的职责要求和条件都是人才网站按照一个标准copy（复制）出来的，谁来做广告，就粘贴到谁的页面上，所以，我们经常可以看到，同一家人才网站上某岗位的职责要求往往一字不差。这实在是要命的假象。单位之间是千差万别的，其对应聘人员的要求也必然存在不同。“门当户对”这四个字绝对不是招聘广告上那些简单的字眼能够完整表达的。所以，应聘者必须多做功课，了解招聘的真相，尽可能做一个适合求职要求的人，以免入职后发现不适合而无奈地跳槽。

一位网友说：

一家有垄断技术的企业，效益很好，办公大楼很气派，处于快速扩张期，需要一个内审专员。他们的人事人员好像只管把人接待一下，填张表格，基本上什么都不问，然后就领到财务总监那里去了。这位总监简单介绍了一下情况，他对供应链很感兴趣，说公司目前正在整合供应链，问我从内审的角度应该如何开展工作。这个问题远远超出我的预期，在之前的招聘要求、公司网站上了解的信息中根本没有这一点。我当时就有点懵了，打起精神组织了一个答案。但是我的感觉他要找的是一个供应链管理经理，而不是什么内审专员。他对内审的理解和我完全不同，我们两个简直是鸡同鸭讲。最后他也说我的回答似乎没答到点子上，后来给我布置了一个作业，让我给他发一个邮件，再仔细回答一下这个问题。我出来就觉得没戏，不过还是买书、恶补供应链的知识，做了一篇文章。这也是找工作的成本之一吧。（来源：红泥小火驴，《我的找工作经历》，中国会计视野论坛，2006 年 5 月 13 日。）

当然，适合不适合不仅仅表现在岗位职责上，很多方面都有体现。

6. 求职的核心：提高你的匹配度

人们常说，找准自己的位置，讲的其实就是“匹配”，人职匹配，人企匹配，人人匹配。

应当说，应聘者与招聘方需要匹配的地方非常多，既包括学历、学校、职称（或资质）、年龄、性别方面的基本要求，也包括个性、爱好、形象、素质、能力方面的要求，更包括个人的职业目标与单位的目标、个人的职业观、价值观、金钱观、幸福观、人生观与单位的整体追求及其企业文化是否一致的考察。

不论是什么单位，招聘的原则只有一个，就是找最匹配的人，就是看是否匹配，是否门当户对。应聘成功者未必是最好的，淘汰掉的未必是差的，关键是匹配度。实际上，求职过程中的一道道环节，招聘方就是为了验证你是否合适、是否匹配，在这个过程中，求职者与面试官的过招，就是一个有趣的关于匹配度的博弈过程。从求职者方面来说，是一个逐步证明你自己的过程；而从招聘方来说，则是一个对既定问题逐步求解的过程。

因此，在应聘某个单位时，应聘者首先要清楚：它要找的是什么样的人，你是不是这样的人；你要找的是什么样的单位，它是不是这样的单位；它希望你入职后怎么样，你能不能够做得到；你希望它给你提供什么平台和待遇，它能不能够承诺和落实。ALEL 企业管理顾问公司的行政总裁 / 资深顾问程先生指出，不少大学生在求职方面存在盲点，“其实很多企业在判断一名应聘者适不适合入职的时候，除了考虑他的能力（能力包括专业知识等硬技能和沟通能力等软技能）之外，还会考虑他的心态和价值取向是否与企业文化相吻合。有些同学看到别人进入了国际四大等大公司，就会很羡慕并且追随别人去应聘，却很少问自己到底想要什么，适合怎样的工作，这些公司的企业文化是否适合自己，这种盲目求职也造成了成功率低。”

金蝶软件（中国）有限公司培训教育部经理王先生也提醒毕业生，在毕业时盲目求职容易给自己的职业生涯带来不良影响。有些新人入职后才发现工作不适合自己，干了三个月或半年就走了，频繁换工作，然后你会发现他几年以后还是忙着找工作，而人力资源经理一看到他的简历，一般都不太愿意聘用这样的员工。

4.1.2　找工作，找回的是自己

1. 求职不能心气儿太高

心气儿高、把握不住机会的大学生有很多，主要是名牌学校的研究生、本科生和部分二本学校的学生；有自卑感的学生当然也有很多，主要是专科和一般学校的本科生。在这二者里面，其实最容易在门当户对、对号入座上出现问题并错失良机的不是后者，而是前者，因为前者自恃学校名气大，自己又很

优秀，最容易高看自己，放不下身段。

一位女生在参加了四场招聘会后深有体会地说：“我，是个小本女生。就是普通大学，普通专业的本科生。劣势可想而知，没有强大的家庭背景和教育背景，学校又在三线城市，实习和招聘会的机会都很少。优势，就是我的要求不高。……我的求职之路始于11月，这个时候也是招聘信息最多的时候。由于没有经验，所以浪费了很多机会。在这里想对学弟学妹们说一下，求职之前，一定要想好自己的志向，自己的核心竞争力。给自己估估价，不要心气太高，也不要妄自菲薄。”

2. 求职不可抱“再找找看，会有更好的”心态

许多学生就业的第一选择，只认准了“国企”“名企”，可是，从目前高校毕业生就业的分布领域来看，80%都去了民营企业。实际上，民营企业对人才更为重视，而人才在民企的发展也是最为灵活的。如果看不上民企，看不上没有名气的中小企业，看不上地理位置不在大、中城市的企业，“更好的”企业真的很难出现。

5月22日上午，郑州大学体育场，700家民营企业的2.3万个岗位，吸引了1.1万名大学生来“赶场”。现场如织的人流，见证着毕业生对工作的渴望。

“毕竟是人生的第一份工作，不想就这样轻易把自己给交付出去。”河南工业大学学生小牛说，她从春节前就开始找工作，招聘会、网上招聘……用遍地撒网的手段通过各种途径来推销自己，但在“货比三家”的心态驱使下，总抱有“再找找，会有更好的”念头。

将近半年的求职经历，还没有给小牛带来一份“心满意足”的好工作。这次再逛招聘会，本想着一定要把自己推销出去，结果，犹豫观望，小牛还是没有求职成功。（来源：《求职冲刺季“坐怀不乱”才是王道》，网易新闻，2014 年 5 月 23 日。）

3. 求职不可仅看广告

在一定的条件下，所谓的知名企业并不等于好企业。求职者不要一味盯着经常在电视上或者其他媒体出现的那些知名企业，它们未必是适合你自己发展的好企业，因为刻意炒作自己是它们的出发点。为什么这样讲？让我们看一看一位过来人是怎样说的：

我是 2015 年跳槽进入一家全国著名的家电企业的，那次不经意的选择其实来自与大学校友的一次聊天，她告诉我那家企业正在招聘财务人员，还给了我联系方式，我通过电话和人力资源经理取得联系，过去面试以后，就这样感觉是很简单的进了那家企业；但在该公司的工作经历不但没有给我带来过多美好的回忆，反而在我辞职以后感觉就像是走出了地狱。为什么这么说？是因为没有假期也没有休息日的连轴转，让我身心疲惫，自己上司声嘶力竭的喊叫让我无可奈何，也让我崩溃，可能选择离开是我当时最明智的选择。也正是那次轻率的选择给了我一个教训，那就是：千万不要从广告出发选择自己就职的企业，也不要迷信企业的知名度。许多企业的知名度并不是产品真的好到极点，而是舍得花钱做广告，广告毕竟是做给客户看的，广告最大的意义就是在于向人们炫耀，你看，我多厉害，我有钱做广告，你一定要记得我呀。……我认为，大学毕业生初次择业，知名企业固然是不错的选择，但我们一定要注意，“知名企业”不能简单地等同于“好企业”，我们印象中的好多知名企业是由广告堆出来的，如果我们能有机会与这些企业进行一下近距离接触，就会发现其实它们绝大多数都很平常。（来源：常保军，《给求职者建议：知名企业≠好企业》，中国海峡人才网，2010年2月3日。）

包括上市公司在内的所谓知名企业，很多进去一看，远不是你所想象的那么美好，会让你大跌眼镜，直呼“上当受骗”。这就是很多学生入职后心理落差产生的主要原因之一。

4. 找工作就是要找回自己

这里有一个很好的例子。

小郭是北京某名校经济学研究生，刚开始找工作的时候，她的目标很明确，就是要找工作地点在北京的银行，最好是银行总部。她以为，凭自己丰富的银行实习经历，良好的学历背景，找一份工作应该不会太难。

几个月下来，汇丰、渣打、工行、建行……小郭几乎投过了每一家银行，然而“挂了无数个觉得肯定没问题的面试和笔试之后，从最初的不可思议、愤怒、失落，到后来的麻木”，小郭备感无奈。1 月 26 日，当投的最后一家银行终面被刷的时候，她写下《彻底终结我的银行梦》的日志，回陕西老家“调整心情”。

在家一个月，小郭做起了求职总结，开始重新定位自己，结论是：“其实我并不适合银行，银行要的是服务型人才，而我，恰恰是领导型的，如果我是 HR，也不会要我这样的人。”她还总结出了自己的两大劣势：一是不知道自己想要什么，二是缺乏核心竞争力，什么都“还行”，但又什么都“不行”。

大学“闺密”小王的经历给了小郭不少启迪。同是学经济的她，实习过科技公司，投过地产公司，面过央企和银行，最后还是拒了几个不错的offer，放弃了留在大城市的机会，安心去了家乡西部某省一家媒体实习，准备做记者。小王说，“也许那几个offer在别人眼里看来不错，但那不是我想要的生活。经过找工作那么多的折腾，我才发现，其实我最想做的，还是记者。”

春节长假刚过，小郭就回到学校，准备迎接新一轮的招聘高峰。如今谈到近半年的求职，小郭已经淡定许多：“其实我们找的，不仅仅是工作，还有我们自己。只有经历过找工作，才能明白自己想要什么，适合什么。也只有经历过找工作，才知道其实我们并没有自己想象中那么‘牛’，新年里，我能做的，就是踏实走好每一步。”（来源：《找工作找回的是自己》，应届毕业生网，2017年3月3日。）

5.“屡战屡败但找不到要害原因，真的很失望”

一位审计专业的女生应聘大型国企失败后回忆说：

第三轮，面试，每一组题目是相同的，我们那组，南师一个会计专业小姑娘，她比任何人都紧张，我和同学共四人，两个男生，另外一女的是我老战友，估计没戏，另外一个财大的研究生，性别女。看了我们这组人，我心里有些紧张，因为我们是六选二，首先有两个男生，常理说，两个男生会选一个；另外一个名额，大概就是和研究生竞争了……因为准备充分，我着装以及谈吐都让我自己很满意，也是我求职面试生涯中唯一一次化妆，在门口雅芳化了很淡的妆。对于问题，我回答得很有条理，而且也不紧张……信心满满，三天后有了通知，别的地区第二天就出来了，唯我们这组，熬了三天，结果我又失败了……如我开始所料，研究生和其中一个男生去了。不管怎么样，这屡战屡败而且找不到要害原因，真的很失望……（来源：吃吃，《2017届财经类专业女生的毕业求职路》，应届生论坛，2007年9月9日。）

本例所反映的仍然是一个关于“门当户对”的问题，一个关于匹配不匹配的问题。一般来说，大型国企还是比较喜欢招研究生和男生的，尤其是像审计等压力大、出差多的工作，这是很多实例证明了的。本例再次说明了门当户对、对号入座的重要。另外，这位同学自认为回答得不错，也不代表着面试官满意。面试官是什么标准，你可能一点都不知道，只是单方面主观上“信心满满”。实际上，应聘时自我感觉良好的应聘者非常多，那是因为你受了面试官良好“职业面具”的感染。因此，就这一点来讲，尽可能提前了解招聘人员，然后有的放矢、投其所好甚为重要。

4.1.3　会计类应届生求职要门当户对、对号入座

现实中，不同类型的招聘方对不同层次院校毕业生的接受程度是不同的。一般来讲，国有企业对211高校本科生更为青睐，而民营企业接受的非211高校本科生最多。

据麦可思研究院发布的信息，对非“211”院校应届本科生招聘的比例，国有企业为22%，中外合资、外资、独资企业为14%，“民营企业/个体”为47%；而对“211”院校应届本科生的招聘比例，国有企业为34%，中外合资、外资、独资企业为15%，“民营企业/个体”为35%。

据此，大致可以说明一些基本问题，作为会计类相关专业的毕业生，求职时是应当冷静思考，注意门当户对、对号入座的。任何人在求职过程中都不可一成不变地看待某一类雇主，抱着“非什么样的单位不去”的态度去求职，毕竟，“山不转水转”，适合自己的雇主可能有多个，自我水平和适应能力还是整个职业生涯中最重要的考虑因素。况且，越是好的单位，就会有越高的门槛，拼抢得越激烈。

通常情况下，博士生、硕士生、名牌本科毕业生以及高职称（资格）者自降身价、“大材小用”不行，因为雇主会觉得你本身心气儿高、不稳定、靠不住；专科生、一般大学本科生

不量力而行也不行，因为有些雇主很牛，招人的杠杠多，门槛高，它压根儿就看不上你，白纸黑字在那儿摆着呢，差别太大肯定不行。因此，求职必须有自知之明，必须门当户对，各就各位。下面针对不同层次毕业生进行简要分析。

1. 硕士毕业生求职

通常情况下，学历高的人就业时起点高，容易跨进招聘方设定的高门槛。但有时，学历高并不一定占优势。同一所学校的硕士生，应聘会计、审计类岗位时，不见得比本科生有竞争力。对于企业，虽然硕士生的知识面和阅历相对广一些，但和本科生一样，都是初入社会的白纸，都需要企业去从头培养。在这种情况下，本科生因为更年轻、可塑性强、活力强，往往反而更有优势。为什么呢？因为学历高可能也意味着容易不稳定。

一位招聘方 HR 说："我觉得学历越高越容易跳，自己在一个岗位上熟悉了流程觉得没什么发展，或者是薪水跟自己的职位不匹配。这个时候刚好是在公司里翅膀长硬了，所以想跳。"

这也是 HR 往往要求应聘者报出"最低薪水"，以决定能否满足其要求，能否录用的原因。所以，学历高者，特别是高学历中的条件优秀者只能选择那些十分看重高学历的招聘单位，主要是国有企业、跨国公司、事业单位，而同时，那些国有企业、跨国公司、事业单位也最喜欢高学历中的佼佼者。

需要注意的是，由于招聘单位条件好，招聘人数少，报名者众多，竞争激烈，因此，有些招聘虽然未明确要求重点大学毕业，但结果往往远远超出招聘单位公开列明的条件。如果不具有相当的竞争力，一般本科生、硕士生应聘这些单位恐怕会白费功夫。

2. 重点大学本科毕业生求职

有些招聘单位不但要求应聘者毕业于重点大学，而且要求担任过学生干部，取得过奖学金，是中共党员、优秀学生或优秀学生干部，并且有的还有地域（学生籍贯）限制。这样的单位主要是国企、事业单位、金融机构、上市公司和知名会计师事务所。

3. 一般大学本科毕业生求职

从招聘信息看，一般民营企业、外资企业对毕业生是否重点大学、是否学生干部、是否中共党员等没有特殊要求，没有太多炫目的字眼，注重从一般大学优秀学生中选拔，但只要是国企招聘，就会对成绩是否优秀、是否受到过校级以上奖励、是否担任过学生干部、是否中共党员等区别对待，更加注重表面的东西。

4. 高职高专毕业生求职

高职高专毕业生，实际上在招生时也有区别，即所谓的“专一”（公办的名牌专科、老牌专科，每个省都有那么几所）、“专二”（一般公办专科）、“专三”（民办专科）等。绝大部分高职高专毕业生的求职方向都是民营企业，这也是门当户对、对号入座的必然要求。因招聘高职高专学历的企业、单位非常众多，此处不再举例。

需要强调的是，高职高专学生虽然在学历、学校的名气上一般比不过本科生，但完全可以在“软实力”和“操作上手”能力上下足功夫。俗话说得好，尺有所短，寸有所长，高职高专生以及三本学校的本科生要立足于将“劣势”转化为“优势”——比如，将学历低、学校没名气等劣势转化为听话、不挑剔、虚心好学、踏实肯干、服从领导、乐于合作、不计较报酬、能够正确对待批评等优势；将年轻、没经验等劣势转化为心态好、环境适应性强、能吃苦耐劳、能加班、能吃亏、能经得起摔打、抗压能力强等优势。如果能做到这些的话，高职高专生的职业发展完全可以超过本科生，甚至研究生，这是有很多先例的。

4.1.4 因未“门当户对”而失败的案例

1.“我们招的是专科学历，你是本科”

由下面的例子可知，小王失败的原因，是没有做到“门当户对”，更重要的是没有投其所好地回答主考官的问题。其实，从主考官的问话里，我们是可以读出其诚意、善意，并且已经留出了回答空间，只是小王没有很好地领会。所以关键是小王缺乏自信，在自信心上没有与主考官门当户对，而缺乏自信的人肯定不受用人单位的欢迎。

在一场招聘会上，小王看上了一个日商投资的外贸公司。“我们招的是专科学历，你是本科，怎么会来应聘这个岗位？”小王支支吾吾地回答：“我觉得你们公司挺好的，也比较适合我的专业。”“我们公司好在哪里？这里工作压力很大，平时要经常加班，你能适应吗？试用期只有基本工资 800 元，其他什么福利也没有，能接受吗？”小王忐忑地答完了所有问题后，主考官面带微笑地告诉她：“以后再去面试要自信点……”（来源：《面试揭秘：原来你是这样被“刷掉”的》，应届毕业生网，2017 年 8 月 26 日。）

2.“你本科不是重点大学！”

如果你不是确实的“门当户对”，那么，对有些招聘单位最好不要去凑那个热闹，也不要抱怨，因为总有与你“门当户对”的地方。

女研究生陈蕾读研期间，在学校做了两年多学生行政助管，陈蕾说她已习惯了学生工作的程序，例如“会议安排、整理资料之类的工作”。想到每年有几个月寒暑假，每月两三千元的工资，她说挺想在高校做一名辅导员的。研究生期间，陈蕾是教研室的学生党支部书记、班级的班长、院学生会分会主席，她觉得，自己还是具备做学生工作的能力与“资本”的。去年底开始，各大高校招聘辅导员的通知陆续出台，陈蕾发现，大部分高校在招聘条件里要求本科院校是“985”或“211”，自己不符合条件。（来源：《南开女硕士的求职故事》，中华考试网，2014 年 12 月 6 日。）

不过，对此问题也要辩证地看待。在你其他条件比较优秀的情况下，尽管与招聘要求里的条件不太符合，也可以一试。因为有些情况下，招聘方依据要求的条件并没有招到合适的人选，此时，它也会降低条件另行考虑。任何事情都不是一成不变的，具体问题具体分析的辩证思想，是本书始终所强调的。

适当的时候，陈蕾不妨打个电话试探一下。

3.“本职位只限男生”

下面这个例子中的林娟，其认识存在片面性。

林娟是北方交通大学（现北京交通大学）经济管理学院的一名会计专业研究生。如今她已经在广州某公司工作快一年了，但谈起当初的求职经历，她还是心有余悸。

“我都跑了很多场招聘会，明明招聘会不过刚开始一个小时，但是往往等我挤到招聘单位展位前，发现的却是‘会计职位已满’的告示。”

求职者多并不可怕，可怕的是，作为女研究生的林娟，还要经受着“性别歧视”的待遇。“很多单位都明确在招聘广告上标明会计职位只限男生。这个规定曾引起我们的强烈不满。可是不满有什么用呢？没办法，女会计就是就业难。”

据林娟介绍，当年她们那个近30人的会计系研究生班，几个男生很快就签到了诸如中国建设银行、中国工商银行、北京市商业银行等单位，但是女生们大多数都迟迟不能留在北京，而是黯然神伤地去了别的城市。（来源：杨代金，《会计专业毕业生找工作调查实录》，中国会计视野网，2006年4月21日。）

现实中，在有的招聘方标明要男性的同时，也有很多单位标明要女性，这个不是主要因素。你完全可以找那些标明只要女性或者不看重性别的单位去应聘。部分硕士研究生认为，好的用人单位要求较高，以现在的工作经历和专业水平还无法达到其要求；条件较为一般的工作岗位，他们又觉得不能完全彰显其能力和价值。久而久之，高不成低不就，成了硕士生不得不面对的尴尬。

还是那句话，世上没有绝对能让人称心如意的工作，没有绝对的好单位、好工作。太理想化，太高看自己，太不了解职业世界，不了解用人单位的现实……这些都是毕业生的通病。

4.“你的条件太好了……”

一位拥有 CPA、RTA、CIA（国际注册内部审计师）资格且在会计师事务所担任多年项目经理的网友谈到面试经历时说：

一家业内鼎鼎有名的企业，效益好，榨人也榨得很有名，准备美国上市，为通过 SOX 充实内审力量。经过人事部门的初选后，进入财务经理的第二轮面试。问的问题是对内审的理解、采购环节的内审要注意什么问题、SOX 的影响，都是比较专业的问题。我答得不错，他当场表扬我在几位竞争者中是理解得最好的一位，明确表示我已经通过了他这一关，并约定

第二天电话通知，由老总面试。大家可以想象出我的高兴。谁知道第二天，他打电话通知我说他把我的材料给老总看过之后，老总认为我的条件太好了，他们只要很基础的人就可以了。天哪，有多少很基础的人可以知道SOX，可以把内审理解得还不错？而且他们提的招聘条件很高。不知道他们是怎么想的。所以有时候失败是莫名其妙的。（来源：红泥小火驴，《我的找工作经历》，中国会计视野网，2006年5月13日。）

由此例可以看出：第一，老板最担心的还是稳定性，也就是说，这么优秀的人能留得住吗？能靠得住吗？第二，也可能老板对水平较高的人心理上天生有一种惧怕或抵触，或者以前有过先例，担心将来能否管理或领导得住。第三，也许老总还有难以言说的其他考虑。第四，“劣币驱逐良币”，也许是财务经理虚晃一枪，编了个理由将你pass掉，以免将来对他自己的职位和前程构成威胁。不为别的，只因为“你的条件太好了”。

在HR看来，适合的才是最好的，这是本书反复阐明的核心，是“门当户对、对号入座”的真谛。而“适合”二字实在包含着“万千气象”。当你的条件远远超出岗位需要的时候，聘用你，就势必埋下风险。哪个单位愿意这样自讨没趣呢？对于这种情况，一位HR十分坦率地说：“以前做部门经理时，对于明显优越于岗位的应聘者，我总会劝解他（她）向更好的公司或职位发起冲刺，而不会选择留用。并非我有多么高尚，原因仅仅是担心其稳定性，孔雀自会东南飞。稳定性，其实就是评判应聘者的求职动机。一旦认为不能为公司所用，那么再如何优秀，都是徒劳的，与其竹篮打水一场空，还不如忍痛割爱，永绝后患。”

为什么有许许多多个人条件与招聘要求相比绰绰有余的应聘者都不为招聘方所接受，原因就在这里。那么，作为这样强悍的求职者应该怎么办呢？——基本的一条，在“示强”的同时要学会“示弱”。不必一下子亮出你的所有“武器”，也不要先亮出你最尖端的“武器”，只亮出一、两样最合适的就可以了，也不必每个问题都回答得让面试官感到逊色，要保全面试官的面子和尊崇的地位，把握分寸，“适当”就好！

4.2 会计、审计人员求职参考

为了说明问题，针对初级、中级、经理（或部长等，下同）、总监（或总会计师、CFO 等，下同）四个层次会计人员的招聘，以及会计师事务所审计助理、项目经理、部门经理的招聘，作者组织了一个研究团队，通过网络分别随机抽取全国各地 100

家单位（共400家，不含高校教师、科研人员招聘）招聘信息，进行统计。经统计分析，大致可以发现如下基本规律。

4.2.1　会计人员招聘的基本规律

1. 会计是一个不需要高学历的职业

统计结果显示，招聘单位对不同层次会计人员最低学历的要求是：①初级：中专、高中以上21%，大专52%，本科24%，硕士、博士3%；②中级：中专、高中以上12%，大专59%，本科16%，硕士、博士2%，未明确要求11%；③财务经理：大专39%，本科55%，未明确要求6%；④财务总监：大专13%，本科82%，硕士、博士5%。

从上述比例看，用人单位对会计人员学历的要求并不太高。进一步分析发现，要求本科以上学历的单位主要是国有企业、当地知名股份制企业、知名会计师事务所、知名管理咨询公司、金融机构等。比如，一家招聘会计助理岗位要求硕士学历的是中金投资（集团）有限公司。这与目前大批会计类毕业生盲目考研的情况形成了很大的反差。

会计是一项更重视实践的工作。在很多单位看来，“简单的企业会计工作不需要研究生学历，甚至专科生就能胜任”。

针对研究生求职会计工作，一家建筑企业的人事部经理说："会计工作必须从基层做起，但是现在很多研究生们都是眼高手低，不是嫌工资低，就是嫌位置低。所以我们宁愿招聘本科生甚至专科生。她们肯吃苦。"于是在很多的会计专业招聘会上，我们经常会见到"我们只要本科生，不要研究生"的招聘要求。

当然，高学历尤其是名牌高校的高学历，应聘各级各类高校教师岗位还是很受青睐的。不过，大量招聘信息显示，稍好一些的高校对求职者的底线要求是本、硕、博都出自 211 或 985 高校，这是打算到高校求职的毕业生们应当注意的。

2. 会计是一个需要高职称 / 资格的职业

统计结果显示，岗位层次越高，对会计职称（或资格，下同）的要求越高。招聘单位对初级的要求是：持有会计证 36%，未明确要求 64%；对中级的要求是：持有会计证 33%，持有初级会计证书 15%，持有会计师证书 15%，未明确要求 37%；对财务经理的职称要求是：持有初级会计证书 7%，持有会计师证书 53%，持有高级会计师证书 5%，未明确要求 35%；对财务经理的资格要求是：CPA 或 CPA 优先 24%，注税或注税优先 7%；对财务总监的职称要求是：持有会计师证书 43%，持有高级会计师证书 18%，未明确要求 39%；对财务总监的资格要求是：CPA 或 CPA 优先 66%，注税或注税优先 8%。

以上结果清楚地告诉我们，对应聘财务经理者的高级职称、CPA资格要求分别是5%、24%，而对应聘财务总监者的高级职称、CPA资格要求分别达到18%、66%，职位越高，对会计职称、资格的要求越高，要想应聘中高级财务管理工作，高职称或高资格是必须取得的，这是晋级会计精英人才必然会遇到的门槛。

3. 会计职业最宝贵的是相同行业的工作年限

统计结果显示，要求具有与招聘单位所属行业（或类型，下同）对应的××行业（或类型，比如外资、上市公司、国际贸易、星级酒店、制药、化工、IT业、百货、房地产、物流、家电、金融等，下同）财务工作年限时，对中级人员的要求是：1年以上20%，2年以上28%，3年以上26%，5年以上13%，其他13%；对财务经理的要求是：3年以上7%，5年以上52%，8年以上17%，10年以上9%，其他15%；对财务总监的要求是：8年以上25%，10年以上23%，15年以上8%，未明确44%。可见，会计人员的工作年限尤其是对应行业或类型企业的工作年限是非常重要的。

年限代表了经验，年限就是经验，年限就是能力。

这说明，在一个人的职业历程中，选择职业、行业的持久性、延续性非常重要。这就要求大学毕业生们在求职时必须注意四点：一是尽早确定要从事的行业，当然，在最初的选择阶段（毕业后的前几年）里，尽力选择自己感兴趣而且有良好发展空间的行业。二是一旦确定了在某个行业的单位做，就应尽力将精力集中于这个行业中的核心业务和领域，就要克服困难、千方百计地持续做下去，不可蜻蜓点水，这山望着那山高，不可频繁地跳槽。三是不要着急，不要浮躁，职业发展是有规律的，必须从低级到高级逐渐发展，同时职业发展也是需要过程和时间的，必须循序渐进，逐渐积累。在这个过程中，时间自然地就会产生价值。四是在职业生涯向前推进过程中，要让自己的 career path（职业道路）保持上升的通道，不能中断，不要偏离，更不要走回头路。薪水尽管是很重要的一个考虑因素，但如果这个职位不能给自己带来职业生涯上的提升，或者偏离了连续的职业、行业通道，即使有薪酬上的优势，也不应该选择。

4. 会计职业更看重相同行业同岗位的工作年限

统计结果显示，要求具有与招聘单位所属行业对应的 ×× 行业（同上）财务经理同岗位工作年限：2 年以上 19%，3 年以上 40%，5 年以上 16%，其他及未明确 25%。

要求具有与招聘单位所属行业对应的 ×× 行业（同上）财务总监同岗位工作年限：2 年以上 3%，3 年以上 17%，5 年以上 13%，8 年以上 7%，其他及未明确 57%。同时还要求曾担任财务经理或财务部长职位年限：2 年以上 3%，3 年以上 18%，5 年以上 27%，10 年以上 3%，其他及未明确 44%。

这说明，用人单位很看重相同行业的资历和同岗位的工作年限（资历），而且该年限越长越有价值。

让我们来看一下近年几家企业的招聘信息：①日本某知名株式会社独资公司（工作地北京）招聘财务经理时明确要求"两年以上的外商独资企业或中外合资企业财务工作经验"，承诺年薪为 14 万 ~18 万元；②南京某房地产行业香港上市公司招聘财务经理时明确要求"具有五年以上工作经历及三年以上房地产开发公司财务管理经验"，承诺年薪为 25 万 ~30 万元；③深圳某太阳能（中国）有限公司招聘财务高级经理时明确要求"具有八年以上高科技生产型企业财务管理工作经验，三年以上财务部门经理工作经验"，承诺年薪为 30 万 ~40 万元；④广东某制造业有限公司招聘财务经理时明确要求"具有 8~10 年大中型制造型企业的财务管理工作经验，其中至少 3 年财务负责人的管理工作经验"；承诺年薪为 30 万 ~50 万元。

可见，会计人员申请岗位时已有的相同行业同岗位工作年限弥足珍贵。同岗位工作年限更加代表了经验，更加代表了能力，更加值得信赖。资历越久越有竞争力，而且资历越久越值钱，资历越久越具有时间价值。再一次说明，经验、特别是直接经验的重要，不管在任何行业的大小单位从事会计工作，都要坚持在该行业持续做下去，求职、跳槽都不能远离该行业内的单位。要学会“坚守”，在一个行业至少要坚守个三年五载，在一个单位至少要坚守个三年五载，在一个岗位至少要坚守个三年五载。这样，再次求职、跳槽时才更加自信。

5. 30~45 岁是应聘高级管理职位的黄金年龄

统计结果显示，招聘单位对财务经理的年龄要求是：25 岁以上 12%，30 岁以上 49%，35 岁以上 9%，其他及未明确 30%；对财务总监的年龄要求是：28 岁以上 5%，30 岁以上 17%，35 岁以上 22%，40 岁以上 7%，45 岁以下 42%，50 岁以下 12%。

以上数据说明，假如一个人从 22 岁开始从事会计工作，25 岁工作 3 年时已经有人谋到了财务经理的职位，但据统计，通常这些单位都是中小型的服务企业，会计工作含金量并不高。而 30 岁左右，此时已经工作 7~8 年，应当是担当大中型服务企业或者工、商企业财务经理职位的成熟年龄，因为此时应已经过了成本、税务、融资、主管会计、财务主管等岗位的历练，这个年龄的会计人担当财务经理的职位企业是最放心的。而假如 35 岁仍然没有谋到一个财务经理的职位，那么机会已经不多了；所以，25~35 岁是担当财务经理的黄金年龄。

同样，30~45 岁是担当财务总监职位的黄金年龄，此时正值年富力强，而财务总监职位从各方面来讲，一般都是工作责任最重、风险最高、压力最强的，除非你有一个或若干个优秀的财务经理给你顶着。

以上数据同时也说明，会计人不可违背规律，拔苗助长，急躁冒进。会计工作的经验不是一时可以完全取得的，它必须经过相当长时间的摸索、历练和沉淀才可以真正有所斩获。那些之所以一毕业就敢去应聘财务主管、财务经理甚至财务总监的大学生（通常都是在校多次获奖、自认为经验丰富的学生干部），都是不了解真实的财务会计工作特点及其职业发展规律的缘故。

6. 职位越高，优先录用条件越多，越具有难度和高度

统计结果显示，招聘单位对各层级会计人员都列出了若干优先录用的条件：

（1）招聘初级会计人员时的优先录用条件主要有：通过 CPA 考试或者部分科目考试通过者优先；成绩优良、优秀学生干部或党员优先；获得奖学金或者校级以上先进者优先；有实习经验者优先；已婚及稳定家庭者优先；女性优先；本地户口优先；熟悉 ERP 系统工作者优先等。

（2）招聘中级会计人员时的优先录用条件主要有：有进出

口企业或外贸财务经验的优先；有财务管理岗位经验者优先；拥有 CPA 资格优先；有会计师事务所工作经验者优先；有制造业成本核算经验者优先；有汽车 4S 店工作经验者优先；有新建公司或矿山工作经验者优先；具有企业行政 / 人事经验者优先；有审计工作经验者优先；曾在外资企业或外资性质的企业任职者优先；有出纳工作经验者优先等。

（3）招聘财务经理时的优先录用条件主要有：是注册会计师或注册税务师者优先；曾在“四大”工作者优先；有会计师事务所从业经历者优先；有大型企业或上市公司工作经验者优先；有 ×× 行业或类型企业（同上）工作经验者优先；有外资企业工作经验优先；有财务管理或管理会计工作经验者优先；本地户籍者优先；有纳税筹划经验者优先；有海外 IPO 工作经验优先等。

（4）招聘财务总监时的优先录用条件主要有：曾在“四大”工作者优先；有会计师事务所从业经历者优先；有银行信贷工作经历及丰富的社会资源者优先；有外资企业工作经验者优先；具有上市公司经验者优先；运作或参与过企业上市财务规划工作者优先；有在风险投资支持的公司中参与过上市过程者优先；同时具备制造业和零售业各若干年的财务管理经验优先；有纳税筹划经验者优先；有海外 IPO 工作经验优先；有投资机构和银行等资源渠道者优先；等等。

这些优先录用条件都充分体现了招聘单位对高水平、有特殊经历或经验会计人才的渴求，同时也明白无误地告诉求职者：第一，求职时，或者在职业生涯发展过程中，要有意识地、努力朝这些招聘单位非常看重的方面或领域去选择、去发展；第二，要在职业生涯发展过程中，千方百计创造条件、争取机会去修炼那些独到的能力和经验，只有独到，才能优先胜出；第三，随着招聘职位的越来越高，优先录用条件越多，而且其难度、深度、高度、含金量越高，要求我们在踏入职业生涯的初期，就要有一个长远的、开放的眼光，有一个良好的规划，并一步步地去实现和落实。

7. 九成以上单位并不看重英语四级或六级证书

统计结果显示，招聘单位对大学英语四级、六级证书的要求极低。其中：对初级会计人员的要求是 8%，但同时要求英语听说读写能力良好者 12%，主要是一些国企、外资、外贸等外向型企业；对中级会计人员的要求是 5%，但要求英语口语流利者为 7%，对财务经理的要求是 3%，但要求英语口语流利者为 12%；对财务总监的要求是 2%，但要求英语口语良好者为 10%。可以说，目前，90% 以上的大学生都深深陷入了四、六级考试的误区。从根本上说，这是因为，我国的企业 90% 以上都是中小型的内资企业，而这些内资企业每年吸纳大学生的数量占毕业生数量的更大比例，即使是那些将持有英语四、六级证书作为应聘门槛的单位，会计人员在工作中对英语的使用度也极低。

这是一个极为严重、令人深思的问题。一方面，几乎100%的大学生在学校花费宝贵的时间、金钱和精力考大学英语四、六级，一本、二本、三本、大专都在考；另一方面，企业在招聘会计人员时，只有不到8%的单位有英语四、六级的要求，换句话说，92%以上的企业并不看重或者说根本不需要这个证书。这就形成了一个鲜明的、剪刀差式对比，这种状况确实值得考试举办者、大学生、学校和有关部门认真思考。

8. 熟练操控财务软件是初、中级会计人员的必备技能

统计结果显示，关于熟练运用电脑，掌握Word、Excel等办公软件，熟练运用用友、金蝶、管家婆、速达等财务软件，招聘单位要求初级人员掌握此项技能的比例是76%，对中级人员的要求是59%，对财务经理的要求是32%，而对财务总监的要求则是25%。说明熟练操作财务软件是会计人员入职时的基本要求，职位层级越低，招聘单位对此项基本技能的关注度越高，而中高级人员都是从初级过来的，熟练掌握此项技能已经是自然而然的事情。

9. 招聘单位最在乎什么样的素质

统计结果显示，除以上学历、职称、资格、工作年限等方面的要求外，招聘单位对不同层级的会计人员在素质和能力上的要求有明显不同，其中：

（1）对初级会计人员的要求排名前10位的是：①工作认真负责，责任感强，有耐心：36%；②工作细致，作风严谨、务实：33%；③较强的团队合作精神和能力：30%；④吃苦耐劳，能承受较大工作压力和烦琐工作：23%；⑤热爱会计工作，拥有工作热情，爱岗敬业：20%；⑥诚信，品行端正，具有良好的个人职业操守：20%；⑦工作积极主动，进取心强，工作心态好，有闯劲，有冲劲：19%；⑧良好的口头语言和书面文字表达能力：12%；⑨大方、热情、乐观、开朗，心胸开阔，有亲和力，同时又忠厚、诚实、踏实，稳重，勤奋、可靠：12%；⑩良好的学习能力、较强的理解能力、执行力和适应能力：10%。

（2）对中级会计人员的要求排名前10位的是：①负责，责任心强：40%；②认真细致，严谨，耐心：34%；③良好的沟通、协调、应变能力，人际交往能力，良好的团队合作精神：27%；④诚信，本分，忠于职守，认真踏实，爱岗敬业：25%；⑤良好的职业道德、思想品德，品行端正：18%；⑥勤恳，积极主动：11%；⑦正直，原则性强，同时个性开朗、稳重、温和，有亲和力：10%；⑧热情，积极主动：8%；⑨良好的语言、文字表达或写作能力：8%；⑩较强的学习能力：8%。

（3）对财务经理的要求排名前10位的是：①优秀的沟通、协调和组织能力：59%；②良好的团队合作、管理能力和协作精神：40%；③优秀的职业素养和操守，品行端正，诚实可靠：37%；④高度的敬业精神，积极主动，踏实稳重，热情，吃苦耐劳：33%；⑤较强的财务分析和解决问题的能力：32%；⑥较强或高度的工作责任心：21%；⑦对数字敏感（有敏锐的洞察力），出色的数据感觉，严谨细致的思维判断能力，21%；⑧为人正直，坚持原则：17%；⑨良好的计划和控制能力，执行力强，做事干练、果断，能独立决策：13%；⑩熟悉金融政策、制度及流程，有融资经验或有融资经验者优先，有成本核算、成本控制和管理经验，良好的语言、文字表达能力：11%。

（4）对财务总监的要求排名前10位的是：①融资及资金统筹管理经验与能力：47%；②沟通、协调、谈判能力强：43%；③优秀的财务综合统筹分析能力：37%；④团队协作及优良的管理能力：33%；⑤成本管控能力：30%；⑥工作作风严谨、务实，考虑问题细致，思维严密，逻辑性强：28%；⑦过硬的职业操守，品德端正，良好的处事品质，责任心、事业心强：27%；⑧资本运作经验和能力：18%；⑨为人正直、正派，原则性强：18%；⑩优秀的职业判断能力和决策力，具有战略前瞻性思维，能承受较大的工作压力，善于应对各种复杂局面：17%。

以上统计信息说明，对初级会计人员的要求主要都是基本的素质，随着职位层级的提高，要求越来越高，越来越具有难度、深度和高度，这充分体现了会计工作的性质、本质和规律。求职者可以利用这些基本信息，在简历撰写和面试回答阶段，抓住这些重点，量体裁衣，扬长避短，围绕这些重点做文章，不要脱离招聘单位所普遍看重的这些基本点。

10. 关于招聘信息的进一步解读

（1）关于口头语言和书面文字表达能力。从统计结果看出，关于这方面的能力，对初级人员的要求比例是12%——该比例虽然不高，但充分代表了广大招聘单位的需求。另一方面，该比例甚至高出对中级会计、财务经理、财务总监的要求比例，更说明了招聘单位对大学生此项能力的关注。

我们常说，大学生应提高自己的专业能力。应该说，专业能力也包括口头语言和文字表达能力，它是职业沟通与表达的基本手段，不能片面理解“专业能力”。不管未来是做财务工作者、注册会计师、公司管理人员，还是投资分析师、董事长秘书，文字水平都是一个重要的标准，文字能力强、善于舞文弄墨的人常常会得到优先权。

陕西省某单位规划资金处韩先生说："财务人员参与组织运转的基本流程，并将运转过程通过会计数据记录和报告出来，而这些财务信息对单位领导的决策起到重要的参谋作用。财务人员如果没有比较好的文字功底和语言表达能力，就算参与了整个运转过程，也不能准确说出其中的关键点在哪里，更不能为单位提供好的建议。""会计人不光要懂会计，还要做一个具有哲学思辨能力、了解历史钩沉，并有一些文学冲动的人。"

创维集团在其招聘常见问题回答中，对"公司对员工的语言要求是什么？"的回答是："首先我们希望公司的员工具备流畅的中文口头沟通与书面表达能力。对于英语或其他语言，不同的岗位要求程度不同，但是对多数岗位来说，我们希望员工具备基本的英语听说读写能力。"

（2）关于吃苦耐劳、能承受工作压力。统计结果显示，对初级会计人员有此要求的企业达到23%，对其他层级也都有不低的要求，说明招聘单位对这一品质非常重视。

台塑集团对于新招聘的员工，不管应聘的是什么岗位，首先必须接受为期3天的职前训练，紧接着的就是充满挑战性、为期6个月的"轮班训练"。受训人员必须从操作、打包、搬运、保养等最基层的工作做起，这一切都为训练他们吃苦耐劳的精神，并培养坚强的实力基础。大学毕业生，不论学何种专业，也不论将来做何种工作，更不论他是谁的儿子，一律参加轮班训练。在6个月的训练期内，他们将被派到泰山、彰化、宜兰、高雄等厂区，直接到生产的第一线，参与轮班的生产作业。

轮班训练是很辛苦的，除了轮着上日班、夜班以外，每个月还要提出心得报告，交由主管考核；6个月期满后，还要参加各厂区的期满考试，成绩合格者才正式任用。每一部门的负责人，都要对到厂受训人员的学习成效负责。训练的目的在于考研新进员工吃苦耐劳的精神，磨炼他们的意志与耐力，以及正确的工作态度。轮班训练是让他们到工厂基层去磨炼心志，一方面使他们知道，一个企业的成长，基层最为重要；另一方面，如果有一天当上主管，不至于不知道基层在做什么。

王永庆说："大专新进人员将来都要担任公司干部，如果没有利用新进这段时间好好训练，加入基层工作亲身去体会，将来升为干部必然不懂，但已经没有机会再从基层做起。根基不稳，必定影响将来的发展；对公司有无贡献尚为其次，对他个人的损失可就太大了。无论对公司利益也好，为爱惜人才、培育人才也好，都应该在他们进入公司的时候，给予从基层做起的机会，实地到现场参与轮班工作，切实了解现场基层工作的内容。"

曾经有人问王永庆，成功最重要的因素是什么。他回答说：

“刻苦耐劳，从基层干起。”（来源：张建新，《台塑精细化管理培训考察心得》，淘豆网，2019 年 8 月 22 日。）

（3）融资能力很重要。统计结果显示，对财务总监、财务经理具有融资方面经验的招聘单位分别达到 47%、11%。可见融资是财务管理人员的一项主要日常工作，也是会计人员职业发展中需要重视的一个“板块”。

现实中，一般大型企业和发展快速的企业，以及资金周转、占用量大的企业，甚至可以说几乎所有企业，缺钱是常事。因此，不管招聘单位在公告中是否提到“融资”的要求，恐怕“融资”都是作为一个财务经理或财务总监分内的重要工作。与此相联系，“熟悉本地的银行和相关政府机构，人际关系较强”或者“在金融机构有良好的人脉关系”或者“具有多渠道融资管理和操作实施技能”等招聘要求非常常见。

（4）纳税筹划需求不少。有关资料显示，中国企业的税收负担比较高，再加上各种经营成本比较高，这就是招聘单位普遍重视应聘者纳税筹划能力的原因。

虽然从统计结果看，“有纳税筹划经验或有纳税筹划经验优先”需求的企业仅占 8%，但是，有此需求的大型企业或企业集团着实不少，只不过很多单位没有明说。纳税筹划能力也是求职者在职业历程中需要着意培养的一项能力。

4.2.2　会计师事务所招聘信息的基本规律

1. 从事会计师事务所审计职业不需要高学历

统计结果显示，招聘单位对初级人员最低学历的要求是：大学专科 34%，本科 66%，表示硕士以上学历优先考虑的只有一家。但是，对学历的要求基本上都偏重于全日制普通高校正规学历。对项目经理学历的要求是：大专以上 38%；本科以上 62%。对部门经理或高级项目经理学历的要求是：大专以上 49%；本科以上 51%。由此可见，从事会计师事务所审计职业与从事会计职业类似，需要的是经验，而不是高学历。那些希望通过考研并拿到硕士证书以后再进入事务所从事审计工作的想法，实则并无必要。

2. 从事会计师事务所审计职业必备 CPA 资格

统计结果显示，除了初级职位（审计助理等）和一些行政、后勤职位外，应聘注册会计师、项目经理、部门经理或高级项目经理等职位必须 100% 考取 CPA 资格，而对初级职位，要求 CPA 考试全科通过或部分（或核心）科目通过者优先的比例是 47%。可见，想进入会计师事务所长期从事审计工作者，必须尽早考取CPA资格。不仅如此，很多中介机构喜欢录用拥有双师、多师资格的人才。因为，注册会计师行业属于一个知识密集、智力密集的行业，学养丰富、“文韬武略”之才自然是受欢迎的。

3. 会计师事务所最在乎什么样的素质

统计结果显示，会计师事务所对不同层级的人员在素质上有明显不同的要求：

对初级审计人员的要求排列前10位的是：①具有良好的团队协作精神或团队合作意识，60%；②有较强的沟通协调能力，50%；③有高度的工作责任心，35%；④能吃苦耐劳，33%；⑤能适应经常性出差或加班，27%；⑥工作勤奋、积极主动，23%；⑦有高度的敬业精神和事业进取心，20%；⑧学习能力、适应能力、应变能力强，20%；⑨工作踏实、肯干，有耐心，有较强的专业发展潜质，热爱CPA工作，有意在本行业长期发展，17%；⑩能适应一定的工作压力，能在压力下保持积极的工作心态和热情，具备良好的职业道德，品行端正，自律，15%。

对项目经理的要求排列前10位的是：①有良好的沟通、协调能力，76%；②有良好的组织、领导能力，62%；③具有团队建设、协作、管理能力和精神，60%；④身体健康，适应经常出差，50%；⑤职业道德良好，为人正直，品行端正，无不良执业记录，48%；⑥热爱 CPA 工作，具有高度的敬业精神，40%；⑦有高度的工作责任心，能独立带队完成项目，32%；⑧具备优秀的口头语言和书面文字表达能力，28%；⑨踏实，勤奋，吃苦耐劳，积极主动，能胜任长期高强度工作压力，22%；⑩有项目计划、控制和统筹管理的能力，14%。

对部门经理或高级项目经理的要求排列前 10 位的是：①沟通、处事能力强，68%；②有良好的职业操守和职业素养，品行端正，诚信度高，52%；③团队建设、协作能力强，48%；④有组织、协调能力，36%；⑤勤奋，吃苦耐劳，有高度的敬业精神，34%；⑥有良好的管理及领导能力，32%；⑦有强烈的责任心、事业心，24%；⑧踏实、作风严谨，语言、文字表达能力强，18%；⑨有两年以上及五年以上制造业财务主管工作经验，14%；⑩爱岗敬业，能承受一定的持续工作压力，12%。

需要说明的是，有相当数量的事务所招聘要求看似十分简单，有的会以“有较强的综合素质”或“综合能力强”等一笔带过，其实，这样的单位应聘时最不好对付。

4. 什么样的人会计师事务所会优先考虑

统计结果显示，除以上要求外，不少事务所还分别根据自己的情况提出一些优先考虑录用的条件，都是吸引和笼络人才的措施。比如：

对项目经理：具有 ××（比如：上市公司项目 / 大型国际所 / 金融企业 / 大型国企 /IPO 审计带队）审计经验者优先；具有业务承揽能力者优先；有风险管理 / 内部控制 / 流程管理 / 流程优化咨询工作经验者优先；英语能力优秀者优先；同时持有多个相关资质证书［比如 CPA、CPV（注册资产评估师）、CIA、注册税务师等］者优先；曾在证券相关业务资格的事务所独立负责 IPO 审计项目者优先等。

对部门经理或高级项目经理：拥有“双师”及“多师”资格者优先，30%；具有组织实施 ××（比如：大型外资所 / 金融企业 / 大型国企 / 企业集团）审计经验者优先，28%；有上市公司审计经验者优先，14%；具有海外上市咨询经验者优先；有企业改组上市经验者优先；有良好的社会资源者优先等。

无疑，这些优先考虑的项目都是求职者应当在职业发展中优先选择和发展的方面，使自己逐步成为一个受欢迎的、抢手的审计人才。

5. 九成以上的单位并不看重英语能力

统计结果显示，对初级人员：熟练的英语听说读写能力，英语四级或六级以上，11%；对项目经理：英语能力优秀者优先考虑，10%；对部门经理或高级项目经理：有较高的英语听说读写水平，12%。

进一步分析发现，对应聘者有较高外语特别是口语要求的，主要是“四大”以及那些拥有外资企业客户的会计师事务所，至于那些很少承担外资业务，却也要求应聘者具备较高英语能力者显然是哗众取宠、故弄玄虚。

6. 工作年限要求与职位高低成正比

统计结果显示，关于工作年限，对初级人员的要求是：有一年或两年以上财务或者企业内部审计工作经验，37%；对项目经理的要求是：CPA 从业经历，两年以上 32%，三年以上 44%，五年以上 14%；对部门经理或高级项目经理的要求是：CPA 从业经历，两年以上 24%；三年以上 38%；五年以上 42%；两年以上及五年以上制造业财务主管工作经验，14%。

说明，职位层次越高，要求事务所工作年限越长，资历决定职位。

4.3　金融机构招聘要求的“门当户对”

4.3.1　金融机构人才招聘的基本规律

为了说明问题，针对金融机构的招聘特点，我们通过网络随机抽取全国各地100家金融机构（包括银行、保险、证券、金融租赁、金融服务行业等）2011年校园招聘信息进行统计分析。经分析发现，除普遍都有思想政治素质好、遵纪守法的要求外，金融机构对人才的要求还有很多其他方面的特点。

1. 金融机构普遍要求高学历

首先，金融机构对高学历人才情有独钟。统计结果显示，金融机构对毕业生最低学历的要求：大专，5%；本科，83%；硕士，90%；博士，15%（注：不少单位招聘时同时接受本科、硕士、博士学历毕业生，所以上述比例有重合。另外，招聘方要求本科等学历往往不含定向、委培、三本、独立学院、民办院校及专升本的毕业生，甚至必须是重点大学毕业生）。这一点从上述比例上可以明确地看出来。

其次，金融机构更喜欢品学兼优的学生，以下几项指标就是证明：品行端正、具有良好的个人品质（58%）；诚实守信、可靠（40%）；无不良行为、信用记录（43%）；学习成绩优异（33%）；善于学习、良好的学习能力（45%）；有良好的职业素养（13%）；优秀的综合素质（10%）等。其他方面也有较高的要求，如沟通能力、团队精神、性格开朗、乐观进取等，这些是胜任其柜员、客户经理等岗位的基本条件。

2. 金融机构最看重哪些素质

除以上学历方面的要求外，金融机构最看重的素质排列前10项的是：①品行端正，具有良好的个人品质：58%；②善于沟通、交流：53%；③具有团队精神：50%；④善于学习，良好的学习能力：45%；⑤诚实守信，可靠，无不良行为或信用记录：43%；⑥性格外向、开朗，乐观进取：40%；⑦有良好的语言表达能力和文字能力，学习成绩优异：33%；⑧勤奋踏实、吃苦耐劳、思维活跃，有高度的敬业精神，清晰的逻辑思维、分析能力：30%；⑨五官端正，形象、仪表、气质佳：25%；⑩有较强的创新意识和能力，工作积极主动，富有热情或激情，态度乐观：23%。

3. 什么样的毕业生金融机构会优先考虑

统计结果显示，不少单位招聘时都列出了优先考虑录用的条件，主要有：学生干部优先，20%；具有CPA资格优先，20%；中共党员优先，18%；有相关工作经验或实习经验者优先，18%；工作地生源或户籍，10%；有文体特长者优先，8%；等等。

无疑，上述学历、素质、优先考虑事项等都是求职者在应聘金融机构时需要认真衡量，看自己是否适合、是否门当户对的重点方面。

4. 应聘者必须“热爱”所应聘的岗位工作

统计结果显示，明确要求大学生热爱 ×× 银行、保险、信用社等事业的金融机构为 15%，要求认同其价值观和企业文化者 10%。除此以外，勤奋踏实，能吃苦耐劳，有高度的敬业精神（30%）；工作积极主动，富有热情或激情、态度乐观（23%）；强烈的责任感（18%）；具备较强的耐压能力、能够承担工作压力（15%）等都是热爱的表现，都是热爱的注脚。

其实，在同一所学校甚至不同学校毕业出来的人，一般情况下在专业知识、技术层面上差距不会太大。而差距最大的可能就是对专业、职业和所应聘单位及其岗位的“热爱”程度，以及对其企业文化的了解和认同程度。因此，是否“热爱”往往成为招聘单位重要的考察指标，因为它关系到你是否能够稳定工作，工作中能否有激情，以及前面所提到的方方面面。也只有在“热爱”的情况下，沟通、协调、组织、团队协作等才能很好地得以发挥。

这就提醒我们，在制作简历以及在面试回答问题时，一定要围绕着这些高比例的选项做文章，围绕着招聘方所寻找的“特质”做文章，你的社团经历、实习实践活动、动人故事、感人情节等都要明白无误地体现出这些优秀的特征，毫不含糊地让面试官意识到你就是他们要找的最适合的人才。

5. 需要门当户对、对号入座的其他方面

除以上几项外，经对统计结果进行分析，还可以发现以下一些重要特点，这些特点要求我们在求职时一定要注意门当户对，对号入座。

（1）招聘“柜面人员”岗位对学历、专业等要求条件较低而且较宽。比如：交通银行河南省分行、浙商银行天津分行营业部等单位招聘柜员均要求“本科及以上”，而同时招聘的其他岗位基本为“硕士及以上”。

（2）同一家金融机构，即使工作性质或类别相同，如果岗位不同，要求的学历也会不同。比如，工银金融租赁有限公司，其航空金融事业部、航运金融事业部、设备金融事业二部要求硕士研究生及以上学历，而设备金融事业部要求本科及以上学历，可能是由于不同岗位对求职者的学识水平要求不同。

（3）外语要求。基本上对本科层次的要求都是大学英语四级考试 425 分或 426 分以上，对硕士研究生层次的要求都是大学英语六级考试 425 分或 426 分以上。比如，交通银行浙江省分行、招商银行北京分行、北京银行长沙分行、南昌银行、桂林银行等都是这样的要求。

另外，工作区域不同，对英语级别要求也会不同。比如，成都银行招聘相关岗位时，对英语水平的要求是：成都城区和

异地分行需大学英语 6 级考试 426 分以上；而郊县支行大学英语 4 级考试 426 分以上即可。

（4）银行、保险、证券、金融租赁公司除财会、审计等岗位外，大部分业务岗位对专业要求很宽泛，以具备多个专业背景为佳，且很多要求有理工科专业背景，金融租赁公司、保险公司尤为明显。所以，千万不要以为学金融、财会的一定是金融机构的首选，到这些单位求职一定更容易，相反，竞争更激烈。

比如，国家开发银行海南分行对应届毕业生所学专业的招聘要求是：金融、经济、财会等相关专业；具备理工科专业背景的金融、经济类专业复合型人才。

又如，兴业证券股份有限公司招聘客户资产管理部行业研究员岗位的要求是：国内重点院校硕士及以上学历，具有工科（机械、机电、计算机）专业背景，复合背景、通过 CFA 或 CPA 者优先考虑等。

再如，太平洋人寿保险公司“项目险承保人”岗位的要求是：硕士研究生，财务、外语、金融、保险、贸易、法律、理工类（含船舶、油气矿产、国际工程承包等）及相关专业，复合专业背景优先；了解保险、金融和外经贸知识；有财务、金融、外经贸及相关工作经验者优先；有注册会计师、审计师、律师、金融分析师资格者优先等。

（5）有些岗位甚至没有专业方面的要求或专业不限。比如，兴业证券股份有限公司机构客户部招聘基金销售专员的要求是：国内重点院校本科及以上学历，专业不限。固定收益与衍生产品部招聘债券承销人员的要求是：国内重点院校硕士及以上学历，专业不限。

（6）同一个岗位，但内部机构层次不一样，对学历的要求也会不一样。比如，申银万国证券股份有限公司所招聘的财务管理岗位，公司本部及其分公司要求“会计、金融、经济等相关专业，硕士及以上学历，具有 CPA 优先”。而下属证券营业部要求“本科以上学历”。

（7）一个岗位，对应多个专业或者说多个专业可以从事一个岗位。比如，成都银行招聘的岗位与对应专业的要求是：财务会计岗：财务管理、会计、统计学、审计等相关专业；市场营销岗：市场营销、金融学、经济学、财务管理等相关专业；资金业务岗：宏观经济学、金融工程等相关专业。又如，合众人寿保险股份有限公司河南分公司招聘的要求是，稽核审计岗：本科及以上，财务、金融、保险、相关专业；风险管理岗：本科及以上，金融、法律、风险管理相关专业。

4.3.2　金融机构的组织架构及相关岗位设置

1. 金融机构一般组织架构

银行的组织架构，一般来讲，全国性的商业银行都是采用总、分、支三级组织架构：在全国设立一个总行，大部分银行的总行都设在北京，交行在上海，招行在深圳。总行之下，五大国有银行均在每个省区设立一家省级分行，统管每一个省区的业务，然后在每一个省辖市设立一家市分行。小的股份制商业银行则没有省级分行，而是直接在重点省会城市设立市分行。分行之下是支行，即我们平时所看到的、有过亲密接触的一个个的银行网点，是银行经营最前沿的阵地，直接服务客户大众。

商业银行的总行和省分行设立办公室、人资部、法律部、会计部、信息技术部、信贷部、电子银行部、对私业务部、对公业务部、国际部等部门，这些部门通常被称为“机关”，它们的主要职责是管理和规划各项业务，不直接面对客户。支行作为经营网点，不再细分部门，主要由正副行长、客户经理和柜员组成。

2. 金融机构相关岗位设置及其专业、学历要求

现将近年部分金融机构招聘的，与会计、金融专业相关的部分岗位设置及其专业、学历要求举例如下，供求职者们参考，以便做到专业、学历与所聘岗位的门当户对：

浙商银行总行：①计划财务部资本规划岗，要求经济、金融等博士学历；②会计部会计管理岗，要求金融或会计类硕士

学历；③审计部现场审计岗，要求金融、会计、计算机专业本科及以上学历；④董（监）事会办公室关联交易岗，要求财务会计、金融、法律专业硕士及以上学历等。

浙商银行天津分行：①营业部柜面人员，要求金融、会计专业本科学历；②公司业务营销部客户经理岗，要求金融、经济、营销专业本科及以上学历；③风险管理部（合规部）内部审计岗，要求审计专业硕士学历；④公司银行部（国际业务部）物流金融岗，要求金融、经济类专业硕士学历；⑤零售银行部（小企业银行部）小企业银行业务管理岗，要求金融、市场营销专业硕士等。

中国人民保险集团公司上海分公司：①财务审计类岗，要求会计、财务或相关专业，全日制应届本科及本科以上毕业生；②业务管理类岗，要求金融、经济、保险、法律、海商法、机械/工程、营销、数学、计算机、英语等相关专业，全日制应届本科及本科以上毕业生，英语六级且口语流利者优先等。

申银万国证券股份有限公司：①证券营业部柜台岗位，要求金融、经济、营销等相关专业，本科及以上学历；②财务管理岗位，财务、会计、审计及相关专业，本科及以上学历，具有 CPA 优先；③投资顾问岗位，金融、财务、会计、财政、经济类相关专业，硕士、MBA 或品学兼优的本科生，具有 CFA 优先；④分公司财务管理岗位，财务会计、审计及相关专业，硕士及以上学历，具有 CPA 优先；⑤公司本部计财管理岗位，会计、金融、经济等相关专业，硕士及以上学历，具有CPA优先；⑥大投行岗位，金融、经济、法律、管理类相关专业，硕士及以上学历，具有CPA、律师资格优先等。

平安信托：①财务管理岗，财经类专业；②审计管理岗，会计、审计、财务管理专业，本科以上学历；③助理风险管理师，金融、财务、经济类相关专业全日制硕士及以上学历；④投资顾问（客户经理），本科或硕士学历，金融、投资、财经类相关专业，知名院校优先；⑤基建助理投资经理岗，重点大学金融、财务、投资、管理、工程、数学、会计类等专业硕士及以上学历，工学MBA应届生优先考虑等。

从以上例子可以看出，在向金融机构求职时，一个专业对应的往往是一个庞大的职业岗位群。比如，金融专业，对应的岗位就有：商业银行的柜员、客户经理、会计管理、现场审计、综合文秘、关联交易、公司银行产品经理、法律审查、资本规划、产品创新等很多岗位；保险公司的财务审计类、业务管理类、市场营销；证券公司的投资顾问、营销、大投行、计财管理、清算、业务开发、业务管理等。这就为不同学历（本科、硕士、博士）、不同性格、不同兴趣、不同特长、不同能力的求职者提供了非常广阔的选择空间，也是学生在校时必须广泛涉猎不同专业的知识，并针对某些岗位要求深入地、有的放矢地学习的原因。

4.3.3　金融机构相关岗位的职责要求

了解了金融机构招聘的相关岗位及其专业、学历要求之后，大学生还要进一步了解相关岗位的职责要求，以便知己知彼，提前做好应聘的相关准备，更好地门当户对、对号入座。为此，现举例如下。

1. 银行

比如，交通银行河南省分行“综合柜员”职位描述：①办理各类会计结算业务，确保银行本外币会计结算工作顺利开展，做好柜面的服务和各类银行金融产品的营销工作；②开立各类账户，做好账户维护，确保账户资料准确、完整；③管理相关凭证、印章等，确保专人保管；④执行现金管理制度和反洗钱有关规定，确保各项业务正常运行。

又如，该行“客户经理”职位描述：①开展市场营销，保持与客户的经常接触，维系良好关系，负责稳定并提高客户在我行的业务总量、综合效益和资产质量。②做好客户信息、业务信息的收集、整理、建立、开拓和维护工作。③主动了解客户的需求，向其推销我行产品和服务，进行产品的售后管理和后续服务工作。对有授信业务需求的客户，负责客户的资信调查及具体授信业务的受理和初审工作。④协助办理其他营销事务性工作及客户的日常业务服务。

2. 保险公司

比如，太平洋人寿保险公司招聘的“内部审计专员”岗位主要职责：①根据审计目标起草审计方案等审计文书；②分析财务、业务等数据，发现风险线索，提出风险预警；③执行审计程序，检查有关材料，做出审计判断和评价，提出完善经营管理和内部控制的建议，起草审计报告；④整理审计档案。

又如，北京阳光保险集团股份有限公司招聘的“研究发展处行业研究员（宏观研究员、行业研究员、债券研究员）”岗位职责：①对宏观经济、行业、投资品种和投资策略进行研究或调研，撰写各类投资报告，提出股票投资建议和维护股票投资备选库；②行业研究：研究相关行业主要发展趋势、赢利模式、竞争格局和关键影响因素，对行业整体投资价值做出基本判断；③对行业内主要上市公司给出投资价值的基本判断；④跟踪行业信息，及时更新行业配置建议；⑤及时与上市公司、外部行业研究员交流行业看法，更新行业投资建议。

3. 证券公司

比如，兴业证券股份有限公司招聘的“投资银行总部项目人员”岗位职责：①参与项目市场拓展、项目承揽等前期项目调查、项目甄别和内部评议等项工作；②参加项目组，协助完成项目尽职调查、公司改制、辅导、工作底稿建立、申报材料制作、内核、报批、过会等项工作；③协助建立保荐项目工作档案，保留各类工作记录并存档，并做好持续督导的配合工作；④协助建立和维护客户群，协助进行投资银行总部与客户之间的日常沟通和分类管理。

4. 信托投资公司

比如，平安信托招聘的共同资源类“财务管理岗”工作职责：①下属子公司的财务管理；②公司综合类财务工作管理；③公司财务人员管理，包括人员招聘、业务培训等；④公司财务管理制度流程的规划、制订和监督执行；⑤财务管理政策法律法规的收集、整理和分析。

又如，该公司“审计管理岗”工作职责：①根据法规、监管以及公司管理要求，编制稽核监察工作计划；②参与各类稽核审计项目；③负责信托审计平台管理及公司远程审计工作；④负责向监管机构、集团内控中心及信托董事会报送相关报告；⑤负责公司稽核整改事项的跟踪落实。

4.3.4 银行的人才招聘原则

本小节内容摘自资深金融专家廖劲鸿先生发表在价值中国网上的一篇文章，其所谈及的银行人才招聘的六项原则，对欲从事银行工作的求职者更好地“门当户对、对号入座”将有一个很好的启发。

银行招聘工作常常受到时空的一定限制。由于每年对应届毕业生招聘的时间短，外地生源的距离远，而且应聘者的第一手资料和第三方的公平测试有所欠缺，所以招聘单位能够准确了解应聘者的背景资料和在学校具体的生活、学习、工作实习的情况其实不多。

这样，招聘单位在招聘现场往往受到许多限制，比较多地被名牌大学的招牌，学生的口齿伶俐、外表形象、学习成绩排名、奖励情况以及学校推荐等因素所迷惑，事实上通过这些条件招聘回来的学生通常容易忽视了对他们的家庭背景、成长历程、实习工作的能力、处事应变的能力、心理心态、对工作压力的承受能力、兴趣爱好、朋友圈子等因素的考察和对相关信息的反扩。

通过这种方式异地招聘回来的许多应届毕业生，在银行工作中很快就暴露出各种职业能力方面的缺陷。

（1）只有理论知识，而没有实践工作经历和动手操作能力是缺陷之一。这与学生在大学所接受的教育和学校学术氛围是相通的。这些学生普遍对宏观经济学、社会经济热点问题和热点行业或专业非常感兴趣，而没有真正做好下到企业基层工作单位奋斗多年的心理准备，并且对将来工作及生活的期望值很高，这种期望与现实生活的巨大落差通常是造成应届毕业生最后选择迅速跳槽的主要理由；同时，应聘学生的动手操作能力和技术技能的欠缺也是影响他们工作自信心的重要因素，这是用人单位和应聘学生双输的一种选择。

（2）能否抗拒诱惑和洁身自好是银行从业人员良好品德的关键。银行无小事，任何银行的招聘都比较关注应聘学生的个人品德方面的问题，应聘者对人生规划、日常消费的水平和实际工作的表现，以及对金钱的感觉与态度，对不良行为的看法，只要应聘者在相关的成长历程中存在这样或那样的品德缺欠，银行招聘人员就会将该应聘者剔除出招聘名单。

同样，个性太过张扬突出的应聘者，以及学习期间兼职太多，偏好赚钱发财的学生也并非银行青睐的对象。

（3）具有银行实习的经历和经验是应聘银行工作岗位的制胜法宝。虽然银行对招聘回来的学生还可以集中进行培训并经过约一年时间在基层实习后才能转正，但是那些有银行实习工作经验的本科生或研究生绝对是招聘银行所优先考虑录用的对象。因为对于银行而言，这不仅大大缩短了实习上岗的时间，而且对应聘者在实习期间工作的考察和经验的评价，甚至比招聘时的背景审查还要重要得多。

（4）应届研究生和大学本科生其实处在同一起跑线上。许多读本科的同学非常担心那些硕士研究生将在银行招聘会上抢走他们的饭碗，因为自己本科的招牌毕竟不够响亮，其实这种担心是多余的。银行里除了总行本部和一级分行的部分部门，他们确实需要硕士研究生以上的人才来进行各种战略规划和研究工作之外，其他分行和部门真正需要的是那些管理加上操作型的人才。在银行日常的营运工作中能够熟练操作业务，并对各种服务产品的推广游刃有余的学生才是大部分银行机构迫切需要的金融人才，当然如果他们同时也是具有高素质的名牌大学学生就更加理想了。

（5）良好的就业心态和心理承受能力也十分重要。我们在招聘中发现，有部分同学的就业心态比较烦躁，他们总想一步到位，即时实现其心中的目标和工作理想，具体表现在追求招聘单位的层次、区域和知名度上，心里并非十分愿意到基层工作单位长期工作，有一种“我天生是管理者”的心态和自我定位，这与他们在现实中的表现冲突较大，也通常是其职业生涯失败的开始。

另一方面，具有强大心理承受能力的应聘者也是招聘时列入银行考察的综合因素之一。

（6）真正在银行从业生涯中成功有为的学生成绩排名并非十分重要。经验告诉我们，那些在大学期间成绩中等偏上的应聘学生对银行的贡献最大，他们的学习成绩通常排在前10%~50%，而且这些学生在银行工作中对银行的忠诚度最高，待在银行工作的时间最长，其对薪酬奖金的期望值比较合理，心理心态也比较平和稳定。

毋庸置疑的是，那些家庭环境良好偏上，成长历程清晰可查，心理素质和EQ出众的名牌大学生永远是各种银行里的天之骄子。

除了以上的一些情况外，银行对应聘人员的招聘要求与一般大型服务业公司的人才招聘都是类似的。例如要求应聘者的外表形象出众，专业知识对口，人际关系良好，外语能力不错，有一定的管理能力和社会实践经验等也是银行招聘的基本要求，而且由于供求关系的原因，银行通常处于精挑细选的强者地位。

4.4　走近HR

4.4.1　HR们的烦恼

1. 求职、招聘其实很像一个游戏

诺贝尔经济学奖获得者之一，美国普林斯顿大学经济学

教授卡尼曼曾经指出，人们做决策时，并不能看到一个物品的真正价值，而只是在自己的存量知识中，选用某种容易评价的、现实的、显而易见的、直观的，眼前的线索或标准来进行决策。由于存量知识的有限性，再加上只对时点上的东西进行判断，从而忽视了时段，所以，看似理性，其实却是有限的。这一论断其实从求职者和招聘者双方来看都是适用的。

正是由于“只是在自己的存量知识中，选用某种容易评价的、现实的、显而易见的、直观的、眼前的线索或标准来进行决策”这一情况的存在，求职者才有必要、有意义、有理由对招聘方进行分析并投其所好，以最佳状态、最令人赏心悦目的方式展现自身那些“容易评价的、现实的、显而易见的、直观的、眼前的”东西，像孔雀开屏一样当场展示自己美丽的羽毛。也正是由于这种“有限性”，使得招聘方对应聘者看似理性、严肃、尽职地挑选实际上却“理性”极其有限。这种双方的、理性极其有限的甚至是偷懒的决策导致了人才们源源不断的离职以及招聘方没完没了的招聘。

如此看来，求职、招聘活动很像一个游戏。在这个游戏中，由于自己“存量知识”的有限，求职者和招聘者的折腾、阴差阳错和烦恼是不可避免的。

2. HR 们风光的背后

有些时候，招聘单位、HR 们在选人、用人时也是相当矛盾的。比如，招聘会计、审计人员时，既希望你朝气蓬勃、工作干脆麻利、风风火火，这样才有效率，才能跟上领导的工作节奏，但又怕你浮漂、不踏实、不稳重、坐不住；既希望你原则性强，监督性好，工作大胆泼辣，有棱有角，又怕你不讲究方式方法，弄得上下“鸡犬不宁”，用政治上的话说就是添乱，制造不稳定因素；既希望你稳重、踏实、老实、本分，又怕你不支事儿，关键时“提不起来”，不能独当一面；既希望你学历高，职称高，能力强，又怕你心气儿高，不好支配，靠不住，留不住；……凡此种种，都是 HR 选人、用人时头痛的地方，都是每一次招人、用人时反复掂量的因素。

一位 HR 冷静地说：

应届生不稳定，我们 HR 也有责任：面试时把岗位描述和企业实际情况是否说得实事求是。切不可只说好的，夸大好的方面，这样直接影响应届生的工作期许。我建议可以把岗位的工作职责和待遇情况说得苦点，低些，降低应届生的心理期望值。然后和优越的实际情况形成一种对比。如果接受不了低的那就说明，该生工作期许高，走了也不可惜。我曾跟一个中型私企老总聊天时，听他发了一些感慨，提起有些“80后”，他连连摇头，说连“起码的规矩”都不懂。前年，公司招进一个硕士应届生，花费了不少人力物力，送他去参加相关技能培训，可还没做出点业绩，人家就跳到深圳一家大公司，从此，他就发誓“不为他人作嫁衣”，要招有经验的“成品”，节省培训成本，工作也能快速上手。（来源：前程无忧网。）

HR们会经常看走眼，其实，求职者也会经常看走眼，否则，就不存在跳槽之人了。一旦招聘过来的人短时间出了问题，或者一走了之，反复再招聘是轻，重者也会承担没有完成任务、失职、失察的责任。

3. HR阴沟里翻船的故事

俗话说，智者千虑，必有一失。老谋深算、阅历深厚的人力资源部石经理，也有一次很失败的招聘经历，这次也是破格录取，然而后来发现，这只是一个美丽的谎言，精明的小姑娘让资深HR也失算了。

又是一年招聘时，石经理等人开完招聘会后，抱着重重几大箱简历准备满载而归，在宾馆门口，一个小姑娘迎了上来。“你们是某某公司的吧？我不是最好的学校毕业的，但我对贵单位极其向往，能否给我一个机会讲几句？”这个小姑娘开门见山地问。看到她阳光的表情、勇敢的行为，石经理想，我们一向自夸不唯学历，这也许是一个“特殊人才”呢？于是答应给她面试的机会，上级领导也很感兴趣，认为应该试验一下招收几个非名校的学生，或许他们更加珍惜机会，敬业爱岗。

面试时，小姑娘给面试官讲述了自己的奋斗经历：高考时自己的目标是北大，平时成绩很好，但是由于考试时发高烧发挥失常，所以才进了一所普通学校。

她很机灵，面试时能猜测到考官的需求倾向，告诉考官们想要的答案。但有个细节，石经理还是注意到了，他开车送他们出来时，小姑娘教训起她同来的伙伴：“你看看人家，既当人事经理，也能当司机……”石经理当时听了很不悦，虽然是褒扬自己，还是感觉到她心地不够善良。然而，由于其他方面没发现太大问题，出于“试验”的原因，录取了她。

报到后，她开始很积极，但不久就原形毕露：经常与同事争执，凡事都要争个高低，与周围人关系极为紧张，工作上斤斤计较，领导劝说也听不进去，老是为自己辩解。她的逻辑简直让人觉得很荒唐：看待周围的一切都以自己为出发点：我的经历、我的感觉、我的希望、我的要求——怎么没人来满足？她总觉得自己很倒霉，运气不好。表面上极其要强，过于敏感，心底又有一种掩盖不住的自卑。大家都很怕跟她打交道，领导同事们被她闹得苦不堪言。几年内，她的绩效考核多次不及格，自知待不住，终于另谋出路。

同事们偶然发现她居然在网上研究应聘的骗术，看“如何骗过招聘官”。“唉！年轻人，怎么琢磨这个呢？就算靠骗术能进门，还能靠骗术过日子吗？话说回来，招进了此人还是我老石的错，我承认，我改正。”石经理很是遗憾和自责地说。（来源：《破格录取，能招到“千里马”吗》，世界经理人，2009年9月7日。）

“闪聘”与“闪婚”如出一辙。面试官自认为找到了优秀的人才，可是干不长时间就辞职或被辞退了；求职者自认为找到了好工作，可是干不长时间，就兴趣寡然、“这山望着那山高”了。HR自认为灵验的判断人才的法宝也会失灵，市场也会出现“抗药性”。还是中国那句老话说得好：“路遥知马力，日久见人心。”

这个小姑娘在面试时知道判断考官之所好，“能猜测到考官额度需求倾向”并投其所好，这是难能可贵的。然而，在工作中却不知道投领导和大家之所好，以致“大家都很怕跟她打交道”，这是很遗憾的。因此，投其所好，要解决的是“争取机会”而不是刻意掩盖自己的缺点，更不应该是“行骗”。即使HR在面试时没有发现你的缺点，蒙混过关，也要在上岗后努力克制自己，将自己的缺点坚决改正。投其所好的过程应该是修正自己、“弃恶扬善”的过程。与性格品行相比，聪明劲儿还是次要的。

这个小姑娘也许找错了职业，选错了岗位，该单位也没有针对其所长来使用她，以其机灵、大胆和“猜测”能力，可能从事公关、营销、行政管理一类的工作更合适。

4.“当 HR 不容易啊，天天被人骗”

无数事例说明，招聘方所追求的实际上就是“五顺”人才：看着顺眼，听着顺耳，觉着顺意，管着顺从，用着顺心。实际上，上例中的石经理之所以被“骗’，就是因为他当时对那个小姑娘看着顺眼，听着顺耳，感觉顺意，预计管着顺从、用着顺心。因为她很阳光，很勇敢，很机灵，很会说话。这个事例雄辩地说明，招聘方聘用你，90% 以上都是你自己的表现赢得的；招聘方不聘用你，90% 以上也都是你自己的问题；招聘方聘用你后，能不能够待得下去，90% 以上也都是你自己的原因。

一位 HR 深有感触地说：

当 HR 不容易啊，天天被人骗，面试的时候这个好那个能接受，进来了开始这个不满意那个提要求。最最头疼那些来干了几天又走的，应届毕业生这种情况最多了，骑驴找马，心很难定。我面试的时候，基本都是有一说一，公司啥样，这个职位要干点什么，大家交代清楚，所以我喜欢说话实在的人，只要符合能干这个工作的基本要求，其他的就容易谈。但是面试的时候还是碰到很多不诚信的人，也不能说故意来骗我，大家求职心切嘛，可以理解，但是这样的面试，是很难出什么好结果的，大家浪费时间，就是你拼命挤到这个工作岗位上，对你自己的长远，也没什么益处。所以职场就如情场，大家坦诚相待，合则合，不合则分，不要浪费感情嘛。（来源：《HR 也很难啊——制造业 HR 谈招聘体会》，应届生论坛，2010 年 2 月 23 日。）

5. 招聘方特殊要求的无奈

对于有的单位“限招本地人”“大龄未婚未育女性不要”等问题，一位 HR 深有感触地说：“公司和公司不一样，有的公司十几个人或者几十个人，都是本地人，那他当然倾向于招本地人，磨合起来容易啊。很多公司都有自己这几年里面自然形成的公司文化，不能简单地说人家公司歧视哪类人。至于大龄已婚未育的，的确很多公司都很头疼，毕竟现在大环境就这样，公司也要抓成本，赚钱不容易啊，你刚进来不久就怀孕去养小孩了，公司岗位要空一年，不是人人都承担得起的。要是招这样一个人进来，老板肯定要问 HR，当初怎么不问问清楚，现在你又要招个人来顶，不是自找麻烦？久而久之，就不敢招了。对你们求职来说，自己都是个案，说好最近没要小孩子的计划就是没有嘛，你 HR 干嘛老纠结这个，因为对于 HR 来说，只要碰上过一次，就是一个折腾一年半载的事情，下次还敢再去碰么？”

招聘单位明确告知限招哪类人，或者明确告知哪类人优先，都是典型的要求“门当户对”，提醒求职者要对号入座，各就各位，免去双方不必要的麻烦。其实，这是一种负责任的行为，比那些看起来没有什么条件限制、但实际上背地里有种种限制的招聘单位要好得多。

4.4.2　讨厌的 HR

先来看两个例子。

1. 毕业生：“用人单位和我们太不平等”

“自降薪酬——不自信；提高要求——好高骛远。”面对求职的巨大竞争和用人单位近乎苛刻的要求，还有多年来自己和父母为求学而付出的巨大心血，应届毕业生也有一肚子委屈无处诉。

“5000 元？你爹娘也不会给！”

“有时候信心百倍地去迎接挑战，你却会受到别人的冷嘲热讽……”中山大学研究生小叶一声叹息。原来，去年 12 月中旬，小叶参加了深圳的一场招聘会。本科时小叶就过了英语专业八级，此外，小叶还有两年的工作经验。小叶对自己充满信心。

“什么，5000 元，你爹娘也不会给你这么多！”年近五旬的面试考官突然一脸的鄙视，声音也抬高了八度。听到招聘者这样的冷嘲热讽，小叶的脸色一下子变白了。“当时我跟那位考官说，找到找不到工作无所谓，但是你起码应该尊重我。”

“一些考官面试时，他们甚至还打电话、抽烟。”小叶又气愤又无奈地表示，“求职者和用人单位处于不平等的地位，我们之间根本不可能有自由、平等的对话。”（来源：《毕业生应聘“问价便知出身”不自信是关键》，好猎头网，2017 年 11 月 27 日。）

2. 用人单位怎能如此浪费人才

12 月 5 日，阿彬参加了在中山大学举行的研究生专场招聘会。排了几个小时的队之后，阿彬好不容易把简历投给了某大学党委宣传部。据阿彬说，除要求研究生学历之外，这所学校还声称只招男生。

第二天阿彬就收到了该大学的面试通知。可是，让阿彬惊讶的是，到学校之后，他才知道应聘的职位实际上仅为一般的校报编辑、记者。他们的工作也就是偶尔摄摄像，拍几张照片而已。“这些工作本科生是绝对可以做得来的。但是该单位却声明要研究生。这难道不是一种人才浪费吗？”阿彬愤愤地表达了自己的疑问。（来源：《毕业生应聘“问价便知出身”？》，新浪新闻中心，2006 年 1 月 5 日。）

其实，选拔、使用人才的根本是“人尽其才”，现在不少企业养成了“豪华病”“高消费”，非研究生不要，用人单位只重外表或证书，目的是装点门面，不讲实际能力，不管应聘者的感受，也不管将来能否留得住。凡招人，专科生免谈，用“学历金字塔”将那些有为学子拒之门外，违背了人才竞争的公平性，也是形成跳槽的原因之一，更是巨大的人才浪费。

完胜对策之五

量体裁衣
对症下药

所谓量体裁衣，即按照身材裁剪衣服，比喻按照实际情况办事。毛泽东在《反对党八股》中说：“俗话说：‘到什么山上唱什么歌。’又说：‘看菜吃饭，量体裁衣。’我们无论做什么事都要看情形办理。”

所谓对症下药，比喻针对事物的问题所在，采取有效的措施。

求职是一个系统工程，简历是这个系统工程中一个至关重要的环节，简历通不过，一切等于零。在这个环节中，求职者切切不可忽视量体裁衣、对症下药，其中的“体”和“症”就是招聘单位及其岗位要求，而这个“衣”和“药”则是我们自己。

5.1　简历制作如何量体裁衣、对症下药

5.1.1　简历制作之前

1. 重视校园宣讲会

每年，都有不少大公司进入一些大学校园开人才招聘的宣讲会。在宣讲会上，公司人事代表的一言一行本身就代表着企业，代表着企业文化，都是公司行事模式、管理风格的体现。因此，作为即将毕业的大学生，应当重视宣讲会，用心参加宣讲会，以便通过人事代表从中直观、感性地了解公司的一些侧面信息，特别是那些大学几年里从来也没有与企业接触过的同学。

另外，宣讲会的末尾一般都会给大家留一些时间提问，有什么需要进一步了解的问题可以当场得到解答，只要你参会了，就可以从公司人事代表的言语中“窥一斑而知全豹”。如果你对该公司有兴趣，还可以围绕自己关心的问题，抓住机会在会后与公司代表进行更深入的交谈，或者利用时机在他们面前恰到

好处地表现一下，真诚地向他们请教一些求职应聘中需要注意的问题，顺便与其建立起一个现成的人脉关系（现实一点讲，好处多多，比如将来遇到问题可以及时请教他们，等等），何乐而不为?

一位同学总结说：

参加公司的校园招聘会是全面了解一家公司的好机会。在这里，有关公司的历史、经营的状况、招聘的计划、选择的标准等等均一目了然。招聘的各项安排，诸如时间、形式、要求，是我尤其注意的地方。可以说，我从11月开始，几乎每日必到学校的5102教室，而且对每次招聘会都作了一些记录。也许有人认为没有必要去参加招聘会，大同小异，又是人山人海，有申请表格就可以了；但我觉得，公司的人事代表本身就是公司风格的象征，如果能够亲自参加招聘会，就可以从中了解公司的一些侧面信息，与此同时，招聘会的末尾一般总是Q&A部分，有什么需要进一步了解的问题可以当场得到解答，而会后如果有兴趣与公司代表再作交谈，有时也会有一些意想不到的收获。

收集了各种信息之后，整理分析、加以利用十分重要。但关键在于，通过对公司的了解，要让自己“对号入座”，确定自己究竟适合什么类型的工作。不要盲目迷信于所谓的“热门”一哄而上，而要针对自己的兴趣所长选择职业。因为永远不存在什么最好的职业，只有最适合自己的那份工作。（来源：《参加校园招聘会总结》，豆丁网，2008 年 12 月 1 日。）

所以，宣讲会是一个了解招聘方的重要平台，也是求职者进一步接触招聘方的重要契机。不少同学大大咧咧，知而不见，对送到眼前的、免费的机会根本不予重视，也许，大学校园里大家享受的“送到眼前的、免费的机会”和好处太多了，早已司空见惯。

2. 写简历前需要回答的 10 个问题

每个求职者在制作简历（或者填写“求职登记表”，下同）之前都应当认真思索并回答好以下十个问题：

第一，该公司是做什么的？目前发展状况如何？前景如何？

第二，该公司处于创业期、成长期、成熟期还是衰退期？为什么能够吸引你？

第三，该公司属于什么性质或企业类型，国企、民企还是外企？

第四，该公司的企业文化是什么？你的性格特点是否适合其企业文化以及团队文化？

第五，你欲应聘岗位的工作职责和内容是什么？

第六，你欲应聘岗位的入门条件和要求是什么？

第七，你有哪些方面能满足上述职责、内容、条件和要求？

第八，你可以用哪些事例、数据、故事、情节和业绩来证明你适合自己所期望的岗位？

第九，请再想一下，你真的非常想进这家公司吗？为什么？

第十，你准备如何让 HR 得知自己的意愿和决心呢？

3. 不必请人替你写简历

现在，不少大学生花钱请专业机构或人员为自己撰写简历。这本无可厚非，但前提是帮你撰写简历的人必须对你的各方面非常熟悉、非常了解，同时他也必须透彻了解你所感兴趣的公司和职位。那么，这个人是谁呢？这个人应该是你自己，也必须是你自己。没有人能比你自己更了解自己，只是，你没有坐下来静静地、深入地解剖和分析自己而已。

简历在求职过程中发挥着非常关键的作用。一份由专业人士加工撰写的简历虽然可能很专业，很好看，但同时它的最大问题是无法展示一个真正的你，不仅体现不出你的文字、语言特色，也有可能误导他人对你的认识和评价。其效果可能就像现今的婚纱照一样，虽然很漂亮、很完美，但已经失去了真正的你。况且，简历与面试是应聘过程中两个不可分割、一脉相承的环节，应聘者在这个过程中，体现的必须是一个连续、连贯的思维。简历可以请人代做，面试总不能请人代劳吧？简历中的内容与面试中的回答，一旦处理不好，前后不照，就会露馅、穿帮。

更重要的是，撰写简历绝不可能是一次性投资。一把钥匙开一把锁，每个招聘单位都是一把等你开启的“锁”，而你不可能只用一把钥匙（一份简历）去打开。如果你以为一次性支付一笔价格不菲的简历撰写费，以后可以一劳永逸地重复使用这份简历，来应付所有职位申请，那你的想法就太简单了。一份撰写得再好的简历也不可能适用于其他所有的职位申请。

5.1.2　简历制作之时

如前所述，求职、制作简历的前提是了解自己，了解你所感兴趣的行业、企业和岗位要求，了解你即将加入的职业世界。在此基础上，你就可以对症下药地制作简历了。

一份调查显示，67% 的职业人在简历中对自己描述不清，没有反映出自己的针对性优势（当然是针对你所求职的岗位）、核心价值和能力，而面试的机会几乎 100% 都来自那张薄薄的简历，许多人由此丧失了本该得到的面试机会。

那么，制作简历时，最要害的问题是什么呢？须知，制作简历的唯一目的就是让看简历的人接受你、对你有好感，让你进入下一个招聘环节。因此，简历必须针对招聘方的情况和要求，突出你的“亮点”，突出你的出类拔萃、与众不同和坚定自信，必须有能够一下子吸引住 HR 眼球的东西，而不仅仅是为了让招聘单位了解你。对简历内容的取舍和表述一定要下功夫研究，一定要善于量体裁衣，否则，在简历筛选极短的时间（往往以秒计算）里被 pass 掉，你就算再有能力、再有潜力，也没人看得见。

1. 换位思考，合理取舍

制作简历时，应聘者一定要站到招聘方的立场上去思考，一定要针对特定的岗位，以及该岗位所属的单位及其行业。要结合通过各种渠道了解到的信息，把自己设想成招聘官，思考他们除了明示的条件外，更看重拥有哪些性情、能力、素质的应聘者，更喜欢什么样风格的简历，招聘该岗位的真正背景和意图是什么，打算入职后对你如何安排。设想招聘官可能对你的什么特质最感兴趣，对你的简历会有哪些疑问，会提出哪些问题，你要在简历中以及在后面的面试环节予以一一化解。

一位网友说：

早在开始寻找实习机会时便完成了简历制作，而那时的不足在于专业相关工作经验的欠缺，以致简历不够突出。经过了一个暑假，有了公司和事务所的实习经验后，我着手对简历进行了修改并对内容进行了取舍，选取与所应聘岗位性质最为相关的经验和校园活动，最终制作了一页版的中英文简历。之后，我就自己制作的简历多次进行修改并咨询请教了老师、师兄师姐、企业人士的意见和建议，进一步完善。都说简历是改出来的，当自己经历过后更是深有体会。虽说每一次的改动都不算大，小到只是个别标点和排版的改动，但也正是这一次次的修改，使自己的简历不断完善，虽说算不上十全十美，但至少做到了简洁且相关性较强。（来源：《厚积薄发，滴水穿石——记我的求职心得》，应届生论坛，2010 年 3 月 1 日。）

因此，在对自身要素的合理取舍中，一定要投其所好，也就是说要投岗位、单位、行业之所好，投职业发展规律之所好，投长远打算之所好，当然也包括投自己内心之所好。一定要大胆地量体裁衣，跳出自身这个小圈圈：不是你手里现在有什么，而是招聘方需要什么；不是你认为自己什么东西最出彩，而是单位和岗位需要什么东西最出彩。要在对症下药上做足文章，要在“匹配”二字上做足文章，让招聘官一看到你的简历，就感到“众里寻他千百度，那人却在灯火阑珊处”！

2. “特色”是好简历的标志

特色，就是独特的色彩和风格，就是要有差异，有亮点，有个性，能吸引人的眼球。只有这样，才能让你的简历从成堆的简历中脱颖而出。

关于简历的特色，一位 HR 认为：

简历要有特色，不要套用网上的模板，因为你在下载的时候，别人也在下载，特别是你们两人的信息同质时，很容易双双 over，因为 HR 难以区分你们的优劣。很多 HR 在筛选简历时会拿前几份跟你的简历对比，所以把简历做得有特色一些，是一个明智的选择。

所谓特色，并不是要你如何创新，关键是你的简历不会让 HR 产生疲惫感，对下载的模板进行适合自己的修改调整都是不错的选择。比如在你的简历上增添应聘公司的 logo 或是企业的口号，会让 HR 认为你是认真对待他们企业的，自然你的简历也会增分不少。举个例子，我见过中南财大的一位同学用蜡笔在简历上做各模块的分色标，虽然还是套用的模板，但是感觉就完全不一样，当然他也很顺利地通过了筛选。……求职的过程，就是营销自我的过程。简历好比是自己的宣传单页，是自己的 POP（Point of Purchase，店头陈设）广告。大学生要知道，作为招聘方，在招聘过程中会收到成百上千份简历，在这么多应聘者中，如何才能突出自己？那就是，你一定要有自己的个性，有自己的东西。首先要争取到让招聘方仔细阅读你材料的机会。（来源：《简历要如何出彩》，第一范文网，2019 年 3 月 22 日。）

美国成功学家戴尔·卡耐基说："推销是一种才华，就像是绘画的能力，两者都需要培养个人的风格；没有风格的话，你只是芸芸众生中的一个而已。"

创维集团在其校园招聘须知中明确提醒求职者"参加现场招聘会，请准备好个性化的简历"，我想，这是招聘单位传递出的相当有代表性和指向性的信息，也是非常难能可贵的，因为我们浏览了几百、上千家单位的招聘信息，只发现这一家有此爱心。

3. 正确对待你的学习成绩

对于在校学习成绩，很多同学在简历上突出显示，而那些成绩不够好的同学又在制作简历时非常纠结，不知道如何处理为好。其实大可不必，一般的中小企业比较务实，重点考察的是你的能力和潜力，对成绩并不是很在意。

一家公司的资深 HR 在谈到成绩问题的时候说："实践

证明，在大学里学习成绩门门都优秀的学生，踏入社会后往往不是最优秀、最出色的。因为大学的学习是塑造你基本素质与未来专业的过程，如果平均用力，十指一般长，似乎什么都优秀，实则什么都不精。聪明的大学生，一定是依据自己的喜好与目标对大学的功课有取舍的，对自己不重要的，达到最低标准即可，而把更多的精力放在了自己喜欢与即将从事的专业领域，突出自己的专长，才有竞争力。”

当然，学习成绩对有些企业，比如有的大中型国有企业、事业单位、金融机构等，还是挺重要的，得过的奖项一定要写上去。一位国企 HR 曾经说过：“我们公司初选有一条标准，一定要得过奖学金，而且到了真正筛选的时候，被贯彻为一定要得过二等以上奖学金。因为得过三等奖学金的人实在太多了，不算数。还有些同学写自己班级排名前 20%，然后获奖情况是空着的，这也只会让人不明所以，然后直接扔掉。如果有与职位相关专业技能的奖项或者资格认证也可以，但一定要拿得出手的，什么院级别的竞赛奖就算了。当然，成绩这东西，到找工作的时候已经差不多决定了。如果真的因为种种原因成绩不尽如人意，那就一定要突出自己的长项，并且这个长项一定要符合公司的要求。”

4. HR 看重的是简历的含金量

很多同学的简历材料都是厚厚的一沓纸，真的挺有重量的。可是，招聘单位看的不是厚度，也不是重量，而是“含金量”。对于应届生来说，一般情况下，投简历时先投一份一页纸的中文简历即可，此时他们一般没有时间查看、核对太多的原始资料。证书复印件、就业推荐表等一般在面试阶段 HR 才要求提交。

某大学英国外教劳伦曾表示，中西方文化的差异，在简历中就能体现出来。“很多中国大学生简历很厚，可是西方讲究的是‘one page’（一页纸），简约而不简单。”他建议毕业生，简历要地道有特点，突出差异性，这样才能给用人单位留下好的印象。

不少同学应聘时还在投递中文简历的同时，投递英文简历和求职信。如何看待这个事情?

关于英文简历，一位同学不无羡慕地说：“自己参加招聘会时发现，不少求职者的简历一式两份，中英兼备，显得很有范儿啊。”不过，绝大部分毕业生应聘内资企业时，提供英文简历常常会显得多此一举、不合时宜，并不一定能给求职增加多少的优势。实际上，英文简历一般只在应聘“国际四大”“三资”企业或外向型企业的部分岗位时才需要。

至于求职信或者自荐书，一般情况下没有必要。本身求职信或者自荐书是从西方国家引进的，只在一些个别情况下才使用，因为我们用的人多了，就失去了其原有的意义，况且 HR 也没有时间阅读，尤其是求职信大同小异，提不起 HR 阅读的兴趣。

5. 简历——简而有力

简历重在“简而有力”。所谓“简”是把那些与别人相同、相似的经历简化或者减掉，重点突出自己独特的东西，并一定使之与招聘岗位的需求对应起来。所谓“有力”，就是有冲击力、感染力和吸引力，这是你独特的内涵和实力的表现，就像那些知名的广告语一样，寥寥数句，就能抓住消费者的眼球，打动消费者的内心，引起消费者的购买欲。因此，你必须用心了解所应聘的单位，针对招聘单位的实际情况、喜好和需求，深入挖掘自己的“亮点”，突出自己的独到之处，扬长避短，精心取舍。

一位大型企业 HR 深有感触地说：

有些同学不管三七二十一，只要是得过的荣誉都往上堆，音乐美术体育，甚至还有写得过文明宿舍的……这些都完全不会有加分。就算你是国际音乐大赛一等奖，和我要的职位不相关，有何用？这些东西只能撑起你简历的门面，要靠它们打动公司，最好别指望。还有的同学，特别是小硕们，稀里哗啦写了一堆自己研究过的项目，专业背景特强，研究得特深。这对于有些企业或者研究所也许是很看重的，可在我们公司，只会让老总说一声“这人太强了，还是不耽误他了”，然后就放到一边去了。所以写自己的长项一定要根据公司的不同、职位的不同而有所侧重，有几份简历就是因为其中写的项目方向正好和我们公司需要的人才相关或者一致，这种情况下即便成绩一般也会给个笔试机会的。（来源：《资源 HR 教你怎么写简历》，豆瓣小组，2014 年 3 月 28 日。）

总之，一切行为都是为目的服务的，有助于表达你很适合这个工作的要多讲一些，无关紧要的事少说，最好不说，否则可能会使阅读者忽略了你的关键点。还要注意尽量与其他应聘者（比如你的同学）的简历有所区别，避免千篇一律，千人一面。

6. 弱势处理要因人而异

每个人都有弱势，每个人都不大可能样样很牛，那些学习成绩又好、又是优秀学生干部、又年年拿奖学金、又是中共党员的学生毕竟是极少数。那么，对于弱势项目应如何对待，在简历中如何处理呢？关于如何处理学习成绩以避免出现成绩的短板，一位同学说："我在校时的排名没有进入前三名，而顶级投资银行非常看重学生的成绩，在这方面，我处理得比较巧妙，只写百分比，我的排名在年级前5%以内，这个成绩基本可以通过。"该同学将成绩用奖学金表达，比较明智。同学们在处理成绩时有几种办法，成绩好的，写GPA（平均学分绩点）和排名，成绩一般的只写排名或者获奖状况，而单科成绩好的，可以把学科成绩列出。

关于缺点应如何处理，上海大学一位学生的亲身体会是："在自荐信上写出自己缺点的人不多，我却列出两条：一是字写得很差；二是非中共党员。在报考国家公务员时，这两条可是致命的弱点，但此举却得到了招聘单位——市委老干部局人事干部的赞赏：'你很老实。'他们反而鼓励我：'字写得差不要紧，正式公文都是打印的；假如进了我们单位，政治上要积极要求上进。'我能成为那一年老干部局的唯一录取者，自荐书上的缺点还是起了一点积极作用的。"

当然，对于是否在学校担任过学生会等社团职务，以及学习成绩如何，是否拿过奖学金，是不是中共党员等，不同的单位会有不同的态度。一般情况下国企、金融机构、事业单位等比较看重这些表面的东西，而外资、民营企业则更加务实，有的单位不但不看重，反而有点鄙视。

某外贸公司的HR经理说："现在来应聘的大学生几乎都在学校里当过'头头'，不是学生会副主席，就是社团优秀干事，一看就让人觉得不真实。我看简历很多时候都不看这一栏，特别是对于那些官职很高但实际经验谈得很少的，看了反而觉得在作假，直接pass。至于奖学金，我们也不看重，奖学金也许能说明成绩不错，但是不能说明能力强，对企业来说有什么意义呢？"

因此，毕业生对一些弱势项目的处理，必须事先弄清楚招聘单位的好恶，投其所好，因"人"而异，不能文不对题。

7. 一把钥匙开一把锁

一把钥匙开一把锁，就是在写简历、投简历时要一份简历对应一个单位，在面试时要一种说辞对应一个职位，根据单位不同、岗位不同，因地制宜、因时制宜、因人制宜，对症下药。

很多同学一次打印或复印许多份简历，不管什么单位招聘，也不管招聘的是什么岗位，见一家投一家，一厢情愿，指望"广种薄收"。实际上，单位大小不一样，所处行业千差万别，对岗位的要求表面上看没有区别，实际上可能相差甚远，同时，能否成功应聘，与你对这个行业、这个单位、这个岗位的了解多少以及对应聘的态度也常常有着很大的关系，而你却"以不变应万变"，能不受挫吗？

企业为什么要生产那么多型号的产品？就是为了适应或迎合不同消费者的需要。求职的道理与此是一样的，求职者的简历就是一个产品，招聘方就是产品的购买者，你这个产品只有型号多一些，功能多一些，可塑性强一些，附加值多一些，才能适应作为消费者的招聘方的不同需求。

应聘者往往认为“广撒网，多捕鱼”，再加上贪图省事，于是复印N份一模一样的简历，投往N个企业。在初次找工作的大学生中这种情况更加普遍，他们的想法有两点：一是既然工作不好找，专家不是说先就业再择业吗，那就撞上一个是一个；二是我就这点儿家当，说给谁听都一样。亲爱的朋友，雇主可不这样想。

一位资深HR言辞犀利：“以一份雷打不动的简历去做各大公司的敲门砖肯定是要被拍砖的。”其一，如果你不是他第一的、唯一的、千里挑一的选择，他凭什么不挑选一个对他更欣赏、更向往、更投入的人呢？其二，如果你的简历中没有重点突出与招聘岗位相关的内容，雇主可没时间去猜想你是不是这个岗位合适的人选，更不会去安排你面试。因此不要怕麻烦，量体裁衣、对症下药地修改或增添一点点内容，制作一份让HR感觉是专门投给这个企业、这个岗位的简历，这是必需的。在这里，你如果忽略雇主，雇主也会把你忽略。站到招聘单位的立场上来看，就像找对象一样，谁更重视它、喜欢它、欣赏它、爱慕它，它才可能更喜欢谁。

8. 合适的，才是最好的

本书前面已经反复讲过，企业的用人准则是只选最合适的，而非都挑最好的。很多求职者自认为非常优秀、非常引以为自豪的东西，HR 不一定感兴趣，因为岗位不一定需要，招聘单位不一定需要，相反，还容易引起其对你稳定性等方面的担忧。所以，只有适合企业的才是重点挑选的对象。

一位 HR 教导说：

有针对性地投简历，不要过分强调自己与所应聘岗位不相关的技能。比如，就想招个搞行政和人力资源的，你非得强调你英语过八级，翻译过多少多少东西，口语多牛……，那可真是不幸，我这个岗位几乎用不到英语，你在这个岗位上真是太屈才了，为了不让你以后跳槽，还是现在先请你另行高就吧。也就是说，我们要招的不一定是最优秀的，而只要相对优秀并且合适的就可以了。这些东西，我以前作为毕业生也很多不懂，费力在简历上添加很多东西，以为那样就可以表现自己的优秀。现在换了个对立的角度，才知道什么才是最抓眼球的，而什么是让招聘官一笑而过的。（来源：《HR 最喜欢的网申简历特点》，原创力文档，2020 年 8 月 2 日。）

某大学经济学专业毕业生小陈在谈到自己的简历时说：

我的简历的特点是针对性强。即使一个人的素质是全面的，他在简历中也应当突出重点，而重点的选择就应当针对单位的特点。比如我曾经到《广州日报》应聘记者，在简历中就特别强调了我的创造能力、文字功底和身体健康、能吃苦、善于交际等特点，其他内容就略去不谈了，这样会给单位一个鲜明突出的印象，而等到面对另一家著名的外企应聘市场分析人员时，我在简历中相应地做了些变动，突出强调了我的组织策划能力、协作精神、分析能力等，这完全是出于适应单位的口味和需要。有的毕业生在做简历时，生怕有什么遗漏，将经历、个性等写得满满当当的，造成主次不分。我认为简历的真正作用不在于告诉用人单位“我是什么样的人”，而在于告诉它“我就是你想录用的人”。这才叫作有的放矢，而不是被动地等待用人单位从厚厚的简历中发现你适合它的工作的地方，将你挑中。（来源：《他们这样的应届生个人求职简历》，中国人才网，2017 年 11 月 1 日。）

惠普公司招聘负责人也曾说过，应聘者要能够用最短的时间吸引招聘人员，多了解公司招聘的职位，多了解职位的要求，然后在自己的简历里强调自己适合这个职位的东西，让招聘人员知道你有这方面的能力、经验和知识，让他们看到这些文字就觉得这个人是我想要的。

当然这里需要注意的是，在描述这些重点信息时最好用精炼，客观的总结语言，而非冗长、主观的描述语言。做简历最重要的是站在HR的角度去思考，是否方便于他，信息是否能够一下吸引住他的眼球。当你真正站在HR的角度去制作简历时——投HR之所好，我想这一定是最适合你的简历。

9.“社会活动”可以为你加分

很多大学生在校都参加过各种社会活动，这实际上是求职中的重要优势，应根据岗位要求在简历中合理展示。

飞利浦中国投资有限公司中国区人力资源部经理李女士曾表示：在挑选应聘者的过程中，应聘者的学历和成绩其实对公司而言并不是最重要的，因为这些分数并不能代表一个人的全部能力，我们需要的是一个全面发展、综合能力（包括学习成绩，校内活动以及社会实践活动）相对出色的学生，并能让我们看到他有跟团队合作的能力。如果一名学生愿意无条件地投身一些社会活动，更能说明他具有为了某些兴趣而牺牲自我的精神，那么，他也会更容易适应企业团队合作的氛围。（来源：《面试技巧：学会眼神交流》，HROOT网，2006年6月15日。）

来自麦肯锡的顾问托马斯·弗里茨说：“我们希望在我们

的求职候选人身上看到行动力，我们期待从他们的简历中读到这样的信息：我已经做好准备放弃熟悉的环境，我随时都能投入新的环境。对一家全球性的企业来说，这是它的员工必须具备的最重要的素质。”但他同时警告说：“虽然我们非常看重求职者的社会活动能力，但你所参与的社会活动应该不仅是为了让你的简历变得漂亮一些，我们更希望能够从中看到你愿意接受并能够掌控挑战的能力。”（来源：泽尔克·格罗瓦德，《毕业后给我一年自由》，商友圈，2018 年 3 月 22 日。）

行动力也好，掌控挑战能力也罢，它们实际上都来自社会活动，来自多样而丰富的社会生活，这样的生活，可以体现你接受新事物、适应新环境的能力。

10. 薪资填写要随大流

对于《求职登记表》中“最低薪资要求”一栏的填写，很多人不知所措。一般情况下，如果招聘单位没有强制要求，最好不要在简历中写明薪水要求，写也要尽可能“随大流”，或者写上“按公司规定办理”，不要过高，也不要过低，以表明你对薪水高低并不在意，既尊重现实，又充满自信，否则可能失去面谈机会。

一位公司 HR 提醒：“对于一个没有实践经验的大学生来

说，许多同学薪资要求较高或者较低，这都不妥。毕业生们虽有层次之分，但工作能力和薪资差距应该不会很大，而且大多数公司对于新人都有相应的标准。薪资要求还是随大流的好，如果你真有能力，在工作中表现出类拔萃，用不了多久，你的工资自然会有所提高的。当然薪资要求也不要过低，过低了也不见得有好处，并非所有的老板都喜欢廉价的劳动力，如果你的要求低，别人会误认为你信心不足、能力不足。”

11. 平凡的事情，不平凡的解读

对于简历中“经历”描述的技巧，一位同学颇有见地地总结道：

在描述自己做的事情的时候，采取STAR原则，即situation，task，action，results；不是要写自己有什么能力，而是要让HR从你的描述中自然而然地得出结论，知道你具备什么样的能力。例如，你在大二的时候做了一份很水的实习，可能只是在某个公司财务部帮忙整理账本，但是你可以通过在整理账本的过程中保证了百分之百的正确率之类的描述，让HR解读出你是个细心的人，是一个可以面对枯燥工作的人；站在HR的角度来解读你自己的描述。（来源：紫蝴蝶393，《简历制作经验》，百度文库，2013年12月15日。）

所以，对于自己经历中的一些平平凡凡的活动，求职者要能够结合所应聘的职业岗位的内在要求，从中总结、挖掘、提炼出非凡的意义，并采用职业语言比较“专业”地描述出来。这才是 HR 们希望看到的。

5.1.3 简历制作中的误区

1. 一口气写下 N 个应聘岗位

在简历上，有的同学的求职意向居然一下子填了三四个，财务管理、人力资源、营销管理、企业管理……用人单位实在不喜欢这样的求职者。再说了，连校门都没出也不可能具备这么多方面的能力啊。不是说网撒得越大，打的鱼就越多，填多了必然给人以不了解职业世界或者用心不专、没有所长的印象，第一轮便会遭到淘汰。当然，如果你实在觉得好几个岗位都可以干也没关系，灵活机动一些，根据实际情况和自己的判断，对不同的单位填写不同的求职岗位，并相应地组织简历的“亮点”和“论据”就可以了。

一位 HR 感慨地说：

有的简历呈现出来的工作经验与应聘岗位差异太大，是瞬间被 Del（删除）的对象。我曾经收到过同时应聘三个岗位的简历，基本得出这样的结论：什么都能干的人，可能什么都干不好。因为这样的简历没有突出任何方面的技能或专长，自己对自身的发展不清楚，用一句俗话说，如无头的苍蝇乱撞，这样的人企业不会感兴趣的。当然，对于刚毕业的学生，求职心切，需要企业帮他们来定位，希望多获得一份机会，可以另当别论，但对于有工作经验的人，出现这种情况是不应该的。（来源：《HR 不看你简历的六个原因》，原创力文档，2020 年 9 月 15 日。）

IBM 负责校园招聘的苏先生表示，尤其是在申请大公司的职位时，一定要在简历最醒目处，明确表述清楚自己希望工作的“目标城市”、“目标部门”以及“目标岗位”。特别是要重视自己理想的职位是什么，然后从专业、技能、经验、兴趣等方面简单分析你的目标职位的由来。绝对忌讳那些眉毛胡子一把抓的申请者，而这种对自己职位没有明确目标的申请者，也是最容易被淘汰的。

中国邮政储蓄银行青海分行在其校园招聘公告中，在开篇醒目的位置提醒应聘者“请在职位页面查询职位信息，最多可申请 1 个职位（重复投递职位视为无效），请您务必仔细阅读职位描述，并结合所学专业、工作经历和个人特点，慎重选择”。这个例子充分体现了招聘单位对应聘者的负责任和关爱的精神。

2. 什么样的照片都敢贴

在简历制作阶段还有一个细节绝对不容忽视，那就是照片，它是不少单位选人时的一个参考方面。确实，雇主是否“以貌取人”不好确定，但由于照片失去面试机会却一定是“以貌去人”的结果。

一家知名公司的人事经理说：

我们首先选择看上去让人感到舒服的简历。有的人为了求新，在封面上用大美人照，用很怪异的文字；有的简历写得像病历，很乱，揉得很糟。这样的简历，我们一般看都不看，直接淘汰。……有两类照片通常会影响你被筛选：一类是化妆、服饰精细、光线柔和、布景美丽、姿态或媚或酷，显然精心准备反映了应聘者的认真态度，但照片太艺术了像是选美用的，雕琢有余真实不足，让人担心应聘者的职业风范；另一类虽是再普通不过的证件照，但有的是初、高中一直用下来的照片，不但不能反映近期面貌反而显得人不够成熟；有的由于局限于某些证件照的尺寸，反而丑化了自己；还有的愁眉苦脸、表情呆滞、目光飘忽游离。（来源：乔布简历，《简历，写出企业最想要的答案》，百度文库，2014 年 7 月 29 日。）

从众多的应聘者中寻找初步合格的人，“以貌取人”是雇主常用的也是必用的方法，这里的“貌”其实不仅是指长相和打扮，更重要的是指精神风貌和精神状态。一张或热情、或朝气、或思考、或坚毅、或充满信心的年轻面孔才是雇主最想看到的。

如果你长得够好看，将去应聘前台、公关、市场、销售等职位，把漂亮的照片附上理所应当。但如果应聘会计、审计类职位，可以贴上稳重、大方的照片。如果照片不出彩或者是艺术化的美人照，最好就不要贴了，免得给自己减分。上述人事经理说：“总之，放照片的风险大于收益。”

3. 简历过度“包装”

很多同学费尽心思设计了很精美、漂亮的简历或者求职信封面，制作成本一份好几块，实在没有这个必要！且不说你的知识、能力、职业态度等用人单位最看重的地方怎么样，即使你的简历或者求职信制作得再好，招聘方一般也会要求你必须亲笔填写一份表格，有的还要求提供一份亲笔写的求职信，这样，你花那么多钱制作的简历实在没有多大用处。

某公司人力资源经理说：

初涉职场的大学毕业生都以为，简历的形式是吸引招聘单位的第一要素，但在招聘会上，招聘单位一天就可能收到成百上千封简历，他们只会花几秒钟浏览一下关键要素作初选，根本不可能在乎简历封面如何艺术和精美。哪怕你可能真的是适合他们的人才，但内容太多太杂，很容易失去重点。特别是对没什么工作经验的大学生，更容易让人产生华而不实的感觉。（来源：《写出一份不被扔掉的简历，抓住 HR 的眼球》，简历在线，2017 年 1 月 12 日。）

所以，求职者不要过于注重表面的东西。现在中国社会各阶层、各方面有一种极为不好的风尚——注重表面的虚荣和形象，大做表面文章，不在本职、具体工作上下真功夫。作为大学生，也深受这种风尚的影响。表现在求职上，有一次，在一个打印店里，作者亲眼见一个应届女大学生在其妈妈、舅舅、叔叔三个人的陪同下，为了参加当天的招聘会，花很长时间、很大工夫制作了一份外观精美的简历，仅一个封面字体是用这种艺术字、还是那种艺术字就足足讨论、摆弄了 40 多分钟，连打印店的老板都有点不耐烦了。这样事例绝非少数。

4. 字写得不像样子

字是门面，字写得好坏从一定程度上也体现出一个人的态度和水平，直接影响到“简历”主人的命运——是进入下一环节还是直接被淘汰。

一位 HR 抱怨说：

每次招聘中浏览应聘人员的申请表，总会发现诸多问题，比如字迹潦草，也许是招聘的现场太过拥挤，许多表格的字都是龙飞凤舞，遇到这样的表格，你哪里还有心思继续看下去啊！也许这电脑用多了，不少同学连起码的字都写错了。好不容易碰到一张清晰的，可仔细一看，期望的年薪填了 1000 元，这位老弟把年薪当成了月薪，这要是给人开支票，还不得把企业给赔塌了啊。（来源：《写给即将走入社会的大学生们》，360doc 个人图书馆，2014 年 8 月 28 日。）

《一个外企女白领的日记》[①] 中，女主人公讲了一个因喜欢其字而喜欢其人的例子。她（此时身份为副总）说：

当时公司招了大批应届本科和研究生毕业的新新人类。平均年龄 25 岁。那个新的助理，是经过多次面试后，我亲自招回来的一个女孩。名牌大学本科毕业，聪明、性格活泼。私下里我得承认，我招她的一个很重要的原因，除了她在大学里优秀的表现之外，还因为她写了一手漂亮的字。女孩能

① 绝望沧海 . 一个外企女白领的日记［M］. 北京：中国友谊出版公司，2008.

写一手好字的不多，尤其像她，看起来长发飘飘，多么女性化的一个姑娘，一手字却写得铿锵倜傥，让我对她不由多了很多好感。

人们都说，字是一个人的门面。这里的字，既包括汉字，也包括数码字，当然有时还包括英文字；既包括写字的水平，更包括写字的态度。

一篇一丝不苟、工工整整、整洁美观的文字总能给人带来好感。因为在 HR 看来，这直接代表着你的心态、素质、水平和教养。简历筛选中，HR 总是“未见其人，先见其字”，不管你是什么样的学校、学历、资格和水平，这一关过不了，下面就没戏了，可见简历中“字”的重要性。可以这样说，相当多的人都是因为简历或求职登记表填写得不好而遭淘汰的，因为潦草、凌乱给人的直观印象就是马虎、不认真、不稳重、不可靠，会计相关职业更在乎这个，哪个企业都不会喜欢这样的人会计人员。

5. 简历中出现错别字

尤其需要注意的是，不能写错别字，也不能出现标点符号使用错误。一旦让招聘官看到你简历上面有错别字和错误的标点符号，恐怕离你的简历被淘汰掉就不远了。雇主们总认为错别字说明人的素质不够高，他们最讨厌错字、别字。许多人说："当我发现错别字时我就会停止阅读。"一家公司的负责人说："求职这么重要的事情都不认真，谁还敢把工作交给他们？"

其实，一字之错影响到一次求职成败也没有什么大不了的，但是，历史上却有因一字之错而丢掉功名的事例，这个就有点"悲剧"了，"写错字"还真不是小事！

在宋朝的时候，有一年，北宋王朝举行全国大考，当时，有一个来自四川成都的考生叫赵旭。考试完毕，赵旭自我感觉考得很满意，于是，他得意地和几个同窗在一家茶楼喝茶谈心，并说自己有把握金榜题名。果然，阅卷老师一致向宋仁宗推举赵旭为这次考试的状元。

宋仁宗是一个开明的皇帝，他励精图治，勤政爱民，希望能开创北宋的盛世局面，在选拔人才方面特别细心。当时，国家选拔人才主要是通过科举考试，宋仁宗对于科举考试的要求非常严格，要求考生不仅要保持卷面整洁，答题时若出现错别字、涂改等，除了扣分之外，严重者考卷作废，取消录取资格。

谁知，赵旭虽然文采出众，却在考卷上把"唯"字的"口"字旁错写成了"厶"。宋仁宗在殿试时当面向赵旭指出了这个错字。赵旭不肯认错，辩解道：“这两个字的字形相似，可以通用。”宋仁宗不悦，亲笔写了“去吉”“吕台”“私和”“句勾”几个字形相似的字给赵旭看，然后问：“这几个字的字形也相似，难道都可以通用吗？你总不能把‘去吃饭’说成‘吉吃饭’吧？总不能把‘吕洞宾’说成‘台洞宾’吧？总不能把‘私自’说成‘和字’吧？总不能把‘句子’说成‘勾字’吧？”赵旭张口结舌，无言以对。于是，宋仁宗当即宣布，赵旭不予录取，让他回家重新读书，等不写错别字的时候再来参加考试。赵旭闷闷不乐地回到客店，题词一首，其中有这样的句子：“‘唯’字曾差，功名落地，天公误我平生志。”

一年后，宋仁宗想起赵旭因一字差误未被录取，叫人将赵旭找来。闲谈中，宋仁宗见赵旭志向高远，十分赏识。不久，赵旭在家乡四川做了一名官员。（来源：书城问道，《封建皇帝谁最“以人为本”》，360doc 个人图书馆，2012 年 11 月 14 日。）

6. 遗漏或写错重要信息

一页简历一目了然，求职者的经历、学习都很出色，面谈甚欢只等通知，无奈电话就是迟迟不来——一位大学就业指导中心老师所讲的一个求职故事就属于这种类型。这是一名优秀学生，可是连续几个月，投出去的简历都石沉大海。老师纳闷：“是不是简历出了问题？再仔细看看！”结果发现，简历上内容完备，教育、实习、成绩、奖励一应俱全，独独缺了联系方式！

求职者在简历上遗漏或写错重要信息的情况比较常见。最容易遗漏或写错的是联系方式、求职意向等信息。如果出现了这种情况，投再多的简历也白搭。

一位 HR 说："宣讲会上千叮万嘱投简历前在简历上写清楚要投的职位，但还是有一大批没有写。说心里话，你们可能觉得是小事，到我们这就不是小事了。……一般来讲，HR 第一遍筛选后，要送到具体用人部门进行第二遍筛选，以确定笔试或面试名单，你不写求职意向，他就不知道往哪里移送，只好丢进垃圾桶。"

《管理@人》杂志曾经刊登的一篇文章（作者赵泳艳）中说：中人网就 HR 对于简历的挑选标准及态度进行过一次网络调查，调查主题为"作为 HR，你最讨厌哪种简历"。调查发现，有将近 20% 的 HR 选择"反感没有联系方式的或者留的联系方式联系不到的简历和错误百出的简历"。主观地看，作为一个 HR，在简历上没有看到联系方式，那我怎么联系到你？一份简历中错误百出，至少说明你这个人很不负责任或者不够细心。因此，从此次调查结果看，HR 对于求职者是否具有责任心还是比较关注的。进一步而言，HR 们对于员工是否具有责任心及工作是否细心也是比较看重的。简历如人，它可以在一定程度上反映出一个人的性格，性格中的缺陷固然不容易改变，但对于求职及每一位职场中人而言，培养应有的责任心已经不仅仅是习惯或性格问题，而应该成为一项基本的职业技能。参加调查的网友能能表示，错误百出是让人最不能容忍的。

7.“个性描述”没个性

《求职登记表》上一般都有“个性描述”或“自我评价”这一栏，本意是要求求职者针对岗位的内在要求展示一下自己的特长、爱好、性格等个性的东西，然而这类描述几乎成了褒义形容词的堆砌，千篇一律：“本人个性外向活泼，沟通能力强，能与人和睦相处，好学谦逊，诚实正直，勤奋努力，认真负责，细心耐心，抗压力强，喜爱音乐、运动……”HR 在看到几百份描述相似的简历后，对此还可能感兴趣吗？

HR 从应聘者的自我评价中无非想看到的是：你对自己的了解，以及你对公司目前所招聘职位的了解及其匹配情况。常常有这样的情况：几份简历，从各方面看上去相差无几，HR 感到选谁来面试都可以。此时，他就会更关注“自我评价”中的文字，看候选人对自己的评价怎么样，所强调的性格、兴趣、优势、价值观、工作观、技能、专长等，是不是正好符合目前正在招聘职位的需要，对这个职位以及公司的文化，候选人所写的情况是否有特别的针对性。因此，这一项内容一定要有所着重，有所强调。

某公司 HR 经理说：

现在简历里都有自我评价这一项，其实主要是总结一下自己的特点和特长，除了结合岗位需求外，也对自己的性格、爱好等作个简要的说明，方便企业为职位安排做考虑。但是我们发现，从“自我评价”看，所有的学生都是“勤奋努力，吃苦耐劳、学习能力强、人际交往能力强、团队协作精神好”，反正个个都是十全十美的全才。其实在 HR 看来，这不过是在敷衍企业，是学生根本不了解自己。（来源：《写出一份不被扔掉简历的原则》，个人简历网，2019 年 6 月 16 日。）

8. 简历措辞过于谦虚

前面我们谈了很多写简历要扬长避短、发挥优势、量体裁衣、对症下药、追求适合和讲究针对性的文字。其实，作为大学生，还没有过职业工作的经验，真的很少有与你所求职位正好一致、完全相符的经历和经验，也很少有与你的经验、优势、性格、能力完美匹配的工作。

那怎么办呢？记住，在制作简历时，不能简单地认为自己没有经验，先失去了自信心，一定要从你以前所有的生活经历和各项活动中深入挖掘，只要以前的实践经历和应聘的工作搭得上边的都要仔细回忆，精心提炼，使劲把它们往招聘信息的要求和工作描述上靠，同时总结出若干个经典的案例（以备面试之需），并且该说的优势要点到关键、说到位。对于在校成绩、所获奖项、专业能力等的处理要大胆表达，如果自己都认为自己不行，HR 们怎么会认为你行？

一位毕业生网友遗憾地说：“在网上报名时，居然资格审查没过。一次报某部委，他们说要有很强的英语水平，我很诚实地把四级、六级成绩写上了。‘您没有很强的英语水平’，被拒。其实在填写的时候就该把‘很强的英语水平’填上就没事了，太谦虚反而让我没通过。”

“不要说自己不好。某简历：虽然我尚未找到明确的职业方向，但我相信我会很努力去尝试（等你找到职业方向再投吧）。不好的地方不要刻意去暴露，比如没有工作经验这些话。我也知道你没经验，但不要说出来提醒我去注意，特别是一开始就说出来。”一位 HR 提醒说。（来源：《智力应聘，我在 4 间银行的面试经历》，职场指南网，2017 年 6 月 14 日。）

可见，求职者要将自信贯穿简历和求职面试的始终，不要轻易表白自己不够条件、不够优秀或如何如何“嫩”。

9. 填写的兴趣、特长与应聘岗位不匹配

一般来讲，除部分实力雄厚的大型企业、事业单位、金融机构外，那些中小企业的老板并不关心他的会计人员是否擅长唱歌、舞蹈、足球、诗歌、棋艺、辩论、演讲之类。只有在候选者条件相同时，他才会比较一下这些方面。他更关心的兴趣和特长是：对所应聘的岗位、单位、行业如何喜欢，如何具备相关的优势，已经做了哪些准备，如何喜欢学习、喜欢思考、喜欢钻研业务，作为会计人员，如何会理财、省钱，如何会处理好、管好财务那一堆事情等。求职中，你的一切表白和行动都要为目的服务，一切兴趣、特长都要与所应聘的岗位相吻合、相匹配，都要为打动对方、说服对方、赢得工作机会服务。不要把跟职位和工作无关的兴趣、爱好都写进去，如旅游、看小说、唱歌、钢琴等，有一份应聘会计工作的简历中，居然写上喜欢中医和养生，还考了一个中医的证书，这些东西怎会给你加分？

简历中还有一个比较普遍的现象，就是求职宣言表“忠心”，比如，“公司给我一个机会，我将回报公司一份业绩”，“今天公司给我一份职业，明天我为公司开创一片事业”等，这些干脆不要写了，60% 以上的简历都会有这样的励志口号，HR 看得多了已经产生了逆反心理，实在感到滑稽可笑。

5.2 简历投递如何量体裁衣、对症下药

5.2.1 简历投递之时

1. 选好时段表现自己

现场招聘会是目前人才招聘最普遍的一种形式，在毕业生求职调查中，招聘会排列最有效的求职方式第二位。毕业生就业过程中，参加招聘会的目的是：推销自己，赢得面试机会。那么，要想要有效、有益地参加招聘会，需要注意哪些问题呢？

第一，在合适的时间段向适合自己的单位投递简历，特别是针对大型招聘会。有 HR 说："在招聘会举行的两三天时间中，靠前和靠后的时间段是比较黄金的。靠前时段，看到的头几份满意的简历往往会成为企业招聘人员的心理标杆，容易将以后收到的简历同它们比较，但是企业招聘人员会有'先入为主'的心理，有了满意的，对后收到的简历的关注度会相应下降；靠后，有的企业在前段时间一直没有找到合适人选，眼看这招聘会要结束了，想找到合适人选的心理就越

急切，所以会特别留意新近收到的简历，这时即使稍有瑕疵，他们也会认为瑕不掩瑜。有时，待招聘岗位急缺人手，可能先发求职简历的人就先被录用了，后面发简历的人即使知识、经验、技能更高一筹，也可能失去了机会，所以，时机也很重要。”

第二，要学会在最短的时间里表现自己。比如在投放简历时，趁机与工作人员对话，讲几句他们最爱听的话语，用最简洁的语言和有气质的谈吐阐述自己与应聘岗位很匹配的能力和优势，表达自己对该岗位、该企业甚至该企业所经营产品、服务的兴趣，有根据地提出对其产品或服务的褒奖，甚至适时、自然、有趣地说出该企业的广告语，给企业留下良好的印象，这也是十分有效的一种技巧。

第三，掌握最及时、最真切的职场信息动态，实事求是地确定应聘方略，有效推销自己，赢得面试机会。只有游在水中，才知水的冷暖和深浅，才能更好地确定游的时间、距离，确定何时、何地上岸。参加招聘会一定要围绕着这个目的做文章。

2.“五步”参加现场招聘会

人才市场有效的招聘时间一般在上午，所以参加招聘会的时候入场时间应早一点，以便有充分的时间收集信息，了解职位行情。在招聘会上，要走好“观、听、谈、递、记”这五个步骤。

观，就是先走马观花浏览一遍，然后按照自己的求职意向，锁定若干目标，并确定主次先后和总体安排。

听，就是在锁定目标的展位前，作为旁观者，静静地倾听用人单位的介绍，听前来应聘者对用人单位的询问，从其交谈中感知其企业文化，品味用人单位的口碑，揣摩其选人、用人的标准和偏好，并分别地、对症下药地确定应聘方案。

谈，就是选择你最感兴趣的几个单位，选择最佳时机逐次和他们进行简短的攀谈，谈的重点是招聘信息中所没有的，同时又能体现出你的认真、专注、独特的东西。最关键的不是你非要问出个什么，而是借此机会“混个脸熟”，留下一个好印象。因此，此时一定要展现出最美好、最阳光、最真诚的一面，要善解人意、把握分寸，见好就收。

递，就是在决定应聘某家单位时，大大方方地、自然得体地双手递出自己的简历，同时说出一两句礼貌、合适的话语，表示自己很有诚意应聘某个岗位，期待着下一次见面。最忌讳的是一句话也不说，草草地往桌子上扔一份简历就走。

记，就是逐一记录自己所投递简历的公司名称、应聘岗位、地址、联系方式、联系人等信息，避免事后遗忘，连自己投递了多少简历、投给了谁、这些公司的特点和要求都回忆不上来，造成后续应聘环节张冠李戴、答非所问的窘况。

3. 自信地与招聘官接触

在招聘会上，投递简历时有两种情况最常见：一是前面所说的将简历或《求职登记表》交了就走，一句话也不说；二是与招聘官对话时显得毫无自信。请看下面两段经常可以听到的类似的对话。

某应聘会计的同学简历上写着“某年某月，在某公司财务部实习”。

招聘官问：“具体实习什么内容？有什么收获？”

答：“也没有做什么。每天打扫打扫卫生，跑跑腿，账本会计不让看。”

某同学应聘审计助理岗位，招聘官问：“为什么应聘这一岗位？”

答：“到事务所做审计工作。”（其实她完全可以说，自己喜欢审计工作，做审计助理工作很有意义之类的话。）

又问：“知道这个岗位具体都该干些什么吗？”

想了半天，她情绪不高地回答：“不知道……不是做审计吗？”（其实，既然是做“助理”，当然是协助注册会计师做些辅助性的工作，比如资料查找、收集、整理、归档以及数据核对、打字、复印、制表、跑腿等。)

招聘官提示:“学过审计课程吗?”(明知故问,因为她在《求职登记表》上“学过的主要课程”一栏赫然写有“审计”。)

她突然来了精神:“学过!”

招聘官说:“那你再想想,做审计大致都做些什么?”

……

她仍然回答得支离破碎。(其实,将课本上核心章节的大、小标题记下来,稍微组织一下,就能回答个八九不离十。)

招聘官转换话题:“报考过注册会计师吗?”

她回答:“没有。本来想报考,后来放弃了。因为听说太难考了。”(其实,完全可以有别的更恰当的回答方法。)

招聘官又转换话题:“做过相关的实习吗?”

她说:“没有。因为实习单位太难找。准备过了年再找单位去实习。”

……(来源:韦新安,《修炼你的独到之处:大学会计应该怎样学》,西南财经大学出版社,2011 年。)

注意,这种情况在应届生应聘中绝非少数,整个回答都很不自信。可见,要想成功应聘,首先要树立自信心,加强事前准备,提高应聘的技巧和随机应变的能力。当然,这也与应聘者专业知识掌握不扎实、不灵活、缺少底气有关。

4. 投递简历勿匆忙

一般情况下招聘方用人并没有那么紧急，不会马上就要确定面试或笔试的人选，所以尽量不要在招聘会现场跟赶任务似的，潦潦草草地填表（“求职登记表”），匆匆忙忙地投递。因为招聘会现场人多拥挤，嘈杂混乱，时间仓促，不利于冷静、认真地修改你的简历，更别说量体裁衣、对症下药了。

怎么办呢？你可以随身带个小本子，选择一些比较中意并感觉合适的单位，先记下其名称、地址、电话、联系人、岗位要求、招聘官的特点和风格等有用信息，领取登记表，回去以后再查一查这些单位的情况，然后针对这些情况分别地、认认真真地、无比匹配地制作出若干份量身定做的简历，然后坐车亲自送过去（当然最好事先征得对方同意），顺便借此机会进一步观察一下企业的真实状况，并设法与其进行一些适当的沟通，给对方先留下一个良好的印象。如果是异地的单位，可以用快件的方式寄出，表明你的郑重其事。这样的简历，焉有不被重视之理？

另外，要注意仔细阅读招聘广告中要求提交的资料，在招聘方要求提交资料时，不要有任何遗漏。每一份资料可能都是其审核所必需的，资料不全就会在第一轮筛选中被排除。或许你认为有些资料是无关紧要的，或者真的由于匆忙而忘记放进信封中，但审核者就会怀疑你的某份资料因存在问题而不便提交。在这里，忽略细节不仅代表粗心，还可能上升为诚信问题。

5. 勿陷入“招聘截止日期”的误区

现在很多人才网站，向企业提供招聘服务是按月或季甚至半年收费的，“招聘截止日期”自然就是服务截止日期。也就是说，此“截止日期”往往是网站提供招聘服务的截止时间，不是招聘单位在截止日期满了以后才开始甄选人才，很多求职者都跳进了这个“截止日期”的误区，看到截止日期还早，产生“再等等看”的心理，招聘网站不知忽悠过多少求职者。其实，招聘信息登出后一两周一般就能够招到不少候选人，如果遇到合适的，也许很快就将要找的人定下来了。只在一直没有合适的应聘者的情况下才会等到截止日期。这样，不慌不忙的人或理解错误的人届时再投简历胜出的概率就等于零。

另外，招聘方也可以从投递简历的时间上看出你的急迫性，从而看出你对他的需要程度、重视程度、热爱程度。早投递简历显然容易早日得到面试机会，早日得到工作。

因此，求职者一定要及早投递简历，不要想着还没有到“招聘截止日期”，不着急，等等看。“装进兜里的才是自己的”，过了这个村，也许就没有了这样的店。这个“截止日期”的概念与考证、考研、考公务员等“报名截止日期”的概念有着显著的不同。

5.2.2　简历投递之后

参加完招聘会，回家等电话或者邮件的那几天想必是应聘者心里最七上八下的时候了。收到面试通知的，当然满心欢喜，再接再厉。没有收到面试通知的应聘者又该如何调整自己的心态呢?

简历投递之后，可以适时查询招聘方的具体安排，也可以不失时机地发送一封表示自己“很看重这份工作、自己也非常合适，请对方多多指教、多多关照，适当表一下决心”之类内容的邮件，这也是一种主动地、对自己负责任的表现。不过时机、方式、措辞都很有讲究。

如果确认简历没有被通过，也不必灰心。此时要做两件工作：一是虚心向对方致电请教，自己的简历存在哪些主要问题，并最好能够得到具体的修改建议。二是调整心态，总结经验，以利再战。找工作就像找自己的另一半，对方没有找你不一定是因为你不优秀，不漂亮，不帅气，学历不合适，也许是因为你的性格、情趣与他（她）实不相投。同样，企业没有选你，也不一定是说你能力有问题，可能是你不适合这份工作。常常看到有人质疑：比我能力差的人都能被某企业选中，为什么我就不行？这说明能力并不是该企业选人的首要标准。我们反复讨论过，企业挑选员工，不是要最好的，而是要最适合的。况且，再好的工作也只是个工作而已，你不过是暂时没有找到一份工作，并不代表你永远失去了事业。如果眼光只看到眼前的工作，那只是为了有口饭吃，长远不了，可成就事业是长远的计议，当下的处境不过是其中的一个环节而已。

完胜对策之六

到什么山上唱什么歌

“到什么山上唱什么歌”是面试环节求职者的基本对策，是求职智慧的核心。

面试是简历的延续，是简历的活的描述，是简历这个“剧本大纲”的生动演出。简历是静态的，面试是动态的，一静一动，让你的可爱之处完美展现。

当然，在你选择“演出情节”的时候，应该最大限度贴近职位要求，选择那些让面试官做出对你有利判断和评价的故事，为对方了解你提供鲜活而有益的“剧情”，“唱”出面试官最爱听的“歌曲”。

6.1　面试前如何“到什么山上唱什么歌”

1. 了解面试规律

面试作为一项求职活动，实际上是有规律可循的。了解这些规律，探知这些规律的奥秘，主动遵循这些规律，按照这些规律行事是求职成败的关键。BEA System 中国公司人力资源经理李女士站在一个 HR 的角度，详细分析了面试的各种类型和相应的应对方案。

第一，行为面试。这种面试要求应聘者描述过去曾经完成的工作，HR 通过了解过去发生的事件来预测未来。应对这样的面试，一定要把握住 HR 想要详细了解个人能力的心理，要通过举例子，描述工作或活动的细节来体现个人的特点，越详细、越有针对性越好。

第二，问题解决型面试。这种面试一般会提供一个问题，让应聘者给出解决方案，考察应聘者的分析和创造能力。在回答这类问题时，不妨要求考官给出两三分钟的思考时间，以便给出一个相对完善的答案。

第三，案例面试。这样的面试往往提供篇幅很长的案例，给大约两个小时阅读总结，另外还有可能需要演示分析结果，是一种强度较大的面试类型。应聘者应该表现出很强的搜集整理信息和归纳总结的能力，并在这个过程中体现出你的专业、精细和周全。

第四，压力面试。在这样的面试中，面试官会故意创造一种不友好的气氛，故意刁难应聘者。当然，其目的在于考察一个应聘者是否拥有积极的心态和正面的态度，判断你的抗压能力。所以一定要避免与面试官产生冲突，展示出理智的态度、成熟的心态和冷静处理问题的能力。

对于面试，李女士提出了五点忠告，分别是：①做真实的自己。②调整好心态，将自己摆在和面试官平等、合作的位置，自信会自然地流露。③学会倾听他人讲话。④和面试官展开友好的开放的讨论。⑤如果有不懂的问题要诚实地表示不会，因为面试官或许是这个领域的专家。

2. 做足功课

在求职阶段，尤其是在去一个单位面试前，一定要对照招聘单位的要求，将自己所学的专业知识系统地梳理一下。财务、审计等工作对条理性要求很高，一个合格的应聘者应该对学过的知识了然于胸，这样别人才会合理推断你能胜任将来的工作。还要对与招聘单位相关的资料熟悉、浏览一下，做到心中有数，只有这些做好了，功夫下到了，才可能自信地将心情放松下来。

在中国会计视野论坛上，一位资深HR感慨地说："许多学财务的学生并不了解真正的财务，在他们的印象里，财务就是每天拨拉着几个数字，算来算去，颠三倒四。对于财会的知识体系也并不清晰，因为从他们历数所学过的课程就可以看出，学得并不扎实，连成本会计，财务管理的一些基本课程也丢了。多数的人还怕麻烦，不愿干一些简单的工作比如出纳，说最好是能从一些会计岗位做起，但他们并没有意识到，连重复的工作都不做，有机会做创新的工作吗？哪一个单位会把一个重要的岗位交给一个生手？这需要一个过程。还有的同学说，更愿意做一些财务管理的工作。我说，你能阐述一下你理解的财务管理的大体内涵吗？可他答的东扯一篇，西扯一篇，竟然谈到了营销策划和人力资源，而真正的资金管理、成本控制并没有谈到，更别说在业务流程中贯穿财务的管理了。"

因此，在面试之前，有些重要知识，与实际结合紧密的知识，熟练地叙述（起码是背诵）下来，在面试官问到时，能够轻松、准确地表达出来，这是最基本的。表达能力，尤其是对专业知识和技能的表达能力，无论在求职时还是在平常的工作中，都非常重要。

3. 提高“说”的能力

对于专业知识来说，好口才首先来源于背诵，然后是理解，最后是表达。如果这三关你过不了，面试官问起专业问题，特别是系统性、连贯性的专业问题，你必然心情慌张，颠三倒四，张口结舌，更说不上与面试官沟通了。

麦可思研究院发布的就业蓝皮书《中国大学生就业报告》指出，大学毕业生工作三年后认为重要的工作能力包括有效的口头沟通、积极学习、积极聆听、协调安排、科学分析，其中，优秀人才（毕业三年内晋升次数在 3 次及以上的毕业生）认为，有效的口头沟通是最重要的工作能力。该报告同时指出，大学毕业生自主创业人群也认为，创业最重要的能力是有效的口头沟通能力，其次是谈判技能、判断与决策。

其实，口头沟通的核心就是“说”，主要表现为表达清晰、表达准确、表达适当、让对方认同、能说服别人。

需要注意的是，多少年以来大家都反对学生“死记硬背”，可是，在作者看来，求职之前的“死记硬背”和良好口头训练是必须做好的功课。暂且不说实际操作能力和经验，也不说融会贯通的发挥，真正的课本内容，尤其是课本上的精华部分，你能完整、准确地表达出来吗？很多需要回答、看似普通的问题，你能条理清晰地表述出来吗？试试看，有几个人能够做到这样？你能条理清晰地“说”出来吗？如果说都说不出，怎么证明你能够做得好呢？须知，沟通、协调、分析、判断和监督、考核这些常用的“伎俩”是建立在清晰的“知”的基础上的，更是建立在“说”的基础上的，不会“说”，“说”得不到位，语言表达能力差，是不可能沟通、交流得好的。

中小学阶段，老师给我们布置作业——背诵课文，特别是一些诗词，让我们现在对一些名段名篇还能一说起来朗朗上口，显得很有文化，这都是老师当时要求我们死记硬背的功劳。背书吧，像背英语那样反复地、滚瓜烂熟地背诵，让知识的精髓沁入心脾，将来一定会尝到背书的甜头！

4. 适当修饰形象

参加面试，在衣着方面虽不需要特别讲究、花哨华丽，但也要注意整洁大方，不邋遢。比如，很多求职书上都讲到，男士衬衫要干净，皮鞋要擦亮；女士不能穿过分前卫新潮的服装；男士要把胡须刮干净，女士若感觉脸色不佳可化淡妆；头发要梳齐，等等。另外，还要保证面试前充足的睡眠，有一个饱满的精神状态。总之，最为关键的是，形象要协调统一，同所申请的职位相符，体现出年轻人的清新和朝气。这是简历关过了以后，面试时首先呈现在面试官面前的。

凤凰卫视主持人曾子墨在其自传《墨迹》中有一段自己当

年应聘美林公司时有关穿着的描述：

“借”一身套装去面试：做学生时，我从来都是T恤牛仔，外加一个大大的Jansports双肩背书包。为了让自己脱胎换骨，向职业女性看齐，一下飞机，我便直奔百货商店Bloomingdale。试衣镜里的自己果然焕然一新，看上去职业而干练。

第二天，穿着那套似乎专门为我定制、却又并不属于我的深蓝色套装，我镇定自若，胸有成竹地走进了美林的会议室。握手告别时，在他们的脸上，我找到了自己要的答案：这个女孩，天生就属于投资银行。后来，我知道了投资银行的确有些以貌取人，得体的服饰着装可以在面试中加分不少。

正如戴尔·卡耐基所说：“在推销我们自己的时候，我们的外表非常要紧，而且永远不可忽视。……你的外表可以，而且也应该随着对方的不同而有所变化。”

的确，形象十分重要。哪个单位不希望自己录用的员工形象好一点呢？从领导角度看，员工形象好，对开展业务和对外展示魅力确实有帮助。不过需要注意的是，现实中很多招聘广告上，除了模特、公关小姐（先生）、服务员、迎宾小姐、前台接待等明确有这个要求外，其他的招聘岗位几乎无明确要求。这就给人一个假象，似乎这些单位不看重形象。但是，形象好，确实是多数单位秘而不宣的用人标准之一，尽管没有明说，很多单位内心都有这个要求。我在企业做财务的时候，有一次，要招聘几名财务经理，按照工作要求列了若干条件以后，在去招聘现场之前，怕我想不到，也可能怕我选择时只注重能力而忽视形象，老板还特意叮嘱了一句“要形象好一点的”。

5. 别让不良习性绊住了你的脚步

大学生日常养成的习性，必然会带到求职和就业中去。比如，读大学时迟到、早退，自由散漫；写作业不认真，书写不规范、不整洁；经常抽烟，不讲究公共卫生等，这些都会体现在求职应聘中，也会自然地反映在将来的工作岗位上，都会给你带来潜在的危害。以下这个案例值得会计类大学生（特别是男生们）警醒。

在北京某大银行的招聘面试现场，因为招聘的是会计，所以应聘的几乎都是刚刚从各大院校财会专业毕业的优秀生。李涛也在其中。

从求职简历上可以看出，李涛是个条件很不错的应聘者，不光在校期间学习成绩优秀，还当过学生会干部，有过专业实践经历。对这次应聘，李涛自己也信心十足。他很清楚，自己除上述优势外，还有一条潜在的有利条件，即性别优势。很多单位在招聘时，虽然不把性别作为一个条件写在招聘广告中，但在人员录用时都多少会考虑性别条件，在同等条件下，招聘方通常更愿意录用男生。学会计专业的从来都是女生多，李涛所在的班 30 个同学中只有 4 个男生，被戏称为“四大金刚”。

与录用人数相比，前来应聘的人几乎超过了 10 倍。几位考官在房间里逐一地对应聘者进行面试，没有轮到的应聘者就在走廊中等候。李涛和几个同学也站在走廊的一角，边等候边聊天。看着时间还早，李涛便与身旁的同学抽起烟来。

就在李涛刚刚点燃第二支香烟，与同学聊兴正浓时，考官叫到了他的名字:“33 号李涛！”

听到自己的名字，李涛顾不上和旁边的同学打招呼，就叼着烟卷向面试室门口快步走去，走到门口才意识到自己嘴里还叼着烟，赶紧把烟取下扔在墙边的地上，一步跨进面试室。

李涛递上了自己的简历，然后在考官面前坐定。不知为什么，这时他竟感到一丝慌乱。

一位考官提出要看看他的实习鉴定，李涛赶紧打开随身带来的资料袋，由于资料事先没有分类，在寻找时他心里一慌，资料散落了一地。李涛一边连声道歉，一边把好不容易找到的实习鉴定交上去，谁知这时另一位考官要验一下他的毕业证原件，他赶紧又在资料袋中翻找起来。资料被弄得一团糟，等他找出毕业证时，已经足足花费了一分半钟。

看着考官沉下来的面孔，李涛心中不禁暗暗叫苦，后悔没有早一点将资料分类。接下来的情景李涛已经记不得了，这场面试最后就在他懵懵懂懂之中结束了。走出房间时，李涛还将自己的毕业证和钢笔落在了桌子上，在他慌慌张张返回来取自己的东西时，正巧看到了考官大笔一挥，将他的名字从拟录取名单中划去的一幕。（来源：中国高校网。）

面试的时间很短，招聘方只能根据应聘者短时间内的一言一行作出判断，决定应聘者是不是所要招聘的人。讲究条理、注意细节是会计人员必备的素质，银行又是尤其看重这些细枝末节、特别强调严谨的地方，李涛如此大大咧咧，还随地扔烟头不讲究公共卫生，招聘方怎么敢录用呢？

因此，求职者们要从这个案例中充分吸取教训，一些小事或不经意的细节就会暴露出一个人的内心世界和平时养成的素质，要严格要求自己，改掉自由散漫、马马虎虎、不讲究条理和规范的习惯，切不可掉以轻心。

6. 进一步了解招聘方

去面试前，要记住查找该招聘方的原始招聘广告，重温该单位的背景情况，做到心中有数。因为只有对招聘方有了较多的了解，双方才能很好地沟通，否则在一无所知的情况下进行面试，会让人感到你是盲目过来的，给人以饥不择食的感觉，降低对你的信任度。况且，了解招聘方的实际情况，也可避免上当。因为，有时对招聘方好坏的判断不能仅仅依据招聘方的自我宣传以及招聘现场的热闹场面，也不能仅看到其 HR 美丽大方或风度翩翩就断定这家单位不错。

一位求职者深有体会地说：

光鲜的招聘现场背后不一定代表一个正规友善、蓬勃向上的公司。比如年初我经历过一个大型 ×× 超市，它的招聘现场非常热闹，招聘手法非常有现代感——但是，两个月后，这家公司倒闭了。所以判断一个公司的实力，最好还是上网查一下、到公司问一下，向这个公司的供货商或者合作伙伴打听一下，绝对不能看招聘时的场面或者招聘人员的自我宣传。

招聘人员的高素质，不代表将来直接和你一起工作的人同样素质高；很多朋友都遇到过这样的问题，好不容易看到了一个知情达理的 HR，谈得也很好。去工作了以后，才发现那个公司很乱，除了那个 HR 以外的人员都非常差，甚至你会发现那个 HR 也很差。（来源：《哪几个月找工作最好？》，360 问答，2019 年 9 月 23 日。）

7. 提前做好出发前的准备

第一，接到面试通知后，要仔细阅读通知上是否标有交通路线，搞清楚究竟在何处上下车、转换车。要留出充裕的时间去搭乘或转换车辆，包括一些意外情况都应考虑在内，以免迟到。如果对路线不熟悉的话，最好把交通图带在身上，以便问询查找。

第二，要把自己需要带去参加面试的资料包整理一番，诸如身份证、毕业证、其他证书、成绩单、有关证明的原件和复印件，以备考官索要核查。同时一定带上手机（提前充电）、现金、笔、笔记本、晴雨伞等以备不时之需。需要带的东西最好提前列个清单，免得出发前手忙脚乱，丢三落四。

第三，调整心态，放松心情。面试实际上是一个检验应聘者知识扎实度和潜在能力的过程，也可以通过面试看出一个人的独特秉性、行为习惯、价值观念等方面的优势或缺陷，是一个人方方面面的综合反映。不管怎么样，面试时，都要首先放松心情，调整好心态，保持一个饱满的精神状态，太紧张了显得拘谨，发挥不出正常的水平，给人以不堪大用的感觉。无论这份工作对你有多么重要，都不能把他当作全部，否则会背上无形的枷锁。无论你是研究生、本科生，还是专科生，甚至中专、职校生，都要树立一个良好的心态和辩证的观念，对期望值保持一个合理的预期。

第四，记好了，千万不要迟到！

关于面试时迟到的坏处和早到的好处，复旦大学一位成功应聘某著名会计师事务所的学生说：

第二天我早早地离开了学校，提前15分钟来到了面试中心。如果是步行或者骑车去面试，时间比较容易掌握，只要在正常时间之外稍留余地即可；但若是乘坐公共汽车，尤其是需换乘好几辆车，则应尽量多为自己留些余地。所谓宁早勿迟，面试迟到是极不礼貌的，不但会破坏考官对你的第一印象，自己的情绪也会受到影响，不利于正常发挥。提前15分钟至20分钟到考场是比较适宜的，在这段时间里，一则可以整理服装、平静情绪，二来可以对周围环境有所了解，避免在面试中作出与公司氛围格格不入的回答。如果参加的是集体面试，这十几分钟就更加宝贵了，熟悉同伴，相互了解，皆在此一举。若非抓紧这段时间和同伴闲聊了一会儿，只怕在接下去的分组活动中，我连队友的名字都叫不上来，就更别提配合默契了。（来源：中国会计视野。）

6.2　单面时如何“到什么山上唱什么歌”

单面即对应聘者的单独面试。单位不同，单面的环节和形式多种多样，有时是在招聘会现场就进行了，有时体现为二面或三面，有时在正式面试之前还会安排一次简短的“电面”。在很多小单位，招聘时可能只安排一次面试，那么它就是一面。不管是几面，单面都是招聘方不可缺少的招聘环节，是面试中的重头戏。

在单面环节，面试官人数不定，形式不定，有的单位人数多，有的单位人数少，有的全部来自用人部门，有的由用人部门和 HR 部门共同面试，主要是从整体上考察应聘者的个性、素质、能力和价值观等。这个环节是相当考验应聘者的，很多人都前功尽弃，失败在单面上，同时也是应聘者学习、提高、锻炼、增长见识的好机会，更是深刻认识自己、反省自己的难得场所。

6.2.1 招聘会现场面试

1. 莫让礼仪缺失成求职软肋

一位知名企业的招聘人员曾先生提醒求职者：不要让礼节缺失成为自己的求职软肋。他讲了下面这个故事：

“哎！问一下，你们要会计专业的吗？”招聘会上，一男生手捧简历，挤到曾先生所在企业的招聘桌前，大声询问。没等他抬头回话，这名学生已将简历放到桌上。曾先生抬起头，笑着对他说："会计专业的，我们需要很多，可不敢要你，对不起。""为什么？你还没看过我的简历？"这名学生面露疑惑。"自己想想吧！"曾先生拿起他的简历，退还给他。（来源：《看故事动脑筋》，道客巴巴，2017 年 5 月 27 日。）

事后，曾先生表示："任何员工都有机会代表企业单独面对客户，这名求职者连起码的问候语都不会说，你说我们会考虑他吗？"曾告诉记者，不少用人单位越来越注重求职者的礼仪细节。"有的学生坐下来应聘时显得很有礼貌，可一离开就不是那么回事了，甚至满口脏话。考虑到企业形象，这样的求职者即使成绩再优秀，我们也不会录用。"

2. 招聘会面试"四不要"

招聘会现场面试不同于正式面试，招聘人员坦言，这是一个"对眼"的过程，面试时间长短不定，面试问题也比较自由，对看得上的学生可以谈个十几分钟，对看不上的学生就礼节性地收下简历，外加一句"我们会考察你的简历，再通知你面试时间"。如何在有限的时间里，获得招聘人员的垂青？不妨了解一下招聘会面试"四不要"。

（1）不要衣冠不整或一身名牌。招聘会上，学生的着装两极分化得厉害。一些同学穿上了套装，以表示对招聘会的重视；

另一些同学则衣衫不整、睡眼惺忪，面试时嘴里还嚼着口香糖，在“第一印象”上就败下阵来。尽管招聘会不是正规面试，但是整洁得体的着装是必需的。招聘会不同于企业内部安排的初面、二面、终面，不同的级别会有相应的专员、主管、经理、总监来面试你，而在招聘会上，人员安排层级并不分明，有些重视招聘的高层领导会亲临一线，有可能站在你面前的就是“大老板”，此时，如果你形象不佳、精神不振，估计就要与这个企业失之交臂了。

（2）不要抓耳挠腮。“淡定”，是连续几场招聘会上，企业招聘方强调的面试素养。抓耳挠腮、摸鼻子、抖腿，很多学生一紧张，就出现过多不必要的肢体动作，在招聘方看来，这是由不自信引发的不自在。面试时的不自信主要源于“没话说”。其实，面试话不在多，关键要挑重点，挑自己与众不同的地方，挑自己的专长与企业招聘要求相匹配的地方，抓住这两点讲清楚即可。

某同学在与众多“985 大学”应届生面试竞争的情况下，毫不自卑地说：“在今天的候选人当中，我是唯一的非名牌大学毕业生。实际上，我没有考上名牌大学的原因是偏科，高考时数学没及格，可我的文科成绩，在班里一直是前几名。一路走来，虽然经历了很多艰辛，但有很大的收获，所以无论今天能否通过面试，我都非常感谢你们给了我这次面试的机会。”

虽然不是出自名牌大学，但实事求是地说了出来，而不是一味寻找借口。人无完人，自暴其短，适当予以补救，转移对方的注意力，幽默地展示自己又不失尊严，乃锦上添花之举。

（3）不要背错企业口号。企业文化，代表公司的整体做事风格、价值观念，愈来愈受到公司的重视。在招聘会上，企业文化是不少企业面试的“必问”题。

在一个公司的展台前，面对“企业口号是什么”的提问，一位学生脱口而出“先做事，后做人”，遗憾的是，背反了，应该是“先做人，后做事”，场面一度尴尬。在另一家大型生活专门店的展台前，一位学生刚坐定就问：你们是不是超市？“我们不认为自己是超市，我们卖的不是产品，而是生活方式。”人力资源负责人摇头应答。（来源：《招聘会面试七戒》，豆丁网，2016 年 12 月 9 日。）

（4）不要贬低“前任”企业。在搜狐网上，一位求职者说：“有的同学在某公司实习，问他为什么不留在对方公司，于是他把公司指责了一番。这时候，作为主考官就容易产生联想，如果这位同学离开了，是不是也会在背后这样议论公司呢？所以，这样的同学是不敢要的。”

不管是应届大学生，还是毕业两三年的“职场新人”，在简历上都会有一些企业的工作、实习经历，对于这些“前任”

或者“现任”，切忌为了博取招聘人员的欢心，一味贬损。要知道，招聘人员对相关企业的了解肯定比你多，你打压“前任”会给招聘方留下“不专一”的印象，企业并不愿意招募那些“忠诚度很低的逃兵”。

6.2.2　电　面

1. 突然的电话面试

很多企业在收到简历后，为节约时间，会将电话面试作为简历筛选的辅助程序。电话面试中他们会准备几个目的性问题，用以核实求职者的背景，考察求职者的语言表达能力。通话时间一般在 10~20 分钟。不管企业是否有电话面试环节，为获取胜率，求职者最好还是做好心理准备以备不时之需。这样当突然接到来电时就可顺畅对话。若接电话时正好有事，就可以采取灵活的办法处理，并争取“时间差”来理清思路。比如下面这位求职者的做法就值得借鉴。

廖远正在逛街，突然接到某公司的电话面试。此时周围有商场背景音乐和人群的嘈杂声，对面试不利。于是廖远非常礼貌地告诉对方：“不好意思，我正在外面，环境比较吵闹，是否能过 10 分钟给您打回去？”对方应允，并留下电话。

一位网友说："很多外企在收到简历之后，为了在面试前做进一步的筛选，用人单位往往用打电话的形式进行首轮面试。突然来电，往往令我们措手不及。此时，千万不要慌张，保持镇静，抓住问题要点，尽你所能，如实回答。德国某公司给我的电话面试就是很突然的，上午投的简历，下午2点左右就接到电话面试了。刚开始还没有回过神来到底是哪家公司、应聘了什么职位，后来就很有礼貌地请求面试官重述了一次。接下来感觉整个过程都十分轻松，回答也十分自信，当然赢得了复试的机会。"（来源：《专家支招如何进行有效的电话面试》，应届毕业生网，2018年10月16日。）

电话面试应注意以下几个要点：①使用礼貌的电话用语能给自己增加印象分，如"喂，您好""请问""是否""抱歉""谢谢"等。②拿着简历回答问题。若接电话时正好手边有简历，一定要把它拿出来，对照着回答问题。在求职季节要将记录有简历投递情况、细节、HR联系人、联系方式的小本子和笔随身携带。因为，一般来说，招聘方会进行常规的简历信息核实，对于那些投递简历较多，行业、职位跨度较大，简历内容差别较大的求职者来讲，这样可以随时记录和核对情况，避免答非所问、张冠李戴，免得留下"不诚实"的印象。③注意语速。人的语速有很大差别，要注意尽量配合面试官的语速。若面试官语速相对较慢，你就该放弃一贯快速的说话方式，转为和对方语速同步。同时注意不要抢话，要等对方提问完毕后才回答。另外，回答时既不要慢条斯理，也不要滔滔不绝，注意思路、条理和层次。④控制语气语调。对话时要态度谦虚，语调温和，语言简洁、口齿清晰，既不要说吞吞吐吐、模棱两可的话，也不要口气太满。同时语气、态度也应该配合对方，这样有利于双方愉快地交流。

2. 看到招聘广告后的主动联系

还有一种情况，就是看到招聘信息后，如何主动与招聘方联系。下面这个例子也许会对你有所启发。

Sunny 下午 5 点多在报摊上买了份招聘类报纸，查阅到了一个心仪职位。为在第一时间与招聘方联系，就立刻拨通了对方电话："喂，请问是××公司吗？我看了报纸，想来应聘……"还没等她说完，对方就表示人力资源部负责人正在开会，且下班时间快到，没空细聊，但还是记下了她的手机号码，表示第二天会联系她。（来源：《精明求职学会打电话很关键》，优文网，2019 年 1 月 1 日。）

注意，Sunny 存在的问题是，没有在合适的时间找到合适的人，主动致电变成了被动等候，是一次很失败的电话应聘。正确的电话应聘应该注意以下几点：①选择恰当的通话时间。一般来说，应该在公司工作时间打电话，通常，在上午9：30—11：00以及下午3：00—5：00之间较为合适。因为，在刚上班的时段内，对方会比较繁忙，而临近下班时又会归心似箭，无心工作，应该避开这些敏感时段。②找到合适的人。要注意广告上的联络人姓名，避免转接或误接。③选择一个安静的环境。不要在喧嚣、吵闹的环境下打电话，避免漏听、误听、重复叙述的尴尬情况发生。④事先准备通话要点。虽然是简单应聘，但还是需要准备好问题，以免遗漏。如职位要求、招聘人数、招聘流程、面试时间、上岗时间等。简明扼要地介绍自己的经验、自己符合职位的特长和擅长的技能等。

6.2.3 笔　试

1. 笔试考察的是什么

一般情况下，有的单位简历通过之后紧接着的就是笔试。尽管不同单位的笔试各有特色，但归纳起来题型不外乎以下五类：①综合能力测试，多采用公务员行政能力测试题中语言逻辑和数字推理两类，有时也包括资料分析等各类题目；②专业知识考核，主要集中在基础理论和涉及企业业务的有关问题；

③英语能力测试，考察英语的基本听说读写能力；④计算机操作方面的能力测试；⑤性格测试，旨在考核应聘者的个人性格、价值观、爱好、特长等与企业文化是否相适应，这一部分，没有太多智力因素在里面。对于专业基础扎实，备考过公务员的求职者来说，通过笔试的可能性较大。笔试虽然对一个人的考核不够全面，也起不了决定性作用，却是进入面试的门槛之一，所以还是应该予以重视。

一位求职者事后总结说：

笔试，最大的建议就是公务员考试的题一定要多看，我在这上面吃了很多亏。有的单位招聘时直截了当地告诉应聘者，考的就是公务员考试的内容。比如，江西省农村信用社在其2011年校园招聘公告中明确告知：笔试内容与公务员招聘考试内容相同，包括行政能力测试和申论两个部分。（来源：凌波微燕，《人大财金师姐求职经历分享》，应届生论坛，2009年9月23日。）

需要注意的是，不管考不考公务员，公务员考试的教材和辅导资料都要翻一翻，做到心中有数。其实，企事业单位招聘人员与公务员考试对人才的测评点有很多相似甚至相同之处，看一看这类书，对树立主流职业观念、意识，提高自己回答问题的技巧、训练应变能力一定是有好处的。

2. 笔试的“细枝末节”

需要提醒的是，招聘单位通过测试所要考察的，不一定仅仅是要测试的知识或能力本身，他们可能更加关注一些细枝末节的东西，并通过这些细枝末节来决定你的去留。下面这个原题目为“白袜子”的例子就足以说明这一点。

4 月的福州，我坐在 Jane 的办公室，窗外有盘根错节的大榕树，长长地藤蔓挂下来，随风飘摆。连续好多年了，每个月里我都会挪出一周，飞去下属的某一家分公司，与其总经理和财务经理一起，仔细地审阅财务报表、讨论公司的管理数据和业绩……当然，有时还会有一些有趣的经历……

“要我来面试这次的应届毕业生？为什么？”我皱着眉问 Jane。在下属二十多家分公司财务经理中，Jane 一向是最为我赏识的一个。Jane 显然是有备而来：“我知道您忙。一直以来我们招的都是有工作经验的同事，好处在于不用花太多时间成本去培训就可以直接上手，对于这样的面试我只要关注他们的实际技能和工作态度就可以作出判断了。但是那些工作了几年的候选人到了我们公司要花较长的时间才能适应企业文化，在管理上难免会带来各种各样的问题。所以我这次就和 HR 商量，有意识地招聘应届毕业生来做初级会计的工作，从一张白纸开始培养他们，也算做个尝试。可是，如何挑选这样的白纸候选人，我可真没有经验。本来有十多个应届生的履历被挑中，经过人事部的初试就只剩下两名候选人，趁着您正好来我们这里视察，想费您一点时间给把把关，我也能跟着学两招。我可听说了，总部财务部八成以上的员工都是您面试招来的。”

“应届生有他们的优点，那就是一张白纸，容易适应和学习。然而很多时候，他们工作的第一家公司更类似于一所学校，为他人作嫁衣。既然你已经想清楚，我俩一起和他们谈吧，每个候选人半小时，然后我们讨论一下决定用谁。不过在此之前，我先出个 Excel 的上机题吧，毕竟 Excel 对于财务部来说，是常用的工具。”

一个小时之后——

“Jane，直接说说你的想法吧，刘某和徐某，决定用谁，为什么？”

“我觉得徐某比较合适。理由有四条，第一，相比刘某，他的着装比较得体，您注意到了吗？刘某虽然穿着一套黑色西装，但脚上却是一双白袜子。第二，您考他们的 Excel 分类汇总、透视表的上机题，徐某答得比较快。第三，徐某的学习成绩单也比刘某好一些。第四，徐某已经在当地一家知名企业有两个月的实习成绩，而刘某却没有。”

“你总结得很好，归纳一下，你已经从软件技能、着装、学习能力和实践经验上做了观察”，我笑了笑，“不过，坦率地说，我的判断和你有些不同，我更倾向于刘某。”

“您是说，您选那个‘白袜子’”？

“Jane，你这次虽然不是以貌（帽）取人，却是标准的以袜取人了。”我不禁调侃起来。

Jane 也笑了：“我知道这不是选好男儿，可是对我们这样的跨国企业来说，着装确实是有一定的规范的呀。”

“我同意。不过这样的小节完全是可以通过之后的学习来弥补的，对一个有正常学习能力的人来说，只要把他放在一个合适的环境，给他一定的指导，着装实在是太简单的事情了。……对我来说，态度和学习能力或许更为重要。”

“可是刘的 Excel 上机题也没有徐解答得快啊。”Jane 显然还有疑问。

“确实有一两分钟的差异吧，可是你留意到他们解题的不同吗？徐只是简单地按照我的要求给出了解答，所以他用在解题上比刘要稍快一点。但是刘在完成了题目要求之后，又主动修正了数列对齐、字体大小，甚至还设置了打印在一张 A4 纸上，并且用打印预览的功能查看了效果。”

“哈，我刚才看到您的题目时觉得那张原始表格数字没有对齐，字体的配合又是那么不协调，根本没有达到您平常对我们提出的要求。还以为您因为时间紧的原因，没有以身作则呢。

原来你是故意的啊。Charles，您实在太狡猾了。不过这个很重要吗？”Jane恍然大悟。

“呵呵。你不要小看这些细节，这些可比那双白袜子重要得多。换个说法吧，比如，当你的总经理通知你去做当月经营状况的分析时，你会考虑交给他怎么样一份报表呢？”

“哦，如果是这样，我首先会……”到底是做了八年的财务经理，说到日常工作，Jane如数家珍。

“这就对了，可能当时你老板只是简单地让你做个分析，但是你会主动地站在他的立场，替他考虑很多细微的东西，从怎样传递信息、受众、格式、报告的繁简程度都想到了。这就是一个合格的财务经理的主动性和责任心的体现。相反，也有很多所谓的财务经理，当他们被要求做同样的事情时，很可能就会不加思索地发一份密密麻麻写满数据的财务利润表给老板。你说他完成工作了吗？的确，所有信息都在那里。但这真的就是老板想要的分析吗？老板拿到这样的资料可以直接用吗？细节是魔鬼，对细节的要求则源于各人不同的态度和积极性，一念之差，天壤之别啊。”看着Jane点头思考的样子，我继续发挥。

“虽然刚才的例子说的是一个较高的层面，但是对于那些入职的新员工来说，道理也是一样的。那位姓徐的同学当然完成了我的题目，但是他也仅仅是完成了最最基本的要求，那份筛选的数据表和后面的透视表，格式不美观，而且因为没有做好设置，不能直接打印。如果这份报表就作为他的工作成绩直接交到你手上，你还不得不重新修改设置，我想你不希望找到的是这样一个人吧。”

“明白了，但是姓徐的同学的成绩单确实比刘同学要漂亮一些，是不是？”Jane 显然有点不甘心。

“是的，而且我承认成绩单是一个人学习能力的体现。可是对于一个财务部的基层员工来说，即使成绩单上稍有落后，但刘能够进入 ×× 大学也足够证明他可以学好基层的会计工作了吧。毕竟 ×× 大学也是你们省的名校了。所以对于成绩单，我觉得意义不大。”

“再说那个实习经验吧，有经验当然好。可是徐同学说他在那家大企业实习了两个月，做的竟然是财务分析的工作。从规模上判断，我猜想那家企业的财务部至少有三四十人，他们竟然要一个大学还没有毕业的学生去做财务分析，你觉得可信吗？财务分析，不是书本上所说的加减乘除弄几个比例就可以的，那些都是要建立在对本公司的行业和业务有深入了解的基础上。对财务工作来说，除了工作态度、专业技能、沟通技巧，还有一个重要的因素，那就是诚信。坦白说，徐同学各方面表现还可以接受，只是他对实习经验上的不诚实，让我彻底决定放弃了。而相反，刘同学没有虚构他的实习，虽然在现在的社会这已经不是一件难事。现在，我想你能够理解我的选择了吧。”

看着 Jane 连连点头，我又说：“其实我选择刘同学还有另外一个重要的原因，他说他对数字一向比较敏感，之所以选择学会计，就是为了能够发挥自己的特长，而我在机考之后也问过他刚才例题里面第二大的数是多少，他真的记得很清楚，说明这是事实。而徐同学说他选择学会计，是受了父母的影响，觉得这是一个比较稳定的职业。你知道，无论是为你还是为公司，我都希望这次我替你招的人，是一个对自己未来有比较清晰规划的人，而不是那些决策时随波逐流，之后不断尝试不断放弃的‘草莓族’。”

“老板，您知道我在想什么吗？”Jane 突然笑了起来。

“我又不是神仙，怎么能知道？你说吧。”

“一下子跟您学了好多，我更觉得那个‘白袜子’同学真是幸运，要不是您正巧到我们这里出差，他就可能被我‘误杀’了，幸亏伯乐及时赶到，才使我刀下留人。对了，这两个人还在小会议室里等着回复，我们是不是现在就让‘白袜子’同学去人事部签协议呢？”

“面试之后直接给结果，不是很好的做法。太容易得到的，就不会被珍惜，让他们回去等通知吧，过一个星期再答复他们。”

Jane 离开了办公室，我端起南方的工夫茶具，慢慢品味乌龙的顺滑清香，看着窗外随风摆舞的榕枝，突然想到十多年前的一个雨天，即将毕业的我穿着不得体的淡灰色西装，叩开了普华永道的门……（来源：上海国家会计学院中国会计视野网，《方向的力量》，中国财政经济出版社，2010年。）

从这个例子中，我们至少可以得出如下启示：

第一，不同的HR选人的眼光是不同的。本例中假如“我”没来视察，直接由Jane来决定，她选的一定就是徐某，而在上司“我”的分析中，刘某更适合。可见，求职也存在“碰运气”的成分，各有各的道理，各有各的侧重，就看你碰到什么样的面试官了。如果说一个好的面试官是伯乐的话，那么，很多面试官还都是尚未修炼成伯乐的学徒，真正的伯乐极少。因此，求职者在应聘中被“误杀”是不稀奇的，碰到这种情况不必过于郁闷。

第二，测试题中可能故意设置陷阱或者错误之处，考核点就是看你对待这些陷阱或错误的识别能力、态度和处理方式，在这方面更能测试出你的操作是否专业、规范，素质是否扎实，习惯是否良好。测试点往往不是知识本身，因为毕业生在知识的掌握上一般不会差别太大，从细枝末节上倒更能看出一个人是否可用。

第三，应届生有应届生的优势，一张白纸，没有负担，能写最好的文字，能画最美的图画，可塑性强，受职场环境污染较少。通常拥有一定规模和实力的单位是喜欢聘用应届生的，这也是应届生与非应届生同台竞争时的优势之一。“没经验”既是劣势同时也是优势。

第四，本例充分说明了诚实、良好的态度和习惯在求职中的重要性。在有经验的面试官面前，缺陷、不足和谎言是很容易露出马脚的，这一点尤其值得求职者注意。

第五，本例也说明了一个人要明白自己为什么要从事一个职业，是清醒、理智选择的这个职业，有明确的方向，还是图稳定、图清闲、图薪水，性格、兴趣、特长是否真正适合这个职业。这些都决定着入职后的工作态度和稳定性。

另外，职场中如何当好下属，是有很深的学问的。本例中Jane前前后后一番乖巧而得体的话语让任何上司听了都非常受用，即便是质疑的意见也充分展示了谦虚、得体、尊敬甚至崇拜的态度，她这种圆熟的沟通技巧都是通过长时间学习和修炼得来的。

6.2.4　单　面

1.“面试第一问”暗藏玄机

自我介绍是面试中非常关键的一步，许多面试官提的第一个问题往往就是“请您做一下自我介绍”，因此，自我介绍也被称为“面试第一问”。

通常招聘方让应聘者“介绍一下自己”，目的有三。一是面试一开始，缓解一下应聘者的紧张情绪，先让应聘者开口说话。二是看应聘者“自我”的一面，毕竟，每个人才是最了解自己的人。三是希望看到或者听到应聘者对自己的“再认识”，并从中找到下一步提问的话题。

自我介绍是个开放题。在自我介绍中，面试官可以借机考察应聘者的语言表达能力、应变能力；应聘者也可以主动向面试官推荐自己，展示才华。但是，招聘方的本意不是让应聘者再婆婆妈妈地报流水账，把自己的基本情况从头到尾再说一遍，因为这些资料你的简历上面都有了，而是要听到你对自己最精炼的总结。或者说，你如何把握好这个机会，来打动考官。自我介绍时，要突出个人的优点和特长，你可以使用一些小技巧，比如通过介绍自己做过什么项目来验证具有某种能力，或者适当引用别人的言论，如老师、朋友等的评论来支持自己的描述。自我介绍时如果用简短的实例加以辅证，可以让面试官乐于倾听而避免枯燥。不要自吹自擂，因为这很难逃过面试官的眼睛，也容易引起反感。至于谈弱点时则要表现得坦然、乐观、自信。

有人力资源专家指出，自我介绍时的谈吐，应该记住“3P

原则”：自信（positive），个性（personal），中肯（pertinent）。回答要沉着，突出个性，强调自己的专业与能力，语气中肯，不要言过其实。在自我介绍时要调适好自己的情绪，在介绍自己的基本情况时面无表情、语调生硬；在谈及优点时眉飞色舞、兴奋不已；而在谈论缺点时无精打采、萎靡不振，这些都是不成熟的表现。

在介绍的最后需要总结一下，着重强调你与这个岗位的符合性，比如“我认为我在某某方面的能力很强，也有相关的经验和良好的学习能力，非常符合您的岗位要求，希望能够再次来到这里”，这样不仅是继续提醒考官注意你这方面的能力，也表达出了你非常好的自信和加入公司的愿望。

需要强调的是，在自我介绍以及所有与面试官的语言交流当中，必须留意自己的声调、声线，切忌以朗读或背诵的口吻介绍自己，尽量让听者感到流畅自然，音色优美，充满自信。

2. 恰当把握时间

先来看下面的例子：

研究生毕业的小刘很健谈，口才甚佳，对自我介绍，他自认为不在话下，所以他从来不准备，看什么人说什么话。他的求职目标是地产策划，有一次，应聘本地一家大型房地产公司，在自我介绍时，他大谈起了房地产行业的走向，由于跑题太远，面试官不得不把话题收回来。可以想到，他的自我介绍也只能“半途而止”。（来源：《自我介绍的五个案例》，原创力文档，2020 年 9 月 11 日。）

具体回答面试第一问时，要根据现场的要求，快速计算好时间，迅速明确介绍的重点，组织好语言，主要是向 HR 传达你的职业技能和应聘此岗位的优势。在工作经验方面不需要特别详细介绍，如果你的技能符合 HR 的需要，他们会对你的社会实践进行追加提问，此时再多介绍一些工作业绩来加深招聘单位对你的好感，以增加复试机会。

自我介绍的时间一般为 3 分钟，在时间的分配上，HR 专家建议可以一分钟谈一项内容。第一分钟谈谈学历等个人基本情况；第二分钟谈谈工作经历，对于应届毕业生而言可谈相关的社会实践，如何保证胜任这项工作；第三分钟谈对本职位的理想和对于本行业的看法。如果自我介绍要求在 1 分钟内完成，自我介绍就要有所侧重，突出一点，不计其余。

在实践中，有些面试者甚至职场老手也不甚了解自我介绍的重点，只是简短地介绍一下自己的姓名、身份，其后补充一些有关自己的学历、工作经历等情况，大约半分钟左右就结束了自我介绍，然后望着考官，等待下面的提问，白白浪费了一次向面试官推荐自己的宝贵机会。另一些应聘者则试图将自己的全部经历都压缩在这几分钟内，这也是不明智的。合理地安排自我介绍的时间，突出重点是首先要考虑的问题。

3. 自我介绍要对症下药

面试中的自我介绍与制作简历一样，都需要量体裁衣、对症下药，更需要“到什么山上唱什么歌”。

一位同学说：

很多“经验谈”都说要准备多个版本的简历，我认为多个版本的自我简介比简历更加有用。因为很多企业筛选你简历的是一个人，面官又是另一个人。而相对于“看简历”来说，你给他“说简历”显然更能吸引他的注意力。据说对于一个人的印象往往是在开始的若干秒（反正很短）里确定的，所以一个好的自我介绍对于求职成功太重要了。因此我们需要对症下药，写出详细的自我简介，中英文各一份，像“九九乘法表”一样烂熟于心，面试的时候根据情况随时剪辑。面官烦了，你就适可而止；面官兴致勃勃，你就多说些，把自己淋漓尽致地展现给他。面试的时候，他就是上帝、他就是神，一切以让面官满意为目的。（来源：Erterye，《GE 面经：成功拿到 offer 的经验和亲身体验》，豆丁网，2010 年 6 月 5 日。）

4. 适当用点“小聪明”

阿枫参加了去年某大型国企的校园招聘会，那天是在一个大体育场里进行，队伍排到了出口处，每一位应聘者与面试官只有几分钟的交谈时间，如何在这么短的时间里取得面试官的好感，进入下一轮呢？阿枫放弃了常规的介绍，而是着重给面试官介绍自己完成的一个项目，他还引用了导师的评价作为佐证。由于运用了一点小技巧，阿枫顺利闯过这种“海选”般的面试。

通常情况下，企业要找的是脑子灵活、富于智慧的人，在面试过程中，面试者应想方设法引起面试官的注意而赢得职位。

某应聘者参加一次外企招聘面试，按照面试顺序，他被排在第 21 位，前面还有 20 个求职面试者。他想了一个办法，拿出一张纸，在上面写了一些东西并走向秘书，恭敬地对她说：“小姐，请你马上把这张纸交给你的老板，这非常重要。”老板看完他的条子以后哈哈大笑，因为纸上写着：“先生，我排在队伍的第 21 位，在轮到我之前，请你不要做决定。”结果，由于这位应聘者的富有创意和善于动脑，他被这家公司录用了，击败了所有的对手。（来源：《外企应聘面试须知》，应届毕业生网，2017 年 3 月 2 日。）

《职场》杂志刊登过一位大学生描写的“舍友”面试时的两个有趣表现，挺让人捧腹而受益的。内容是：

面试时她碰到老总办公室养了一条阿富汗犬。舍友坐在那，阿犬坐在她对面，老总坐阿犬旁边。面着面着，那条阿犬坐不住了，走到舍友旁边来，把头搭在她腿上，睡着了。于是舍友就一边摸着狗头，一边面试。然后老总对我舍友说：“别人都怕它，就你喜欢它。”

面试完了，人家问她：“你还有啥要求？”她弱弱地问了一句：“你们这儿管饭么？”然后那个严肃的大老板笑喷了，他说：“你咋恁好玩呐？”大老板说她是颗开心果，说要把她录进去调节气氛。

5. 学历不高，不必胆怯自卑

有这样一个例子：

在某高校举行的一场大型招聘会上，一名女生来到广州天河一家公司的摊位前，递上自己的简历，是通常很少看到的简短的一页纸。用人单位的代表接过这份在招聘会上薄得少见的简历，经过短暂的交流，感觉印象不错，甚至打算马上确定招她。此时，工作人员习惯地问“下学期还有没有课？”并翻看简历，却看不到她的学校名字。“为什么没写学校名？”

她吞吞吐吐地说："因为……我的学校不怎么样……"

这名工作人员后来说，他们放弃了马上招聘这名女生的念头，决定将她的材料带回公司再仔细研究。最后经过考虑虽然还是录取了她，但她的做法"已经让我们对她的印象大打折扣"。（来源：秦晖，崔素华，《毕业生应聘"问价便知出身"？》，搜狐新闻，2006 年 1 月 5 日。）

无独有偶。一位女生在参加一次招聘会后说：

当时非常辛苦，我和寝室的两个姐妹坐当天早上的火车赶去长春，那天有流星雨，我们四点多就起床去赶火车，却没有机会看到流星雨，当时心里真的是很悲凉。招聘会分三个厅，每个厅都有很多企业和更多的求职者。食品类的企业只有两个。一个是山东某不知名地方不知名企业招食品类，我们三个排队投简历，前面两个人是吉大的食品研究生，看到简历很强大。于是我转身走开了。（来源：《一位本科学生的求职故事》，云南人才—昆明招聘网。）

其实，在此情况下，不必胆怯，你可以假想一下："也许企业想要的正好是大专生呢！"这样一想，你就会自然、自信多了。可见，上述两位女生的表现都是一种非常不明智的行为。为什么？因为招聘方最终要的是"适当"的人，而不一定是哪个学校的人，也不一定绝对是研究生。除非招聘方强调“非××不要！”。再退一步说，第二个例子中即使招聘方看上了研究生，这两个研究生也不一定能最终看上、选定这个单位。总而言之，你不一定没有机会！因此，这么辛苦地来了，自动放弃是不明智的做法。

6. 注意倾听

面试时，应聘者的目光应正视对方，在考官讲话的过程中适时、适当地点头示意，表示自己在用心倾听。点头示意也是沟通的一项重要技巧，沟通不一定非说话不可，因为这既表明你不但在倾听，而且还十分赞同面试官所说的内容，也是对对方的尊重，更可让对方感到你有修养，懂交流，真诚而恳切。当考官介绍公司和职位情况时，更要适时给予反馈，表明你很重视他所说的内容，并且记在心里了。

一位 HR 说：

面试过程中，作为面试官，我们有个经验性的做法：尽量让面试者多说，如果一定要“数量化”，我认为 1 : 5 会比较合适。

某个面试会谈中，一个女孩子端坐在我面前，甜美的微笑和适度的恭敬给了我很好的第一印象。面谈开始了，我提出第一个问题，她在我话音还没有落地的时候已经开始了快速抢答，长达 3 分钟的陈述之后，我不得不打断她说，你能重复一下我问的问题吗？她愣了一下，然后笑笑说：“哦，你的问题是……”回答满拧！

我决定先解决这个问题，就说：“想知道对于我来讲，什么是合作默契的最重要的技术条件吗？”她胸有成竹地说：“愿意合作！”我进一步点到：“技术条件！”她很茫然地望着我：“技术？”我坦述：“倾听的能力！”

她好像懂得了我的意思，但是，也许是惯性使然，在这个谈话中，我重复地做着向她重述问题的过程，然后，我们才慢慢走入了共同的认知轨道。

我很喜欢她的热忱和诚恳的态度，但是更清楚地感受到了态度有时不能弥补方法上的缺憾，没有很好的倾听习惯和适度的确认方法，在面试的过程中，很容易失掉不该失去的分数。

因此，“认真地倾听”不仅是态度的体现，更是技术的必要。认真地倾听，即便是自己觉得听明白了，也应该保有确认的习惯，在面试官复述和你的确认过程中，找到对方最重要的关注点，同时梳理自己的理解和见解。要知道，面试过程中，你如何去交流往往比你说了什么更重要，因为它将体现出你的思维过程，交流方式，合作能力的高下。说句心里话：不会听对方的话，自说自话，等于给自己的交流能力打零分。（来源：《大学生求职四大面试技巧》，职场指南网，2017年5月16日。）

另一位HR深有感触地表示：

一个常见的失误是被面试人不注意倾听，这是大忌！！！滔滔不绝可以让你感到满足，而不是面试官；面试是一个交流的过程，是双向的，如果你不注意对方的要点，就会下笔千言，离题万里；这种人我们经常见，事后我们对他的评价只有四个字：思路混乱！（来源：《大学生求职四大面试技巧》，职场指南网，2017年5月16日。）

7. 思考的过程更被看重

下面是一位毕业于金融学专业的求职者所谈到的自己面试时的体会，足以说明思考过程的重要性。

参加摩根士丹利的最后一轮面试时，一位分析员面在无表情地与我握手寒暄后，不动声色地发问："如果你找到一份工作，薪水有两种支付方式，一年12000美元，一次性全部给你；同样一年12000美元，按月支付，每月1000美元。你会怎么选择？"

我心里"嘭"一下，这人怎么不按常理出牌啊！我搬出课本里的名词："这取决于现在的实际利率。如果实际利率是正数，我选择第一种；如果是负数，我选择第二种；如果是零，两者一样。同时，我还会考虑机会成本，即便实际利率是负数，假如有好的投资机会能带来更多的回报，我还是会选择第一种。"说完这一长串的答案，我不禁有些沾沾自喜，因为我知道回答这类问题时，相对于答案本身，思考的过程更被看重。

"一般人都说选择第一种，你还不错，考虑得很周全。"淡淡的一句点评后，他并没有就此罢休，"那实际利率又是什么呢？"

"名义利率减去通货膨胀率。"幸好经济学的基础知识还没有完全荒废，我庆幸。

"现在的联储基金利率是多少？通货膨胀率在什么水平？"

这一次，我真的被问住了！准备面试时，我就告诉自己要秉承一个原则，不懂的千万不能装懂，不知道的更不能胡编乱造。于是，我老老实实地回答："对不起，我不知道，不过如果需要，我回去查清楚后，马上打电话告诉你。"

那位分析员不依不饶地又提出一个通常只有咨询公司才会问的智力测验："9个硬币，有一个重量和其他的不一样，你用两只手，最多几次可以找出这枚特殊的硬币？"

"三次。"我不服输地飞快回答。

“还是9枚硬币，改变其中的一个条件，两次就可以找出这枚特殊的硬币，这个条件应该怎么修改？”

“告诉我这枚特殊的硬币比其他的硬币重还是轻。”

当我再一次以飞快的速度给出了正确答案，他终于低声说了句“Good”。

据说在我的评定书上，他填写的意见是：不惜代价，一定要雇佣！（来源：《凤凰女主播曾子墨难忘的一次面试》，应届毕业生网，2017年3月2日。）

8. 执着的力量

在应届生论坛上，一位求职成功者颇有感触地说：“我面试的时候，给了我一份文档让我边思考边整理。上午去的，下午6点才忙完。第三天就收到录用的通知了！当时招聘的人说，面了百十个人了，你是第一个做完的！对错先不论，凭着这份执着和耐性，公司就决定留下你了。”

因此，一个应届生对应聘的岗位的工作期许和工作期许点非常重要。

9. 回答问题避免似是而非

由于缺乏真经历、真功夫，使用一些似是而非的字眼来回答面试官提问的应聘者很多。通常情况下，面试官只能通过应聘者的回答来耐心地甄别哪些符合他们的要求，哪些能证明应聘者确实说的是真的。如果碰到缺乏耐性的面试官，他可能直接就将你拒之门外了。索爱普天人力资源副总监张女士曾说过：

人力资源管理中有一个共识，人才的选拔比发展更为重要。准确判断应聘者的胜任特质不是一件容易的事。如何在最短的面试时间内去伪存真，去粗取精，获得应聘者的准确信息，以提高面试效率，降低用人风险，这是摆在HR面前的现实挑战。

面试中有一种通行的考察应聘者胜任特质的方法，叫“行为面试法”，这种方法是HR在招聘时常用的一种方法，其理论假设是过去的行为是未来行为的最佳预测，能有效帮助我们识别应聘者是否真正具备岗位要求的能力。

例如，在面试项目经理一职时，其中有一个问题是请应聘者举一个例子说明是怎样了解客户的需求完成好项目的。应聘者所讲述的不一定就是行为事例，有可能是他个人的想法或书本理论。非行为事例主要有以下三类：①含糊事项。如“我时常花时间了解内部客户和外部客户的需求，而且客户也很满意”，这里的“时常”表述就很含糊，时间不具体。②主观事例。如“我认为作为一个项目经理，关键是关心团队成员的合作和士气”，“认为”是一种主观看法，并不能说明应聘者曾经有过该行为，也不能推测应聘者是否有这方面的能力。③道理事例。如“要接受一个新的项目，首先我会做项目的调研……然后我会收集信息，制定项目计划……”，“会”说明应聘者的论述是基于某种理论或假设。但我们关心的不是应聘者是否知道这些理论，而是是否具有这方面的能力。（来源：Zhangxue66688，《一分钟看透你》，豆丁网，2012年7月5日。）

6.3　群面时如何“到什么山上唱什么歌”

6.3.1　什么是群面

所谓“群面”，即小组面试，同学们戏称其为“群殴”，就是将应聘者分成若干小组，每个小组若干人，这些小组成员以分析案例或者讨论某一问题的形式展开自由的“无领导小组讨论”，最后从小组中指派一到两名作为代表上场总结陈词，或者几个人各自分工全部上场，每人回答问题的一个部分，其中表现优异者获准进入下一轮。通过群面，能够考察出每个应聘者的个性、素养、语言表达、反应能力、分析判断能力、团队合作能力和展现自我实力的能力。显然，这些小组成员之间是合作与竞争的关系，中间互相交流的部分和最后展示的部分都很重要。在这种自由讨论中，招聘方可以发现自己所需要的人才。而对于求职者，如果不能掌握一定的方法、技巧和策略，如果不能很好地知己知彼，以适当地发挥，很可能会不知所措或弄巧成拙。

在群面中，通常会有形或无形地存在三个角色：引领人、群众、汇报人。引领人，是群面过程中多数人都想扮演的角色，但大家往往为了引领整个讨论会因刻意表现自己而发生激烈争执，给面试官留下不好的印象。群众则是根据引领者的思路来发表或独到或一致观点的求职者，一旦能够提出自己的看法，甚至有理有据有节地修正之前引领者的观点，那么也很可能在群面中脱颖而出。汇报人的职责则主要是做最后的总结陈词，通常能够引起面试官的注意。应该说，群面是应聘者多方面综合水平和能力的体现，能集中反映出大学几年“修炼”的结果。现场超水平发挥一般不是容易的。

仍然需要强调的是，群面中的表现不应该是一成不变的或千篇一律的。去不同的单位、应聘不同的岗位时，群面应有不同的表现，因为各单位情况不一样，要求自然存在不同。必须根据各单位情况和岗位内在要求来确定你群面的策略，尽可能使你的表现紧扣或接近岗位核心需求。

6.3.2　群面时如何展现

1. 群面前，营造友好气氛

群面前，要注意营造友好气氛，为群面时的最佳发挥创造条件。比如，要主动与每个组员搭话，互相了解和熟悉，可以把每个组员的名字及其相关信息在随身带的小本子上记下来，以便面试中用得着。

一位参加德勤公司咨询部门面试的女同学李杨说："小组面试前和其他组员的交流有助于营造一个热情友好的氛围，使接下来面试战场上的搏斗显得不那么'血腥'；努力记下来每一位组员的名字，在面试过程中适时提及，会给面试官和组员留下一个和蔼可亲的印象。"

从面试官的角度看，在小组讨论以及陈述阶段，记住其他人的名字并自然地提及，或恰当回应对方，在一定程度上是沟通能力、领导能力、号召能力、团队合作精神的体现，是人缘好、合群、受别人欢迎的体现，这样 HR 会对面试者有个好印象。

2. 从容表现，体现团队精神

群面这种无领导小组讨论的方式是求职竞争者之间的"短

兵相接”，每个求职者之间都是公平竞争。在群面中，每个人给别人最直接的印象就是风度、教养和见识如何，而这三者都要靠个人的长期修养才能得来。我们常常说，语不在多而在于精，这在群面中尤其重要。另外，很多求职者在群面中，由于急于表达自己的观点，往往会对同组中不同的意见恶语相加，这也是大忌。因为在团队合作中，尊重队友观点、重视合作、具有团队意识，是公司选拔人才的基础。

一位资深 HR 说：

10 年前我刚刚开始求职，就发现“群面”有一个这样的规律：不是发言越多越好，如果没有独到、深刻的观点，那么发言太多反而会被扣分。而认真倾听他人观点、不紧不慢表现从容的发言者，往往会获得较高的评价。此外，如果能够准备纸笔，记录要点，就能够在讨论结束前，将各成员交谈要点一一归纳，分析优劣，点评不足，如果能够适时提出令人信服的观点，并将最后讨论要点整理成文，提交主考官，则也能展示流畅的文字功底，给面试官留下精明能干的印象。（来源：ahuangyanyan251，《群面技巧需要训练》，道客巴巴，2014 年 8 月 12 日。）

需要特别指出的是，在群面中不能有缺乏团队精神的表现，如嫉贤妒能、玩弄政治，表现欲强、很有心计，过于精明、圆滑等，要有年轻人的可爱、纯真、朝气，要合群。

一位 HR 评论说：

相较其他选项，妒贤嫉能、玩弄政治对于一个企业危害是最大的，它搅乱的是整个的局面，而且这是最难处理的，你很难找到源头在哪里，有这特征的人都是相当狡猾的。而其他几个方面，影响不过是周围的几个人，也容易发现问题所在，解决起来也不会那么棘手。没有团队精神的人，只会考虑自己，不会考虑别人，不会为组织考虑，不会从全局出发。这种人对组织的破坏性极大。（来源：《企业最不愿意用的员工是谁》，网易博客，2007 年 10 月 17 日。）

这类员工的存在不仅会影响企业的士气与工作激情，也会给企业的人力资源管理带来很多负面的影响。如果公司有这类员工，会直接影响企业整体绩效的提升，进而影响企业的发展。

中国人力资源开发网曾在人力资源从业者中进行过为期一个月的大型网络调查，其中一个问题是“您的企业最不愿意用哪一种员工”。共有近千名 HR 管理者参与了此次调查，参与调查的 HR 管理者来自金融、房地产、IT、通信、制造、汽车、生物制药、咨询、文化、旅游等行业。企业包括世界 500 强知名公司、国内知名公司、中小企业、国有企业、企事业单位等。从本次调查结果看，42% 以上的 HR 管理者最不愿意用“嫉贤妨能、玩弄政治”的员工。近一半的 HR 管理者认为：员工没有创新思维，不守规则，或者难以沟通，都不是问题，都可以想办法解决，但是玩弄政治的人，往往都会占据很高的地位，有这样的人在，将会扼杀其他成长型的员工。

3. 展现自己真实美好的一面

群面时，在角色选择上做真实的自己是最好的，去盲目充当自己平时体验不多的角色会冒很大的风险。当然这个“真实的自己”必须是优秀的一面。

一位求职过来人说：

我见过好几场面试的同学，明明没有领导的气质偏偏要来立框架；明明缺乏归纳能力非要去归纳；明明英语水平不行还要担当英语最终报告者。最终把自己的缺点放大出来，还影响了整个团队的表现。对于我个人而言，我基本上担任领导者的角色，这也是基于个人性格特质和个人能力的把握。担任领导，也是有策略的。在群面整个过程中，我基本上是前期担任亚领导，后期担任领导。前期大家都想发言，可能还有一些非常好胜的人存在。需要一个空间让大家先把能量释放，而在这段时间我更多的是积极配合，同时仔细思考大家的发言。但在以下几种情况下，我是不会担任领导的：如果没有足够的把握能够更好解决这个case（案子）我不会担任领导；如果群面中有同学表现出足够强大的专家权，我不会担任领导。解决问题最重要，团队绩效最重要。（来源：《求职真人秀：外企面试技巧全揭秘》，一览英才网。）

另一位过来人说：

我们组六个人，其中有一个无论别人说什么，总是反对别人，最后小组结论后，她仍然保留自己的想法。另一个总是在别人说话的时候插嘴，整个讨论过程她说话的频率极高。而我不喜欢打断别人，所以说话的机会很少，但是我一直负责计时和记录，提醒大家注意进度。结果那两个女孩果然没有进二面。事实证明，太 aggressive（有攻击性的）咄咄逼人的人往往遭到队友的鄙视，并且面试官也会怀疑她的合作力。（来源：《一位本科学生的求职故事》，云南人才—昆明招聘网。）

4. 发言要有自己的风格

发言要有自己的风格，包括你的发言是否条理非常清晰，你的发言是否数据翔实，你的发言是否论据充分、观点精辟，是否引用了一个妙趣横生又紧扣主题的小故事……目的无非就是在群面环节让面试官记住你。尤其要把握好第一次发言的机会，因为只有每个人的第一次发言，能够确保面试官一定在听你讲话。而这第一次发言往往就决定了面试官对你的印象。所以，要充分把握第一次发言的表现，发言有自己风格的人，才会给人留下深刻的印象。

一位西安交大毕业的网友说：

对于群面，很多牛企都喜欢这样做，因为很见效，能“做掉”很多人。我觉得在这种面试中要把握的就是讨论中你的表现。不在乎你说了多少话，而在于你说的话被大家所认可的程度有多大。我们讨论奥运会宣传策划时，有一个同学就提出了一句宣传口号，但是非常精辟，大家一致赞同，之后他发表的见解也不多，但他还是通过了这一轮讨论。面官看重的是“质”而非“量”，侃侃而谈的废话只是有害无益。讨论中有一个组织者是至关重要的。如何得出最后的结论，这个过程需要有明确的步骤，而建议讨论步骤的人往往都能稳定的胜出。也就是说要让大家接受你的领导，按照建议的方法去讨论你就可以高枕无忧了。至于讨论的结果是什么，完全不用理会。那不是面官关心的内容。（来源：《面试成功拿到 offer 的经验》，应届毕业生网，2017 年 5 月 20 日。）

需要强调的是，群面绝对不是一个人的舞台。群面考察的是一个人多方面的素质和能力，如果你一味地抢占时间多说，一味地表现自己，或者一味地回避、无所作为，都是不合适的。你的发言和表现要恰如其分，恰到好处。

5. 发言时机之一：该出手时就出手

在群面时，第一个发言未必会胜出，但是迟发言或者不发言的胜出机会很少。何时发言、如何发言没有定式，完全要看现场的情况，随机应变，尽可能出彩。

前面提到的那位参加德勤咨询部门面试的李杨同学在回忆当初发言的情景时说：

材料是一家公司开拓海外市场的案例，要求小组组员作为一个顾问团给出5条战略建议，并分析海外拓展面临的风险。只有10分钟的时间，我刚读完案例，还没来得及整理思路，就要进入小组讨论的环节了。

会议室里一片寂静，可怕的沉默充斥着整个房间。要不要打个头阵，第一个发言？这种鸦雀无声的氛围真是不太妙。可是第一个发言往往不具有优势，自己还没整理好思路。说些啥呢？就这样在心里斗争了三四秒钟，还是没有一个同学打响这一炮。算了，豁出去了！不管怎样都得有人开这个头不是？“材料要求我们最后给出五点战略建议，那么我们就紧扣这一要求展开讨论吧。”话一出口我就后悔了，这句话真是没过大脑，简直就是相当正确的“废话”。但是不管怎样，说完这句话我有一种如释重负的感觉，像是完成了一项艰巨的任务。它的确起到了开场白的作用。我话音未落，就有好几名组员抢着发言了。我心中不由得感慨：看来大家都不愿意当这个出头鸟啊！（来源：《我的德勤“面经”》，行知部落。）

后来的结果表明，李杨首先发言是对的，表现出了积极主动、大局意识和负责任的心态，最终她如愿进入了德勤。

6. 发言时机之二：该出手时才出手

华东理工大学一位成功应聘英美烟草公司的学生回忆说：

面试那天，我穿了一套深蓝色的西装，干净的衬衣，与之相配套的领带，黑色的皮鞋和深色的袜子。在镜前端详了一阵，我确信自己拥有良好的仪表和精神状态。

没想到，面试前又是一轮笔试——“职业性格测试”。

之后，每个人领到一些资料，包括传真、报告等，有15分钟的准备时间，过后参加面试——“模拟一个部门中的小组讨论”。

在面试开始前，我悄悄去了趟洗手间，整理了一下被风吹乱的头发。

小组讨论开始了，从香港赶来的考官们静静地坐在一旁，观察着六位“小组成员”的表现。实际上，这是考察应聘者在协作、计划、组织、影响力等方面的能力。看着一个个抢着发言的“同事”们，我沉默着，因为我在等待最佳的“出手”机会。当我说出第一句话时，眼角的余光告诉我，所有的考官不约而同地抬头注视着我。从那时起直到讨论结束，我一直操纵着讨论的议题和方向，作出最终的决定，安排每一位“同事”的工作，并得到了大家的响应和认同。我知道，这一轮，我赢定了。

短暂的午间休息后，新的一轮面试开始了。我有40分钟的时间，来分析发给我的资料，作出判断和决定，并准备向“总裁”——考官们做15分钟的讲演。

上台前，就如同在学校考试前一样，我深深地吸了一口气，稳定一下有些紧张的情绪。我的讲演条理清晰，论据充分。我多次以了解到的BAT的一些市场运作，如555港京汽车拉力赛、健牌环中自行车赛等为例旁征博引，并对“总裁”的提问一一做了回答。

结束时，一位考官尾随我出来：“请你留下来等一会儿，我们将安排与你面谈。”我知道自己又闯过了一关。

半个小时后，面对着四位考官，面谈开始了。先是自我介绍，而后是大约20分钟的英语交谈，大约是考官们觉得我的英语水平可以过关，便改为用中文提问与交谈。由于事先有了充分的准备，考官提出的许多问题我已自问自答过，自然可以轻松应对。同时我也问了一些自己所关心的问题，如请考官做一个简单的公司介绍，我所应聘职位的大致工作范围，有哪些具体的培训计划，未来的发展等。考官也十分乐意作出解答。交谈始终在轻松愉快的氛围中进行着。“回去静候通知吧，我们将尽快安排最后一轮面试。”考官微笑着伸出手来。

走向市中心那幢高耸的写字楼时，已是华灯初上，繁星点点了。

很快，我见到了最后的考官——公司事务副总裁。此时的我胜券在握，十分放松。我想，当初自己温文尔雅、落落大方、轻松自信的表现一定给未来的老板留下了良好的印象。

当拿到公司的录取通知书后，我才知道，在数百名应聘者中，我是唯一的幸运者。（来源：吃吃，《个性与求职分析、简历制作、笔试面试经验谈》，应届生论坛，2008 年 4 月 17 日。）

6.3.3 群面是如何评分的

1. 评分项目及标准规则

一般情况下，群面评分的项目和标准主要有以下几个方面：①沟通能力：语言表达准确简洁、流畅清楚，能很好表达地自己的意思，善于运用语音、语调、目光和手势。②分析能力：分析问题全面透彻、观点清晰、角度新颖，概括总结不同意见的能力强。③人际合作能力：能够尊重别人，善于倾听他人的意见，善于把众人的意见引向一致。④计划性能力：解决问题的思路清晰周密，逻辑性和时间观念强，准确把握解决问题的要点。⑤自信心：能够积极发言，敢于发表不同意见，善于提出新的见解和方案，在强调自己的观点时有说服力。⑥组织协调能力：善于消除紧张气氛并创造一个大家都想发言的气氛，能有效说服别人，善于调解争议问题。

2. 群面中的个人加分项

下面是HR们常用的群面中的个人加分、扣分项目和标准，所有参加群面的应聘者都应该主动按图索骥、仔细领会，并避免往扣分的“枪口”上撞。

（1）仔细倾听别人的意见并给予反馈：在倾听别人意见的同时记录对方的要点，抬头聆听对方并适时地给以反馈，比如一个点头示意等，表明自己在倾听其他成员的观点。

（2）对别人正确的意见予以支持：团队中每个人都具有标新立异的能力，但不意味着每个人都有支持别人的魄力适时支持其他团队成员有助于团队按时完成任务，支持是相互的。

（3）适时地提出自己的观点并设法得到小组成员的支持：在团队中清晰简明地提出自己的观点和意见，并理性地证明自己的观点的优点和缺点，以期得到别人的支持。

（4）对别人的方案提出富有创造性的改进点：有时候很多成员会发现，前面发言的人有很多点可以说，但是轮到自己的时候可论点已经所剩无几。这时，可以对前面的某些论点予以补充和改进，这样可以拓展某些问题的深度和广度，会给考官感觉你不止停留在表面，而是挖掘了很多深层次的元素。

（5）在混乱中试图向正确的方向引导讨论：有时候小组讨论非常混乱，无中心、无目的、无时间概念。这时应以礼貌的方式引导大家向有序、理性的方向讨论。包括提示大家“时间”，当前最需解决的问题，以及是否应进入下一个讨论阶段等。即便引导最终没有成功，考官也会欣赏你有这样的意识。

（6）在必要时候妥协以便小组在最终期限前达成结论：小组讨论通常都会有一个明确的目标，比如在什么场景下，遇到什么问题，运用什么资源，提出什么方案，达成什么结论，这是一个有特定任务和时间限制的团队项目。所以在任何情况下，只要有一丝可能都要尽量在最终期限前小组成员达成一致，得到共同结论。结论没有十全十美的，这时妥协就成了达成结论的必要手段。妥协的实质是“大局观”，在紧迫的时间点上，妥协的魄力同样会被考官赞赏 .

（7）具有时间观念：工作中的团队对时间观念非常在意，能否在最终期限前给予计划是很重要的。能够在自己陈述观点、倾听别人观点或是讨论中表现出时间观念是有加分的。

（8）能够对整个讨论进行领导：通常这是一把双刃剑。领导需要得到大家的支持，如果大家反对或无人配合，则自告奋勇的充当领导者角色会成为败笔。领导同样可以通过比较隐形的驾驭方式表现出来。

3. 群面中的个人扣分项

（1）完全忽略别人的论述：通常表现为在别人发言时埋头写自己的演讲稿，对于别人的论述一无所知，并片面地认为只要表达自己的观点就足够了。

（2）不礼貌地打断别人：当别人在论述过程中，听到了与自己相左的观点便打断别人，开始自己的长篇论述。通常正确的做法是记下这些有异议的观点，待对方发言完后或讨论过程中再适时提出。

（3）啰唆：烦冗的陈述会令团队成员生厌，并表现出毫无时间观念。

（4）过激的语言表述：当不同意对方的观点时，尽量避免使用“我完全不同意 ×× 的观点”或“×× 的观点是完全错误的”等表达方式。更合理的表达可以为，“×× 的观点虽然比较全面地分析了……但是在某些方面可能还有改进的地方……”。这里涉及了沟通技巧的一些问题，需要平时的锻炼。

（5）搬出教条的模型以期压服别人：在分析某些案例时，很多人喜欢说“我觉得这个问题可以用 ×× 模型来分析”，抛出所谓的“SWOT”“4P”等理论，以期说服别人。可是理论永远是理论，代替不了实事求是、具体问题具体分析的方法。用理论模型去套活生生的案例从一开始就不会被考官所认可，因为这样会显得你学院派味道太浓，不懂变通，与现实隔离。如果团队成员中有人不懂或者从未听说这个理论，则提出这个方法的人肯定会被减分，因为没有考虑到团队的其他成员。可行的方法是，切忌说出这些理论的名字，而是根据具体问题，综合不同的模型，删减之后直接从浅显的地方入手，引导其他成员。

（6）否定一切，太自负：否定一切别人的观点，只认为自己的观点是正确的，这样很没有意义。

（7）没有把握好领导者的角色：极力想表现自己的决策能力或者领导能力会招人反感；充当领导者的度很难把握，太强则会太自负，太弱则又与领导者的应有作用不相匹配。建议没有十足的把握不要轻易尝试这个角色。

6.4 到什么山上唱什么歌

6.4.1 尽力寻求与面试官的默契

1. 面经、真题不可不看

对于求职者来说，过来人的面试经验和面试真题是非常重要的，他们就像课本上的例题一样，具有典型示范的作用，应该认真记忆甚至“背诵”一部分，并且要背出体会，背出新意，背出境界，背到能够随机应变。况且，目前各招聘单位的面试题基本上没有超出以前测试过的范围。当然，面试时也要快速识别和适应招聘方的各种面试新花样、新“伎俩”，与时俱进，投其所好。

还是那句话，要在面试官提出问题之前，就摸透对方想问你的是什么，想要考察的是什么，并且马上反应过来应如何回答，回答的重点和策略是什么。要在面试官提出问题之后，迅速做出反应，判断其问话的意图何在，正确应对。正如企业产品尚未投产，就已经知道消费者需要的是什么样的产品，是一个什么样的购买心理，然后清楚广告要主打什么一样。

比如针对“你生活中最不喜欢什么样的人？为什么？你与他如何相处？”这个题目，一位应聘欧莱雅区域销售管理培训生ASDP计划的同学说：“这是个陷阱题，很容易揭露出自己的缺点和阴暗面。我心中一凉，开始瞎编，说了两句废话后，突然灵魂附体说我最不喜欢工作拖沓没有效率的人。说自己习惯快速的工作节奏，不喜欢团队中有人扰乱工作效率。穿插了自己在团队中担任leader角色的经历，引入了木桶效应等管理概念。还有配合了手势和与考官的交流。感觉回答得还可以。”（来源：《“三无”女大学生的坎坷求职路》，杭州19楼论坛，2011年12月12日。）

一般来讲，当面试官问及一个重要问题，尤其是有关工作业绩方面的问题时，在回答之前，应适当停顿几秒钟，留出一点思考的时间。这样做，除了可以组织一下要表达的内容，重要的是告诉对方你正在认真回忆过去的经历，并可以给对方留下真实性的感觉。

2. 尽力寻求与面试官默契的经验之迹

一位求职过来人说：

大家如果在面试之前能和所面试的公司的内部员工聊聊，这将是最有帮助的。因为你能够得到很多有价值的信息。我在面一家制药行业领先的跨国公司时，恰好一位朋友在我想去的那个部门任职，那位朋友和我分享了去年的面试经验，分享几位部门主管的风格和爱好。在接下来的面试中，我恰好遇到了其中的一位主管，得知那位主管特别相信星座，我就在自我介绍和回答问题的时候特别强调我的星座和这个星座所具有的气质，这样的回答自然引起了那位主管的共鸣。面试是讲默契的。（来源：《外企面试的超实用技巧》，经典网，2016年11月15日。）

另一位求职过来人说：

如果面试官拿着一张表，会详细地记载你回答的内容或打分。这样的面试，你就不要太多废话，掏出闪光点即可。一方面，面试官可能要按照要求在有限的时间里问完规定的全部问题，你的废话就是自己害自己；另一方面，面试官会知道自己要考察哪几个方面，你说到了他自然就会记下，你还没说到，他自然会往那方面问。对于这样的面试官，要让面试官引导你。如果面试官什么都没拿，那么他更多的是看你的一些整体感觉，这个时候你的故事就可以多点描述性的，可以留一些伏笔引导面试官往你准备最充分的地方问。对于这样的面试官，要尽可能地去引导面试官。否则，丧失了主动权可能会被问得很惨。（来源：《外企怎么进？徐州外企面试经验》，徐州英才网，2018 年 7 月 9 日。）

3. 前后表现要保持一致

一般来讲，应聘财务部门职位的时候，应聘者可能会分别接受人事部门和财务部门的面试。在这两个面试过程中，既要与人事专员交流，又要面对未来的上司。在面试后，财务人员与人事专员很可能会核对面试记录。在此过程中，他们考察的重点可能不一定是你对某一问题的看法，而是你的行为是否前后一致。因此，你的说辞和表现要尽可能地保持前后一致，无论遇到哪位面试官，都不应过分掩饰真实的、正常的个性，尽管技巧很重要。

一位应聘者说：

面试越往后，面试官的地位就越高，看人的眼光就越准。面试始终是一个基于增进双方相互了解的沟通过程，所以我强烈建议大家在面试的时候做真实的自己。自己怎么想的就真实地表达出来，刻意的掩饰和回避有可能露出马脚，何况你怎么知道你藏起来的反而不是公司最看重的呢。另一方面，求职也是一个双向选择的过程，真实也是一种基本的诚意的表现。

一位企业 HR 则说：

面试过程中不必刻意揣摩面试官所谓的标准答案，只要自己能够自圆其说，自成逻辑就可以了。要始终充满自信和乐观。我可以非常负责地告诉你，绝大部分问题没有标准答案；面试官所关注的并不是你的答案具体是什么，而是你的思路是否前后连贯一致、思维活跃、符合公司文化和职位的具体要求！这方面最有代表性的问题是："你在学校这四年，最有挑战性的经历是什么？为什么？"遇到类似问题，千万不要编！！要充分相信面试官的智力水平！你的答案越朴实可信，你靠近成功的机会越大！（来源：《外企面试超实用技巧》，经典网，2016 年 11 月 15 日。）

其实，在面试过程中，始终保持诚实而又自然的态度，聪明智慧地赢得面试官的好感，这本身就是真实自我的展现，只不过需要明白一个道理，那就是“真实不是不可以变通，不是不可以灵活处理”。任何面试官都不想招到一位“伪君子”，同时，他更不想招到一位呆头呆脑、不解人意、不懂变通的人。

4.“面试时间冲突了”，协调要积极

找工作是一个持续的过程，可能会遇到很多困难和冲突，其中最为常见的是面试时间的冲突。此时除了与招聘方积极协调、机动处理、坚持和执着，我们无其他选择。

一位同学说：

我曾经一天连面四场，当拖着疲惫的身躯走在灯红酒绿的大街上的时候，心中一遍一遍地默念“The Pursuit of Happiness”。自己的人生，需要自己把握。正如信乐团所唱的，“海阔天空，在勇敢以后，要拿执着将命运的锁打破”。……面试冲突了，要尝试一切可以协调的办法。最好的方式是找到愿意和你调换的人。有时候HR可能不愿意提供，跟他磨吧。对他而言仅仅是少了一个候选者，对你而言，可能就失去了一个offer。自己的事情，自己要尽全力；面试尽量不要选择最后一个出场，因为面试官的精力也有限。（来源：《求职真人秀：外企面试技巧全揭秘》，杭州19楼论坛，2011年11月28日。）

5. 尽可能顺应面试方的要求

女研究生陈蕾面试的第一家单位是家医药器械公司，外企。去年10月，网络申请通过后，陈蕾被通知参加笔试，拿到卷子，她傻眼了，卷面上都是和生物相关的题目。勉强答完，失望之余，陈蕾在卷面空白处写上这样几句话："作为一名本科与研究生都是学化学的学生，我仅有的生物学知识是在高中学的，并已还给老师，所以这份试卷我无法作答。"两轮面试过后，陈蕾没有被这家单位录用。（来源：《一位南开女硕士的求职故事》，应届毕业生网，2017年4月21日。）

其实，完全可以换一种态度来对待这样的面试，尽可能顺应其要求，利用自己的智慧让面试官接纳自己。对待这样的面试，有的人就非常聪明。且看下面这个例子：

在一次全国名校的巡回招聘中，当石经理和其他几位HR准备开始按入围名单笔试时，一位文质彬彬的男生走过来对他说："石经理，您好！我对贵单位很有兴趣，一直非常向往，而且做了一些了解。可是我的专业是医学，不符合您这里的专业要求，我也不懂相关专业知识，能给个机会我试试吗？这是我的简历。"

说着，这位男生将自己的简历递交上来。石经理感觉他的态度非常真诚，而且谦虚中透着一股自信，浏览一下他的简历，的确非常优秀，决定给他一个机会试一试。于是，这位男生小吴进入了笔试考场。

考场上，石经理作为考官监考，只听到安静的考场一片沙沙声，大家都在奋笔疾书。过了不到十五分钟，只见小吴起身交卷，并真诚地说："石经理，非常谢谢您给我笔试的机会！可是我不知道考试内容这么专业，我完全不懂，都不会做，很抱歉！"

小吴说完准备离开考场。这时石经理开口说："这张试卷你不会做，我再给一张试卷你做！"于是掏出了另一份专业的备用试卷，这张试卷上，石经理让他只做一道题，根据材料内容，题目和内容自拟，自由发挥。小吴接过试卷，开始认真答题。

考试结束后，石经理看到他的试卷，脸上露出了满意的笑容。他对记者说："我果然没看错人，虽然他完全没有专业背景，但是文章逻辑严密、语言简洁，重点抓得很好，理解能力很强。"

于是，小吴顺利进入面试。小吴觉得很意外也很高兴。（来源：《破格招录千里马，精明小姑娘骗过资深HR》，丁香人才网，2014年5月8日。）

在面试中，小吴阳光的性格和较高的综合素质也打动了主考官。在后来的工作中，证明他的确非常优秀，是领导和同事们公认的得力干将。

HR心得："其实从一开始，从他的言谈举止，以及他的简历背景，我就感觉他是个优秀人才：好学校、本地人，综合素质非常好，我心里就想，如果没有大的问题，这人我要定了，因此笔试未结束他想走时，我临时决定给他做另一份试卷，硬把他给留下来了。"石经理颇为得意自己的破格录取，老总也很欣赏他的魄力和正确决策，留下了一位"千里马"。(来源：广州日报。)

6. 微笑的力量

俗话说："面带三分笑，礼数已先到。"微笑是一种无声的语言，有着很微妙的作用。可以说，微笑是自我推荐的润滑剂，是礼貌之花、友谊之桥。面对陌生的考官，微笑既可以缩短双方距离，创造良好的面谈气氛，也可以使自己冷静、镇静，树立起一份自信。

关于求职时的微笑，一位求职者的感受是：

面试的技巧是需要提前练习的。对于普通面试而言，我强烈建议大家对着镜子微笑，有能力的话可以录下来，以寻找自己的不足。自认为在人际沟通，公共演讲方面有一定的积累，一直对自己在面试上的表现充满信心。直到前些天和一个被中国移动广州分公司录取的同学聊起她的“面经”才意识到自己犯了一个很致命的错误。“你平时去面试微笑得多吗？”同学问道。“好像很少，我看到面试官都不微笑的，感觉自己一个人在笑，很傻啊……”我回答。“这怎么行啊，我去移动面试时，从头笑到尾。整个过程十分愉快，当我面试完看到面试官用依依不舍的目光目送我离开时，我就知道自己很有希望了。”是的啊，正如刘老师所说，微笑更显个人魅力和亲和力。说实在的，我一半的兼职经验都要比进入移动的那个同学多，但最后为什么她能成功应聘呢？想到这里，我几乎对自己失去信心了……一个人在面试时候的表现可能会和平时的表现很不同，很多不自觉的表现或者小动作就会不由自主地表现出来。我开始有针对性地纠正自己的弱点了，而这个过程是极其痛苦但也是非常必要的。（来源：《求职真人秀：外企面试技巧全揭秘》，一览英才网。）

再来看一个事例。

浙江大学2017届毕业生小卢，在别的同学工作都还没有着落的时候，手上就拿到了四个单位的用人意向书。喜欢用笑容去感染面试官、加上开朗外向的性格和丰富的实习经验，是戴着一副眼镜的她在面试中能够迅速脱颖而出的法宝，“面试一次成功一次”是同班同学对她的高度评价。“谈不上屡试屡中，但面试被拒的概率很小。我算不上‘面霸’，前后只面过十几次，几乎次次成功。”她说，“光靠实习经验还不够，还得必备独到的面试技巧。”在面试的时候抓住面试官的目光，让他记住自己，是通过面试的关键。在她看来，面试时候保持良好的心理状态，积极应对考官每一个问题，充分表现自己，是她成功的最大秘诀。（来源：《求职真人秀：外企面试技巧全揭秘》，一览英才网。）

因此，微笑、开朗、善解人意应贯穿应聘全过程。应聘者进了公司，从跟前台打交道开始，就不妨以笑脸示人。见到面试官之后，不管对方是何种表情，都要微笑着与其握手，进行自我介绍。在面试过程中，也要始终注意，不要让面部表情过于僵硬，要适时保持含蓄、自信、乐观的微笑。

7. 要善于讲“故事”

一位资深人力资源总监说：

不少面试者很愿意在面试中勾勒自己的远景。其实，一个成熟的面试官不会跟你一起展望未来，只会循序地引导你讲出你的故事。在多数情况下，预测未来行为的最好指标就是过去的行为。在相似情景下，人往往会重复已经形成的行为（习惯）。我认识的一个资深面试官最喜欢说的话是：“来，让我们听听你的故事！”所以，请千万不要用很大的精力去谈你的远景，多谈你那过去的故事，多讲故事的前因后果，还有故事后的故事，它将帮助面试官深入地了解你。（来源：《人力资源总监揭秘：面试时，我在想什么？》，搜狐网，2018 年 11 月 20 日。）

具体地说，你可以先在简历中卖一个有趣的关子，埋一个伏笔，吸引住 HR 的眼球。获得面试机会后，再适时、适度地讲出那动人的经历和感人的故事，并通过这些经历、故事预示你未来的能力和潜质。

8. 怎么“说”研究很重要

关于面试时的表现，一位 HR 说：

你很难在 1 个小时的面试过程中了解公司，公司一样很难了解清楚你，所以你怎么说很重要。而很多人认为 HR 比自己还会撒谎，的确是有这样的现象，把公司说的怎么怎么的，进来一看不是那么回事。但更多的时候，HR 不会透露太多信息，因为怕你对号入座之后来投其所好。比如你说你公司希望招一个外向的人，那么来 10 个人起码 9 个人说自己外向，得，你怎么分辨？（这里只是打一个比方，内向外向还是有办法可以看出来的。）这又不是招厨师，你说你会西餐点心，那你做一下就知道有没有，很多办公职能岗位，没办法让你做一下就知道有没有的，还是要靠你过去的经历，自己提供的信息来给HR做判断。所以HR很多都比较容易进行自我保护。（来源：Shlgroup，《一个HR人给应届生的面试建议》，应届生论坛，2008年6月22日。）

会说是一个功夫，会说不会说往往一句话就决定了事情的成败。

百事食品的人事经理符女士在参加完某面试比赛后说：

在回答问题时，选手言语啰嗦，有些答非所问，未能直接表达自己的思想。在面试过程中，谈话交流的技巧十分重要。面试者要注意表达详略得当，说话条理清晰。只有这样，面试官才可以很快地捕捉到你说话内容的重点。另外，选手可能由于太紧张而没有听清楚问题，所以花了大量时间在解说所参与项目的缘由、性质和整个实施的过程，却没有提到自己的贡献。其实这就像考试时看错题目一样，当我们受到时间限制、产生紧张或焦急的情绪时，往往会在最简单的问题上犯错误。这是因为我们都习惯性地将一些“类似”的东西误认为“等同”，不经思考地将问题“理所当然化”。（来源：《应届毕业生面试时学会用眼神交流》，职场指南网，2018年3月12日。）

国际奥委会前主席萨马兰奇就是一位“说”的高手。

萨马兰奇当年从巴塞罗那研究生院毕业后，进入父亲的纺织公司工作，显示出他在商业上的惊人天赋。他最擅长的就是谈判，别人谈不成的生意，他却能够在短时间内谈妥。他牢牢地掌握分寸，坚持一个永远不变又永远在变的原则——灵活。他善于在最合适的时间、最恰当的地点、最自然的场合，说出对方最想听到的话，让对方感到既没有迎合之意，也没有恭维之嫌，更没有突兀之烦。当不需要说话时，他的眼睛则显露出心灵的另一面，那双眼睛真诚而又意味深长地直视着对方，没有犹疑彷徨，只有热情坦荡。他从屡试不爽的成功中生出一种自信，这种对于年轻人来说十分宝贵的自信，又给他增添了新的魅力。（摘自胡敏娟《萨马兰奇：西班牙气质，毕加索传人》。）

很多人力资源经理提醒，求职中语言的交流技巧会直接影响最终面试结果，得体简练但又重点突出的回答会为整个面试加分不少。然而表达能力并非一朝一夕就可以突飞猛进，所以平时不能忽视这方面的锻炼。

9.“从应聘者走入公司那一刻起，我就开始了考核”

负责公司人事工作的三井物产（中国）业务副总经理王先生说：

面试是求职中最重要的阶段，我会考察应聘者的气质和基本业务素质。实际上，从应聘者走入公司那一刻起，我就已经开始了考核。面试能不能成功，也许在你踏进大门后的最初3秒钟就被决定了。面试首先考核的就是应聘者的外在气质，应聘者的衣着、发型、走姿，以及与面试人员打招呼、接送文件的举止，这些不经意间完成的动作，正是公司对他们外在气质的考察过程。（来源：《面试从踏进大门的3秒钟开始》，嘟嘟校招，2020年4月29日。）

大多数应聘者，尤其是应届毕业生在准备面试时，把精力过多地放在猜测面试问题上，花许多时间准备答案，却忽略了言谈举止等“小事”。然而，公司的面试人员是不会放过任何一个可以考察应聘者的机会的。

10. 诚实是最宝贵的品质

王尧是上海财经大学毕业生，谈起当年的面试，他直说自己幸运。

早在大一时我就有了往外资银行发展的意向。众所周知，英语是重要的敲门砖。大学期间，我一方面对口语勤加练习，日常交际英语和专业英语两手抓、两手硬，另一方面时时关注行业动态，积累专业知识。过硬的专业知识和综合素质让我顺利地进入渣打银行的最后一轮面试。交谈甚欢之际，主考官忽然问了句，“你的统计学分数怎么那么低？”我懵了，哪里想到被问这个问题，更别说准备了。我微笑，再微笑，他也微笑，等着我回答。那是个有点秃顶、有点严肃的英国老头。我差点就想编个理由糊弄过去，转念想到，诚实是最宝贵的品质。我就说：“是很低，但是你知道，它是最难的一门课。尽管非常难，我没有放弃它。”凭着实力、信心、冷静和诚实，我拿到了offer。

面试就像推销，“商品”就是自己。面试前要做充分准备，临场回答一定要知之为知之，不知为不知。这个年代，诚实并没有过时。这里还有一个网友写的关于诚实的小故事，供我们面试时参考。

记得找工作前，师兄师姐们向我传授经验：面试时要表现得圆滑老练些，不知道的千万不能说不知道，要想方设法“圆”过去。但我觉得，即使一时混了过去，也终有一天会“露馅”。其实，无须把面试想象得多么恐怖、刁钻。虽然面试官有的严肃，有的慈祥，但他们都是本着录取合适人员的态度来的，只要你如实发挥水平就可以了。这和买商品一样，如果有个推销员把一件商品说得天花乱坠，你还敢买吗？

出于专业对口的考虑，我希望能进银行系统工作。多数面试都是从自我介绍开始，我的体会是：如实反映优点，紧扣专业优势。因为一般的介绍在简历上已经有了，考官不会太感兴趣，所以更要主动突出介绍自己的性格和专业等优势。我没有过分渲染自己的社会工作成果，也没有拔高自己的成绩水平，而是就自己擅长和熟悉的专业领域，跟主考者开聊。

另外，面试前我对银行业的专业知识做了精心准备，对其业务和所应聘岗位的现状进行了解，做好“功课”。准备得充分，一方面说明我能力强，另一方面也体现自己对所聘岗位的热爱。

然而，百密总有一疏。应试者准备得再好，也不可能对考官的每个问题都能回答得出。我面试时，考官抛出了一个我不记得的知识点。当时，我坦诚回答：“对不起，我学过，但忘记了。”记得当时考官对我微微一笑，没有停顿，也没有责怪，结束后对我说了一句：“同学，你很诚实。”最后，我收到了该单位的录取通知书。（来源：《毕业生面试经验谈：早做准备最重要》，职场指南网，2017 年 7 月 31 日。）

现在有很多介绍面试技巧的书，教导学生该如何如何表现。适当的礼仪是需要的，但老练和圆滑则大可不必。只有真诚的交流，别人才能感受到你的诚意。

在求职中要诚实，同时又不乏机智与灵活，给人可信、可靠、可以依赖的感觉，话不必多说，更不要闪烁其词，油腔滑调。这跟人们对财经、金融工作的传统认识有关系。财经、金融类工作是掌管资金、处理信息数据、监督和管理资金运作的，必须真实、严谨、可靠。

11. 自信最被看重

“有些毕业生觉得自己不是名校出身，便在求职中有意省去学校的名字，我们绝对不会给这样的人提供机会。因为他首先表现出了对自己的不自信；相反那些不是出自名校，但如实说明毕业学校的人，会在求职过程得到加分的机会。”三井物产（中国）业务副总经理王先生说。他建议，面试中应聘者应该变“被动”为“主动”，不把自己看作一个被考察者，而是把公司作为考察对象，拥有这种从容的心态，就能充满自信地完成面试。

作为面试的最后一步，在基本业务素质的考察中，公司往往仍会设置一些“场景题”，借以考察应聘者的应变能力、工作作风及处事方法。这些场景题，一般都是人人可做的题目，但做好却不易，而且事先无法准备，很难造假。这些题目几乎能够直接显示应聘者自身的实力，求职者如果不小心，很可能前功尽弃。

王先生举了一个例子：应聘者到公司后，一名工作人员会把他从门口领到会议室，在会议室里转一圈，再把他从会议室中领出来。这就是测试题目，让应聘者描述一下自己在几分钟内都看到了什么。有的应聘者能详细地说出从一进门到会议室都看到了什么，而有的人则说不出来。通过这个简单的测试能看出，那些能够具体生动地描述所见的人，能很好地调整心态，让自己很快地放松下来，通常被认为是充满自信的人。

12. 务实低调是明智的选择

在下面这个例子中，王豫在面试时真诚地表达了自己希望从较低的职位做起的打算，这显然与那些只想应聘经理的求职者形成了鲜明的对比。而那些求职者中，又有几人能真正胜任经理的职位呢？正因为王豫有着沉稳和务实的作风，才给考官留下了良好印象。可见，清醒地认识到自己的真实水平，尽量以务实低调的态度回答考官的问题，而不是过分张狂地显露自己，这将提高你成功的概率。

应届生王豫到一家知名的财务公司应聘，选择了普通职员这一职位，主考官一愣，问为什么。王豫回答说："我觉得以我的经验和能力，还不具备对别人发号施令的资格。"主考官微微一笑："拿破仑说过，不想当将军的士兵不是好士兵。你知道，来我们这里应聘的人大多都选择了经理的职位。"

"我想问一问，我前面有多少位应聘经理？"主考官说，大概有 30 多位了。"既然有了 30 多位经理，那么至少需要一位普通职员吧？我想我有胜任这一职位的能力和素质。如果我干得出色，那我也会从普通职员晋升为经理的。”众考官互相望了一下，点了点头站起来，伸出手表示祝贺，告诉王豫他是第一个被录取的人。（来源：杨沙，《面试问答“秀”出你自己》，财会信报，2007 年 1 月 13 日。）

13. 随和淡定，宠辱不惊

面试官表情是最容易影响面试者心情的因素之一。许多应聘者兴致勃勃地接受业务部门的面试，结果发现面前的部门经理或总监表情严肃，态度冷漠，就认为成功希望不大，情绪低落。而如果面试的人事专员和蔼可亲，面试者又会感到胜券在握，忘乎所以。其实，面试官的表情并不一定能如实反映他的想法。

一般来讲，HR 们（尤其是资深人士）阅人无数，早已历练得八面玲珑，含而不露。而部门经理们并不经常参与面试，其技巧自然不会像 HR 那样专业和圆熟。在面试中态度欠佳的财务经理在日常工作中其实未必如此。因此，不要陶醉于面试官的和蔼可亲，也不要为面试官的冷淡而闷闷不乐，把持好自己的心情，调整好自己的节拍，尽力识别出面试官问题的真实意图，从容淡定，宠辱不惊，其他由他去吧。

“外交必须在秘密中进行”，这是澳大利亚前总理陆克文曾经的一句名言。但不想2010年12月初，“秘密”之一被“维基解密网”披露，其中，时任澳大利亚总理的陆克文最耐人寻味的一句话，便是告诫美国“必要时，要做好向中国部署军力的准备”，即应准备好必要时对华动武。这句话是陆克文在访问美国时的一次午餐会上对时任美国国务卿希拉里讲的。

虽然，通常“知华派”不一定是“亲华派”，但“动武”一词的强硬程度与陆克文平日里的和善形象形成鲜明反差，连澳大利亚政坛对此也一时大哗。要知道，作为“知华派”的代表，陆克文不仅能说一口流利的中文，还曾在中国担任过外交官，与中国政界、商界打过交道。2007年底，他当选总理时，不少中国人和在澳华人一度欢呼雀跃，以为中澳关系将进入新时代。

然而，在他的领导下，两国关系反而大踏步后退。（来源：江亚平，《陆克文的“真心话”和“大冒险”》，学术网。）

可见，有的人是具有两面性的，有时是戴着面具的，表面的态度和语言与内心的真实思想有时是不同的，光看表面现象一定会误事。所谓“知人知面不知心”，求职也是一样，职场上这样的人也不少。

14. 礼貌坦诚，脱颖而出

《财会信报》曾刊登过作者靳元祥的一篇文章，原标题是

“2 元钱”，真实自然，值得一读。

大学毕业后的半年里，我参加过多场招聘会，投过数不清的简历，也有过不少面试机会，可惜，幸运之门始终没有对我敞开。大学时，我就读会计专业，在校时成绩优异，还在学生会任过职。刚开始找工作时，我踌躇满志，自信找份儿合适的工作应该不会太难。

可一旦投身于求职大军中，我很快就意识到当初的想法太天真了。那么多名牌大学的毕业生甚至研究生，为了一个小小的职位抢破了头，我的学校牌子不硬，所学专业又不占优势，拿什么和人家竞争？就这样，在矛盾与不安中，我接到了一家知名企业的面试通知。

面试地点设在这家公司的会议室，与我分在一组，一起进行面试的其他 3 个都是男生。几个考官坐在圆桌的一边，我们几个应聘者坐在另一边，氛围还算融洽。

服务员端来 4 杯水，几个男生接过水杯就喝。我一转念，不对啊，几个考官都还没水喝，我怎么可以抢先呢？于是，我礼貌地把杯子递给离我最近的那个考官。

“还是女孩子心细啊。”坐在中间的一位考官说，那几个正在喝水的男生立刻窘住了，面面相觑。我暗暗自得，还没忘对考官们露出谦逊的微笑。

几位考官先介绍了公司的情况，然后让我们谈谈自己的专业和对公司的想法。由于刚才的“喝水事件”，那几个男生都比较拘谨，反倒是我和考官们谈笑自如。这时，坐在正中央的主考官突然问了我一个意想不到的问题：“你的简历上写着会跳舞，能不能当场给我们表演一下？”我有些紧张，读小学时我的确学过舞蹈，但后来功课一忙，就没再接触过。我要是实话实说，不就等于承认自己在简历中撒谎了吗？于是，我大大方方地站起来，凭着自己的理解和儿时的舞蹈功底，做了几个维吾尔族舞蹈中的动作。等我回到座位上时，看到其中的一位考官对我笑着点了点头。

面试好不容易结束了，主考官对我说：“这位小姐，你明天到公司人事部参加复试。其他几位先生，祝你们在以后的求职中好运。”

我心里一阵窃喜，知道自己已经过了第一关。

15. 公私分明，赢得赏识

接着来看上例中的故事：

第二天，我准时到了这家公司人事部，昨天面试过我的一位考官坐在大班台后，想必他就是人事部经理了。

经理为我倒了杯水，和颜悦色地说：“小姐，你昨天的表现不错，今天让你来，是想听听你对会计工作的认识及今后的打算。”

我有备而来，回答起问题来也尽量做到条理清晰。当陈述完自己的想法时，我又真诚地说：“现在找个合适的工作很难，如果应聘成功，我会珍惜这份工作的。”

话谈到这儿，人事部经理站了起来，说：“还有几个应聘人员没有复试，你先回去，如有消息，我会打电话通知你！”

这时，我灵机一动，随手从口袋里掏出两元钱，恭恭敬敬地递给那位经理，说：“不管是否录取，我都希望您给我打个电话。”

也许是那位经理从未见过这种情况，略显惊讶地问：“你怎么知道我不会给没有录用的人打电话？”

“您刚才说有消息就打，那言外之意就是没录用就不打了。”

他显然来了兴趣，问：“如果你没被录用，我打电话，你想知道些什么呢？”

“请告诉我，我哪些地方不能达到你们的要求，在哪方面做得不够好，我好改进。”“那两块钱……”我笑着解释说：“根据财务规定，给没有被录用的人打电话，不属于公司的正常开支，所以电话费用应该由我来出。如果我应聘成功，到时您再还我，好吗？”说完，我冲他笑了笑。

经理笑了，说：“请你把两块钱收回，如果不能录用你，我用自己的钱给你打电话，毕竟你刚毕业！”

两天后，我接到了人事部经理的电话。是个好消息，我被录用了。

进公司不久，在一次活动中，我和人事部经理恰好坐到了一起，谈起当初的面试，他对我说：“想知道当初你为什么会被录用吗？”我点了点头。“公司上层本来要求聘用一些从业经验丰富的财务人员，而我偏偏选中了你，就是因为你当初的坦诚。你说，即使不被录用，也希望得到我对你的评价，这说明你有直面不足的勇气和敢于承担责任的上进心。还有，你自掏电话费这一举动，反映出你公私分明的良好品德。这对于一名财务人员是不可或缺的。为了你能被录取，我还和领导据理力争了一番，相信你不会辜负我的。”

听着听着，我心里涌起一股暖流。我郑重地对他说：“放心吧，经理，我不会让您失望的！”

16. 关键时刻，“霸王面”不妨一试

某大学校园 BBS（网络论坛）上曾经出现过一则标题为“霸王面成功”的帖子，发帖人去一家没有通知他面试的单位面试，居然获得了成功，因此在 BBS 上发文庆祝。据了解，“霸王面”与传统的“面霸”不同，是指那些没有接到面试通知，但是强行去面试的人。在各高校的 BBS 上，常常能看到这样

的帖子："××单位什么时间、地点面试啊？想去霸王面。"

经过艰难的六面，凭着实力、机智和勇敢闯进华为，并成功签约的一位同学在其面试经验总结中说：

周四的晚上是最难熬的夜晚，当我一个朋友电话告诉我他收到IBM一面通知之后，我小心翼翼地打开了邮箱，看到了熟悉的字眼——0封新邮件！完了，已经印证了我最坏的打算，华为和IBM双双落空！这个时候我的心情可想而知，因为在我身后有很多双注视着我的眼睛，我不想让他们失望或得意，于是我走出了最后一步——去华为霸王面！（事后证明我的决定是多么的正确，呵呵。）

于是第二天清早我直奔招聘现场，在这里我遇到了一位对我有知遇之恩的人——肖经理，当时他从会场出来上卫生间，我抓住机会冲过去，把简历塞在他手里，他看了看后对我说："你没有进三面？""是啊，技术面我都还没有参加啊，不知道为什么被拒了。""你等下，我一会跟你沟通一下。"看来有戏！果然，在等了大概一个小时后，肖经理喊我的名字，终于要面技术了，我一定要好好发挥！"……最后就是绝对、绝对、绝对不能放弃！在去霸王面的前几日，我度日如年，可就算直到去面的前一天晚上，当IBM和华为的愿望相继落空的时候，我依然坚信：我一定可以成功的！"（来源：Jane画人森，《网友亲身经历：华为面试流程》，2013年3月4日。）

身材娇小、文文弱弱的学生小张也曾经做去过“霸王面”。去年 11 月，她参加了一家会计师事务所的全英文笔试，但面试名单中却没有她的名字。“当时觉得很委屈，隔壁一个英语不如我的女孩子都有面试的机会，我却没有。”于是她鼓起勇气又来到面试考场，终于得到了一次跟心仪单位亲密接触的机会。

当然，“霸王面”要有一定的资本，不能差距过大。另外，如果“霸王面”过多过滥，也会引起 HR 的反感。某公司人力资源总监季先生表示，他不主张这种“霸王”做法。企业 HR 第一次碰到这种情况，可能被学生的主动行为感动或觉得新奇而“通融”，但随着“霸王”行径的人越来越多，其中很多人根本没有自信的资本，很多企业开始反感这种行为。同时，虽然学生勇气可嘉，但从礼貌角度讲肯定是不合格的，最好能事先沟通约时间。只有在原定人员缺席的情况下，来“霸王面”的学生才可能有机会。

17. 把握好“最后的提问”

通常，面试官会在面试的最后阶段询问应聘者：你有什么问题要问？其实，面试官提出这个问题是想从另一个角度去了解面试者是否尊重和重视所应聘的工作，另一方面也可以看出面试者对职业发展的规划。因此，面试者提问的内容在整个面试中同样重要，甚至可以弥补之前的一些不足。

在提问之前，你要预知面试官这时候最想听的是什么，最期待你说出什么，要结合应聘的岗位和前面的表现，进行策略性的思考，并在提问题的方式上展现出真诚。

首先，从提问内容和提问题的方式上，要能突出重点和策略，判断对方最愿意让你提的问题是什么，通过提问表达你真诚的关心，表达对所应聘岗位工作的思考，也可以在提问沟通中将前面环节未及展现的重要优势展现给对方。如果实在没有问题，或者对方没有让你提问，也不要勉强。

其次，可以考虑问一下自己面试的表现，自己有哪些不足之处。通过面试官的评价或许可以从中预测出面试结果。当然面试者应采用一种较为委婉的方式提问，比如“如果我有幸成为贵公司的员工，您认为我还有哪些方面的不足需要改进”。对于缺少社会经验的大学生来说，在面试中举止谈吐不浮夸，不造作，客观展现真实优秀的一面，才是面试官真正希望看到的。

聪明的求职者总能通过“最后的提问”再次展示自己的实力和对职位的兴趣。

一位 HR 举例说：

有一次，我面试一名项目助理 Cora，当被问及“你还有什么想了解的吗？”时，她的回答给自己加分不少。她说：“首先，我想再次重申对贵公司职位的兴趣和对该职位的理解。我的理解是……；我认为自己有几点适合咱们公司的机会……；您感觉其中有什么偏差吗？请帮我纠正，谢谢！”如此回答让我知道之前她为此次机会做过充分的准备，面试时认真听了我对公司的介绍，同时知道自己哪些方面适合公司额度项目助理职位，以上三点让这个之前只是中等得分的求职者为自己赢得了复试的机会。（来源：在路上09，《当面试官问“你还有什么要问我的？”》，大众点评网，2010年1月6日。）

一位成功求职者谈到体会时说：

综合自己比较有限的经验，我觉得提问首先要体现对企业的了解和兴趣，不提那些对企业应有的常识或可以通过网站等自行了解的问题；其次，体现你对进入所应聘企业的信心；再次，尝试通过提问的问题获取更多的你所不知道的企业相关资讯，这有利于加深对企业的了解，也对你将来如果真正进入企业有很大帮助。当然为了更好地做到这三点，我们必须提前准备好相关问题，在我去德勤参加终面时，精心准备了四五个问题并进行排序，把最重要的问题提前，根据面试官给我提问的时间和机会，最终问了有关公司审计系统、审计团队、本土化进程、新员工职业发展轨迹的异同等问题，获取了更多的信息，也增进了了解。从面试官的回答及面试的进展情况来看，我感到自己在这一环节是为自己加分了，结果也证实了确实如此。（来源：《某位不知名师兄的求职心得体会》，应届毕业生网，2015年11月4日。）

在面试的过程中，一些求职者担心会因提问关系自己发展和利益的问题得罪面试官而不敢提问。人力资源经理们说，面试官欢迎你提问！杜邦中国集团有限公司人力资源及行政经理李女士说，现在企业在招聘中非常看中信息对等，因为只有互相了解，互相选择，才可能做到双赢。华运房地产公司人力资源部经理李春晖说，越是大的公司，在招聘中，越是追求信息对等。前程无忧业务总监张先生则透露，他每次做面试官时，都会给求职者留出时间来提问题，通过这些问题，能够更真实地了解求职者。（来源：《财会信报》。）

值得注意的是，面试者切忌提问过于敏感的问题，以免引起对方反感或尴尬，降低自己的得分。比如千万不要着急问“该职位的年薪多少？”或“公司还提供什么其他福利？”等与自身利益有直接关系的问题。相反，可以问一些关于公司的远景如“能否介绍一下贵公司在中国的长期发展策略？”“本职位在公司的职业发展路径是怎样的？”之类的问题，以表现出面试者成熟的工作态度，也证明你有计划在公司获得长期的发展。

6.4.2 应聘被拒绝之后

当招聘经理或人力资源代表告知你他们已经决定跟你说拜拜时，不要只说“非常感谢”，然后挂电话或发邮件（假如他们邮件通知你），要抓住机会问一些问题。问问他们你需要什么技能或品质才能获得那份工作。询问他们对你在面试中说了或没说的话的意见。尽可能获得对你今后面试有帮助的信息，直接问雇主他们需要什么技能和素质，自己落选的具体原因是什么，应当怎样修正和提高，等等，从而提高在别处获得类似职位的可能性。

6.4.3 面试时的答题学问

1. 徐小平讲故事：一个五次面试均遭失败的求职女生

很多同学不会回答面试官提出的问题，不敢说出“我有经验”这样的话语，不会描述曾经有过与申请岗位有直接关联或间接关联的“经验”，缺少取得这份工作的自信，导致面试屡遭失败。对于这个问题，新东方前职业顾问徐小平老师在其新浪博客上讲过一个非常有益的故事，题目是“一个五次面试均遭失败的求职女生”（发布时间：2009 年 1 月 4 日），值得我们深入领会。

大家都喊大学生就业难。而且骂爹的骂爹，骂娘的骂娘，但就这个女生而言，她能够抱怨的只有她自己！

我是在一次大学生就业论坛上遇到她的，她现身说法，说自己想找一份化妆品公司的销售工作，被五家公司面试过五次，但回回都被拒绝！她回来叹息：大学生找工作真难！

但是，站在我眼前的她，形象很漂亮，气质很优雅，大学很有名，专业很牛棒！这样的女生，要找一份她所说的不需要什么特殊技能的化妆品销售工作都不得，中国还行吗？中国教育还行吗？中国大学生还行吗？

“中国很行”“中国教育也很行”，中国大学生更行！但为什么她面试五次都不行？

为了中国大学生就业的信心和前景，我向她开火了。

我说：“亲爱的，你知道你为什么找不到工作吗？因为你不会面试！这五家公司，肯定每家都问了你同一个问题：你有没有相关的销售经验？而你的回答，一定是……”

“没有！”女生抢在我前面回答。

我说，“你明明有这方面经验，岂能说没有呢！你怎么可能没有呢！你平时买化妆品吗？当然！那你可以告诉面试官，你把每次买化妆品的过程，都当作是一次考察销售的体验，体验销售的过程，体验销售的感觉，你并没有直接做过挣钱的销售工作，但你每次向同学朋友推荐你喜欢的化妆品，都是一次自发的销售行动，都是一种最真实和最有效的推销行为……”

这可不是什么强词夺理，更不是廉价的脑筋急转弯，这是面试的基本常识：你如何看待自己的过去，如何把自己的各种经历，包括实习经历和个人生活经历，和招聘公司对你的工作需求挂起钩来！

要求大学生拥有与每一个面试公司相关工作经验是不现实的。但至少你要做足功课，把自己短暂青春里面相关的东西清理一下，无论直接还是间接，无论充分还是勉强，好歹找到和这家公司需求的链接点，给公司一个雇你的理由先！哪怕是基于礼貌和尊重的“强词夺理”，也能打动面试者。说到底，任何公司雇佣入门级的员工，都是有培训的。你没有这份工作经验其实并不那么重要，但你有没有这份志在必得的心态，却是企业最最看重的个人财富！

缺乏面试技巧，是这个女生求职失败的直接原因，技术原因。但深入探索她的挫折理由，我们可以看到当代大学生在职业发展上的更多的问题。

这个女生却是喜欢化妆品销售工作。她申请的五家公司，都是同一行业。对于这样一份自己情有独钟的工作，但她大学四年，居然从来没有为参加这个行业做过任何努力。正式的实习不用说是没有的，非正式的尝试也根本没有。其实她只要稍加努力，为此付出哪怕几天、一周的时间，她的面试结果，肯定就不一样。

她问我："什么是非正式的尝试？几天时间真能 make 一个 difference 吗？"

我说："当然。比如，你会后立即到一家商场去，找一个面善的销售女郎，和她搭讪，买她点东西，留她一个号码——我向她要号码她会狐疑，你问她要号码她只会喜欢——然后约她出来喝咖啡，吃东西，请教销售问题，拜她为师……

"几次下来，下次你去面试时，人家向你提出'有没有工作经验'这个杀手问题时，你就可以更加真实而自信地回答：尽管我还没有正式的、全职的经验，但我是如此热爱这份工作，我甚至自己花钱请了一个师傅教我，她是香奈儿（或欧莱雅）公司的销售代表玫瑰红小姐，瞧，这是我帮她出货时的照片！"

面对这样狂热的求职者，公司不立即雇佣才怪呢！

这位女生的最后一个问题是："你是谁？"我是谁？我以为我是谁啊？不知道我是谁，并不说明这个女孩子不是谁——却说明她对于求职指导、求职知识了解得很少，或者根本没有对此付出过任何注意力。毕竟，我在大学生就业问题上，是说得最多、写得最多的人之一。上述那些求职的建议和常识，我不知道说过多少遍！她如果大学期间，把求职知识，当作一门知识来稍加学习，毕业求职，肯定也就不会那么惨！

要言不烦，请大家原谅我把这个女生的三大问题再罗列一遍：①她不懂得基本的面试技巧；②她在四年大学生活中没有为了自己理想的就业做一点具体的准备，而这是必需的；③她在受教育期间没有树立职业中心意识，在她的学生生涯和职业生涯之间，没有建起一座桥，而留下了一道鸿沟。

大学生就业难，原因很多，大家尽管骂娘。但在这个论坛上这个想做化妆品销售的女生而言，她五次面试而没有获得机会的原因，唯一的原因在于她自己！企业给了她五次机会，而她却不肯给企业一次机会，最后自己失去了机会。

对了，这个女生叫胭脂。作为化妆品，胭脂唯一的作用，是涂到脸上才有价值；作为大学生，胭脂唯一的成功，是通过一个就业位置为社会服务才有意义。所以，大学期间确立明确的学习目的、职业意识，并为之做好充分准备（比如相关实习、活动、应用），是大学毕业找到工作的重要保障。

最后送大家一个15年前的老故事：新东方王强老师在美国读完计算机硕士后，得到贝尔实验室一个面试机会，谈到最后，面试官说“你很棒，可惜没有工作经验……”。王强抢过话题反问道：“你说的‘工作经验’是什么意思？假如校外工作经验是唯一的经验，我也许没有，但校内工作经验，我就太多太多了。校内工作经验难道不算经验吗？”说得贝尔实验室的面试官口服心服，当场给了他工作。

那时候贝尔实验室的工作对于王强的意义，应该说约等于后来的新东方上市。

2. 会计面试回答问题的思路

在应聘会计类岗位时，求职者一定要学会从以前学过的课程、读过的书籍、自己的生活经历和各种活动中挖掘与面试问题相关的东西，从实际生活中找思路。其实，会计、财务管理、审计等知识都与日常生活、日常活动有着密切的联系，很多方法、原则、理念在日常活动中都经常用到、都有所体现。主要原因是同学们知识学得太死，太概念化，太空洞，没有与实际生活相结合。另外，回答问题时一定要结合招聘方的文化和理念，根据招聘方对岗位的内在要求组织相应的回答。

一位拥有 CPA/RTA/CIA 资格的网友谈到面试经历时说：

邀请我面试的第一家企业非常好，我很想很想去，我申请的是财务分析岗位，面试前做了大量准备工作。面试过程也很顺利，一个财务部的、一个人事部的，财务部的人问的是我应聘的职位和我的工作经验有什么联系，还考了我对数字的敏感程度（就我在前台的一点时间以及简单的企业信息，让我估计企业固定资产的规模，面试的人说我判断得不错），人事部的人问的问题是各个面试秘籍上都能看到的问题。我自我感觉相当满意，可是被拒了。我为此郁闷了两三天，我太想去那家企业了。后来和一位在外企做 HR 的朋友分析了一下，原因可能如下：

第一，在对方要求简单介绍自己的时候，说自己的创新能力稍弱。朋友分析说，虽然做财务分析不需要太多的创新能力，但是这家企业的文化是鼓励创新。在整个应聘过程中，要尽力理解和迎合企业的文化。在最初的介绍阶段最好不要提缺点，哪怕你是实话实说，因为最初的印象非常关键。

第二，对人事部的人提出的问题回答得太流畅了。朋友说 HR 最不喜欢这种人了，会给他/她一种“全在我意料之中”“正好撞上了”的感觉。主要是现在各种面试秘籍、宝典满天飞，HR 也是阅人无数啊，都有免疫力了。最好是思考两三秒钟，这样也可以揣摩一下 HR 的心理，使回答更完美。

第三，企业问我有什么问题时，我问的是企业考核方式和标准的一个工作日会是什么样的。朋友说我前一个问题没什么问题，后面一个问题问得含糊，我的实际意思是想知道工作作息时间，但给人的感觉我好像是一个需要上级安排好一天工作该干什么不该干什么的人，主动性差。所以大家问关心的问题时最好用最简单清楚的方式，因为 HR 基本上是集中在几天内面试，人也很昏的。有一个很有名的帖子说过：“HR 不能决定用你，但是他们可以决定不用你。”留下好印象很重要！

第四，朋友认为我的资历经验和应聘的职位还是有差距的，我一点财务分析的实际经验都没有，长处是对财务法规、账务处理、审计知识比较熟悉。我在回答财务部的人的问题时可能不够理想。他建议我不要申请类似岗位了，用人单位对招聘有工作经验的人时，更希望你原来的工作经验有用，从头培养还不如找一个刚毕业的。

第五，朋友认为即使我的经验合格了，但我要的薪水太少了！这从另一个方面反映出，我对这个岗位的认识不太对路。（来源：红泥小火炉，《我的找工作经历》，中国会计视野论坛，2006年4月6日。）

正如这位网友的“朋友”所言，有工作经验的会计人求职必须把握两点，一是要应聘同行业的企业和相近的岗位，不要随意变换行业和企业类型；二是不要认为从事过的行业越多越好，特别是初、中级岗位，涉猎较多就必然意味着不专业、不扎实。另外，这位网友资格太多、太优秀可能也是被拒的原因之一，因为这可能招致招聘方对你的稳定性持怀疑态度。最好的办法是，只写与这个企业的规模、实力或要求相称的资格。将所有的资格都写上，不管适不适合，这是很多人求职时都犯过或正在犯的毛病。

3. 一位财务经理的招聘日志

从下面这份招聘日志中，你能读到什么？

前不久，公司需要招聘一位财务分析岗位人员，作为财务经理的我负责此项工作。对于招聘，公司的流程是人力资源部负责发布信息、收集简历，筛选简历、面试则由财务部门和业务部门共同完成。

说到简历，我相信每个人都会很重视，都希望在简历上突出自己的优点。这种想法虽然可以理解，但我们希望应聘者的描述不要超出其实际情况。需要提醒的是，有些条件我们是要做背景调查的，应聘者还是如实表述为好。

初试采取"笔试+面试"的方法，笔试的目的不是看应聘者的分数有多高，而是看其擅长哪方面、薄弱点在哪里。如此一来，我们就能结合简历，在面试的时候有针对性地聊了。

笔试题数量不多，但方方面面的内容都有。如有一道简单的考核分步法的成本核算题、一道考核逻辑判断能力的题，还有其他从实务中选出来的合同审核题、英语合同翻译题等，一共6道题目。

针对每个人简历中描述的不同经历，我们在面试中准备了不同的问题。其实不外乎三个方面，一是专业技能；二是沟通技能；三是工作外因素，如家庭等。

在面试时，我们会尽量营造出一种轻松的气氛。首先从简历上描述的工作经历开始，如在以前的企业学到了什么、企业的组织架构是怎样的、某些业务流程是如何展开的，等等。

一路聊下来，我们发现了很多意料之外的情况：一直做总账报表的会计对成本却非常熟悉；简历中写明全程负责公司上市业务的财务人员，竟然对上市流程不了解，对所需要的资料也知之甚少。通过谈话，我们对应聘者的知识结构、职业技能以及性格特点有了大概的了解。

接下来，我们会进一步考验应聘者处理问题的能力。

财务工作往往是“功夫在诗外”，需要和业务部门频繁地打交道。由于观点不一致，双方很容易产生冲突，这种情况下如何进行取舍以及如何处理各方关系就比较考验人。在交谈中，我们跟应聘者假设了几种情景，有人不知所措，有人游刃有余，有人只说原则不说方法，有人希望以和风细雨的方式来解决问题，还有人较为坦率地表示直接让高层出面。每个人的表述都有一定道理，我们也会根据应聘者的做事态度，来和我们的企业文化进行匹配。

“如何看待琐碎的财务工作”也是一道考验应聘者的题目。有人说需要对数字异常敏感，有人说自己的性格适合。而我们希望应聘者的答案能在此基础上进行升华，如数字后面是各种各样的业务，希望多了解业务来达到财务增值等。

工作之外的事情偶尔也会被提到，不过我们会声明：如果不方便回答就不用回答。对于企业来说，对员工了解得越多，就越能对其进行合理的规划；对于应聘者来说，也需要对自己的工作和生活进行合理分工，避免出现冲突。

另外，需要补充的是，在面试中，题目难是为了考验应聘者的实力和潜力，我们不仅仅是在提问后等待答案，主要是想看看应聘者在我们的启发下能否有更开阔的思路，能否就某些业务展开更加独到的探讨。对于在某些方面需要进一步发展的应聘者，我们也会说出自己的看法，像朋友一样谈谈我们自己的建议。因为应聘者更需要鼓励，我们希望他们能在这个过程中感受到一些温暖，得到一些职业发展方面的帮助。

优秀的人很多，但是公司往往需要合适的人。事先做好应聘企业的功课，对应聘者来说至关重要。（来源：西风折柳，《一位财务经理的招聘日志》，4Fang 网，2010 年 4 月 19 日。）

6.5 面试中常见的错误

1. 迟到

迟到，往往是招聘单位难以容忍的错误，也是面试时最容易发生的最低级的错误。不管由于何种原因，面试迟到都是求职大忌，很容易让人怀疑求职者的职业操守。然而，同学们在学校时，迟到可能早已是司空见惯、习以为常的事情。习惯成自然，职场上稍不注意就会产生不良后果。很多求职者都曾在面试迟到上吃过亏。

说到面试迟到的经历，女研究生陈蕾记忆犹新。去年11月，学院推荐她面试一家国企，初试结束后，第二轮面试在塘沽进行，通知她的面试时间是上午8点半。早晨6点多起床，不到7点，陈蕾来到学校门口的公交站，坐643路到中山门转轻轨去塘沽。“那天643晚点了。”当时她在公交站等了近20分钟，路上又塞车，到达轻轨站已近8点。8点10分左右，陈蕾上了轻轨。8点40分，轻轨还差几分钟到塘沽时，陈蕾接到了“你被取消面试资格”的短信。陈蕾没有放弃，一直在面试会议室的门外等候。中午11点多，她终于得到了面试机会，但最后还是没被录用。“早知道这样我打的去啊！”提起那次迟到，她到现在还后悔不已，“一票就被否决了。”（来源：《一位南开女硕士的求职故事》，应届毕业生网，2017年4月21日。）

另一位求职者说：

错过了笔试，先是比较坦然，后很不开心，甚至在寝室里面哭了。……这次经历，让我很深刻地感受到，自己的风险意识太低了，或者说把问题想得太完美了，太不周到了，或者说其实很不重视。我知道其实自己一直都有这个毛病，什么事情都想得刚刚好，别人说 4 点钟笔试（实质是面试），我 3 点钟出发还优哉游哉，路程是从财大到武大工学部，以为肯定会没事，甚至以为别人也不一定准时开始（平时那些人开会不是经常迟到嘛），甚至想，迟到了，别人也会仁慈地让我进去。

赶到了，还以路程为借口，要我是 HR，我也不会选你。首先迟到了就是迟到了，你得承认错误啊，再尝试一下用诚恳的态度恳求别人吧。你说的那些借口一点同情分都没有，而且很讨厌！我知道了，在生活当中，我经常都会以各种理由来宽恕自己，而没有吸取教训。感谢昨天跟我有一面之缘的 HR，虽然仅仅是匆匆忙忙的几句话，但是感谢你提醒了我，感谢你还听我说完了这么多废话，感谢你态度很严肃，感谢你没有给我机会，太谢谢你啦，真的！学财经的同学知道资金有时间价值，我明显没有入门，我该知道时间有资金价值。（来源：应届生论坛。）

值得推崇的是，有的单位在招聘工作中对求职者尽到了提醒的责任，从细小之处体现了工作的细致、规范和对求职者的关爱。比如，创维集团在其“招聘流程须知”中就明确提醒参加面试者："创维集团招聘流程包括初试、笔试、复试和评价中心等四个环节。并请注意以下几点：①每个环节的时间和地点我们将通过短信或电话通知，请保持通信畅通。②接到通知后请提前15分钟到达指定地点。未按时参加面试和评价中心面试的，视为自动放弃。"可以说这代表了所有招聘单位的期待和要求，然而绝大多数单位没有这种关爱和明示。

2. 不注意仪表

面试应该算是一个比较正式的场合了，所以在面试时应聘者要打扮得有一点职业气息。一个衣衫不整的应试者，很难同办事干练的形象联系到一起。有一篇文章说，第一次见面，谈话效果如何取决于以下因素：7%的谈话内容，38%的语气，45%的穿着。尤其会计、审计工作，永远是专业、职业的象征，你的职业形象一定程度上决定着你办事的效果和质量。

你的穿着可以适当有一些档次，但是千万注意不要太"扎眼"，尤其是要与你的身份和经济状况相符合。

财经学院的毕业生吴志敏在同学中属于佼佼者，在本地和外埠的一些较为知名的专刊上发过几十篇论文。他的理想是能进入机关，毕竟公务员有稳定的工作环境和薪水。

为了增加受聘的成功系数，家境并不宽裕的他紧急向父母求援，加上好友的赞助，购买了一套豪华笔挺的名牌西装。这身“行头”使他看上去脱去了原来的“学生气”。

在一家审计机关的招聘摊位上，小吴递上了自己的简历和专业论文集。主管边翻看了里面的内容，边不时地点着头。接着，主管又问了小吴一些学业方面的情况，确认了那些论文的来源后，主管当即给他写下了一个电话号码，并通知了面试的具体时间和地点。

看来成功在望，小吴心头不禁一阵窃喜。当主管再次抬起头，打量了他的“行头”后，眉头开始皱了起来：“这位同学，如果你不介意，我想谈一个别的话题。能告诉我你身上这套‘行头’的来历吗？”主管说完后，犀利的目光紧盯着小吴，使他不得不道出了实情。

听了小吴的表述，主管说了这样一番话，虽然婉转，但足以让他听出了话外音：“一般来说，应聘注意自己的形象是对的，但在着装上我们只要求干净整洁就行。从刚才介绍的情况看，你的父母并不富裕。如果为求职无谓地增加他们的经济负担，我们很难认同。你知道，作为一名国家的审计人员，最需要具备平和务实的素质。从你‘举债’求职的动机来看，你在求职中存在浮躁的心态。在此，我收回我的意愿，希望你能在下次招聘会上表里如一地展示真实的自己。”

事情发生了这样的骤变，让小吴措手不及。他还想解释点什么，主管微笑着向他摇着头，开始叫下一位。出了招聘现场的大厅，小吴只感到大脑里一片空白。万万没想到的是：一套不合时宜的“行头”竟然使他丢失了一次近在咫尺的成功机会。（来源：刘卫，《败在“行头”上》，知网空间。）

当然，如果应聘的不是很需要创造力的职位（比如广告创意、动画设计）的话，还是应该打扮得乖巧入流一点，以后入职了根据工作需要再怎么舒服怎么穿。女孩子面试的时候，不必特意浓妆艳抹，又是做头发、又是专门买漂亮的服装。如果一个公司因为打扮得妖艳而看上了你，那可是一件让人担忧的事情。一位 HR 所说：“一般情况下，只要不是容貌过于对不起大家，整容也没有必要。一个员工的价值，不在于他是单眼皮还是双眼皮，而在于他眼睛的洞察力。”

3. 对企业一无所知

面试中，招聘方往往会问应试者：你了解我们企业吗？你了解我们的产品吗？你清楚这个职位是要做什么吗？很多毕业生应聘时比较随意，没有将对企业的了解当回事。

李同学面试中信集团总部时，面试官问他对中信了解多少。他想了半分钟然后说道：“我接到面试通知时还没来得及查阅中信的资料，所以不太了解。”面试官对他说：“我们招人自然希望他能了解中信。你还是回去再多了解了解吧。”赵同学在面试人民银行时，面试官问他为什么想来人行。赵同学心里想：还不是因为你人行权力大。但是不方便直白地这样说，他一时没了主意。吭哧吭哧中，和人行说了再见。

在一次招聘会上，一家化妆品公司的招聘主管让应聘大学生说出几款该公司代理的品牌名字，没想到求职者一个都答不出来。这位招聘主管事后说：“对公司这么陌生，在求职前不去了解该公司，很难想象他对自己的职业生涯有所规划。这样不负责的人，我们肯定不会用。”（来源：《求职面试案例解析》，优文网，2018 年 2 月 9 日。）

据了解，这种情况招聘单位经常遇到。无数的人“倒”在了面试上，原因就是始终没有搞清楚对方想听什么，自己应该说什么，有哪些限制条件。

从根本上讲，你应当确实喜欢（最起码认可）所应聘的这家公司，如求婚一样，这样的婚姻才可能长久。你不能过于相信一见钟情，对对方必须有一定的了解，更不能为了赶快成婚而假装喜欢她（他），拿好听的话欺骗她（他）。职场上之所以跳槽者众多，就是因为当初不是真喜欢，而是权宜之计，或者拿“婚姻”当儿戏，能过则过，不能过则离，先结了婚再说。正因为如此，才不认真对待，也不管是否真正合适，大不了“离婚”。求职如求婚，你不在意，你不认真，但对方是认真的。

面试是一个双向选择的过程，在应聘中，求职者当然也可以向对方提问，但是不要随意地去问具体的岗位职责和工作内容，因为招聘信息里已经做了介绍，不要让 HR 感觉到你没有做好“家庭作业”就来考试，从而降低对你的满意度。如果你磨蹭半天连应聘公司及其职位相关的基本内容都说不上来，面试官一定会心存疑问：这个人到底是来干什么的？

4. 无精打采

在面试中，要调动起最良好的情绪和最活跃的思维，以便准确理解面试官说话的含义，不要让人对你有无精打采、暮气沉沉的感觉。要知道人们都喜欢新人的朝气、激情和冲劲，只是不欣赏其傲气和自大，比如声称什么样辛苦的工作自己绝对不做，要做就做管理等。

面试中身体语言是重要的一环，尤其是眼神接触和表情。这不但影响面试官，也充分表明自己是否自信。曾有一项研究报告指出，人们日常的沟通，非语言性的沟通占了 70%。所以，若想面试成功，应随时注意包括身体语言在内的非语言方面的表现。

如果在面试中我们没有被选中，也许并不意味着自己能力不行，只说明我们与所应聘岗位的要求匹配度不高，由于对招聘方了解不够，有碰运气的成分在里面，没有投其所好。不要气馁，总结教训便是。不要愁肠百结。所有的痛苦都是人生的收获，在所有人面前我们展现的都应该是真诚、阳光、乐观、上进和百折不挠，只有这样才会有人来帮助我们。其实，求职者面试不成功是很正常的，不管求职的道路如何坎坷，我们都要以良好的心态积极应对。

5.“随意”处过于随意

言辞诚恳一方面可表现 HR 自身良好的职业素质，更重要的是还可以于诚恳的言辞中透露出良好的公司形象，为吸引更多求职者打下基础。同时，还可以使应试者消除紧张情绪，更好地展现自己真实的一面。因为人在轻松随意的气氛中才容易显露自己真实的一面。对于为何离开原单位之类的问题点到即可，因为很少有人会说实话，可以通过其他问题了解，从侧面打开求职者的心扉。作为求职者，在与 HR 过招时，“随意”处不可过于随意。

一位名叫 Journalist 的 HR 工作者撰文说，鉴别人才其实就是两个字：“观”和“察”。除了“观”以外，“察”讲究的是技巧。一般应试者起初都会很紧张，要问一些看似简单的问题，例如：以往工作的描述、介绍一下自己的家乡、介绍一下自己的父母，等等。给求职者一个轻松的开始，但是这不是例行公事地问，里面隐藏的东西其实很多：口述工作经历与简历描述有差别的，例如某个很重要的工作流程口述时一语带过，则证明其在这方面可能不是很精通，甚至没有做过，这方面就可以抓住追问下去；介绍不出自己家乡特色的，可能对身边事物不太关心，甚至缺少自豪感；谈及自己父母时语气中丝毫没有感恩之心的，则证明这个人很难交心，对父母尚且如此，更何况对其他人了。当然对于应试者的回答，不要表现出不可忍耐，更不要争论、说教或教训别人。（来源：《鉴别人才的“观”与“察”》，应届毕业生网，2018年2月6日。）

6. 高估自己

一些应届生在刚求职时，优越感十足，总认为很多平凡的工作不该是大学生做的，只有经历了挫折之后，心态才会慢慢平和。还有不少同学，毕业一上来就应聘主管、经理甚至总监，显得好有志气。实际上，这是一种不了解职业、职场、岗位，不知道现实工作是怎么一回事的表现。一位企业资深专业人士说：“不是考试成绩得了高分就可以做主管的，也不是在学校做了‘部长’‘社长’‘主席’之类的，就可以一下子做好主管的！”

这里有一个某公司经理描述的小故事，足以引起应届生的思考。

去年的一天，我正在我的办公室里办公，一个女孩走到我的办公室，微笑着对我说："请问你是本公司的最高主管吗？"

我说："是的，请问你有什么事吗？"

她说："我是来应聘的，我想应聘公司的主管，并且薪水要在2000元以上！"

我听了笑着对她说："我很佩服你的胆量和勇气，请问你拿什么来证明你应该得到你想要的位置和薪水呢？"

她说："第一我是党员；第二我是学校的学生会主席；第三我连续三年拿了全校的最高奖学金；第四我曾连续四年被评为校优秀学生干部，这些是我的证书；第五我是名校毕业。这些可以证明我的能力了吧？"

我说："那好吧，为了证明你的能力，现在请你帮我做一件事。"

说完，我拿出了十本我看过的旧杂志对她说："请你帮我在一个小时内把它们按原价卖掉，记住是原价卖掉，现在你可以去工作了。"

她看了看杂志对我说："主管，你的这些书可都是旧书啊？"

我说："书是不分新旧的，看书主要看的是内容！"

她接着说："可是主管你的这些书也不可能按原价卖掉的啊！"

我说："只要我能你就能！我相信你有方法能把书按原价卖掉！"

她的脸有点难看了，说道："主管你给我一个小时的时间也太少了，能不能给我一天的时间啊？"

我说："成功一定有方法！一个小时的时间已经足够了！我相信你能做到的！"

她说："可是主管……"

我立刻打断她的话说道："你没有任何理由和借口，只要抓紧时间去做就行了。现在你还剩50分钟的时间。"

她的脸色立刻变得很难看，对我大声喊道："有你这样面试员工的吗？你是什么破主管啊！现在你求我干我都不会干了！拜拜了！"

说完转身走了。

我看着她离开的背影，我在心里庆幸没有留下她！（来源：琵琶行论坛。）

无论你自认为多么优秀，在真正的职场精英面前也只是小儿科，还没进门就翘尾巴，进门后还不飞上天？这样的人会影响公司的工作氛围，出局没商量。

7. 抢风头

有的求职者为了获得主考官的好感，会试图通过语言的"攻势"来"征服"对方。这样的人自我表现欲过强，在面试时也不管主考官究竟买不买他的账，没说上三两句话，就迫不及待地拉开“阵势”，卖弄口才，抢话、插话、争辩，力求自己在“语机”上占上风，从气势上征服对方。

国际贸易专业应届生李某，应聘岗位是营销企划。参加学校里的招聘会时，小李杀入了一家国内知名企业的面试现场，据说投简历的就有数百人，最后杀进面试的只有30多人，因此小李觉得要脱颖而出就必须表现得更积极。在面试时，别人还没说话，小李就不停地抢着回答，面试下来有2/3的问题都是小李回答的。一个星期后收到通知，小李被客气地告知不需要参加复试了。（来源：《让你被“刷”掉的面试细节》，应届毕业生网，2017年3月2日。）

不能说爱抢话或爱插话就是浅薄，有的人只是过于积极、主动或性急，但人们往往非常不喜欢这种“不管嘴”现象。因而，在求职面试时，无论自己的见解是多么的卓尔不群，无论别人与你的看法或观点有多大的偏差，在对方把话说完之前，千万不可抢话、插嘴，这也是对别人最起码的尊重。即使别人的话偏差太大，也要根据当时的情况，注意礼貌，把握好分寸，给别人留出面子和机会。

有一个求职者在谈话中一直用争辩和反驳的语气：“为什么不是这样？”“我有我的见解，不管你怎么想。”这种争辩或许能表现出你的自信、才智、机敏和认真，你可能在某个细节上辩回了面子，殊不知就在你“过了口瘾”的同时，主考官从大局考虑，为了单位将来的安宁，已经放弃了对你的录用。应试者必须清楚，面试的目标不是在谈话中取胜，也不是去开辩论会，而是要得到工作。你所说、所做的一切都是为了得到offer，因此，你所说、所做的一切都必须得到面试官的肯定或欣赏，最好是感动和激赏。

实际上，绝大多数单位一般都喜欢平和、低调、谦虚的人，自信和自私有时很难区分。自私的人往往没有团队合作的概念，奉行个人英雄主义，在财务、审计等岗位上，用人单位不会喜欢一个单打独斗的独行侠，也不需要辩论人才。

8. 学生气

先来看一个例子。

我是小杜同学，女，会计学专业，面试岗位：外事。投出简历后不久，我接到了自己心仪已久的那家知名高薪企业的面试通知。“根据你的性格特点，我们想把你安排在外事部门，不过户口方面可能还需要再争取。”听到这句话，我愣住了：“你们不是答应可以解决吗？”后半句被我吞进了肚子，我的感觉越来越不妙。要是户口解决不了，我也许根本就不会来应聘……我左思右想，轻轻咬着下唇说："要不，我跟爸爸妈妈商量一下。"主考官也突然愣了一下，我马上意识到，自己似乎说错了什么。"好吧。"他微笑着说，"不过要记得，以后你参加面试的时候，不要说'和爸爸妈妈商量'的话，因为这样会显得你没有主见，明白吗？"我抬头看了看他的眼睛，他眼里满是真诚。我意识到，我错失这个机会了。（来源：Miyasa，《面试揭秘：原来你是这样被刷掉的》，360doc 个人图书馆，2010 年 12 月 14 日。）

再来看小张同学的例子。

小张，国内重点大学本科毕业，随后赴英国读书，拿到了金融学硕士学位。优秀的成绩单，一口流利的外语，加上体面的学历证书，让小张信心满满，在一场综合招聘会上主动和企业负责人交流，并且适时由一旁陪同的母亲为她捧上各类奖学金证书与学位证书的复印件，而负责后勤的爸爸，则会根据"战况"，到招聘会门口处再行复印若干简历，以作备用。对此，人力资源负责人直摇头。"各方面表现再优秀，但是如果招聘会都需要父母陪同，我们对求职者的能力打上一个大问号！"他表示，很难想象一个缺乏独立性与自主性的年轻人，在步入职场后能迅速成长并成熟起来。（来源：《面试需要注意的六戒》，百分网，2018 年 8 月 10 日。）

在公司现场招聘负责人看来，开放式的招聘会现场，除了对所投交的简历作浏览与筛选外，招聘方会很注重从细节考察求职人员。在场面、规模均较大的招聘会现场，有时更容易暴露出求职者的弱点，招聘方都看在眼里。

9. 八字没一撇就要谈薪水

薪酬谈判成功的条件之一是，需要相互了解清楚。招聘方要对求职者做出更详细的评判，而求职者也需要通过面试了解企业的各方面情况。有些面试官在面试时会直接向求职者提出薪水、待遇等问题，如果对方没有提及，此类问题求职者实在不适合主动提出，除非你有对方不得不录取你的条件。有专家说，报酬不是不可以问，只是不要太执着。问起薪酬待遇，因为它很敏感，会让企业感到很不舒服。

一位资深 HR 说：

大部分情况下，薪资是不可以谈的。不过最后，很多同学最感兴趣的当然是薪水。不少同学偷偷问我，是不是可以和公司谈钱？和谁谈？怎么谈？再牛的大学生对公司来说也是一张白纸，而且校园招聘的职位的薪水都是固定的，各大求职网站基本上都可以查询到公司的各大初始职位的薪水。

当进入公司两年左右时间，充分证明了自己的能力，有了一定的话语权，才可以开始和老板、人力去争取更多的福利、假期和更理想的薪水。同时，希望大家更多看重自己所在行业的前景和上升空间，而不要太过于计较起薪。不少公司和行业，起薪并不高，但会有很好的晋升空间和较高的涨薪幅度。（来源：谢小花，《500强招聘的十大潜规则》，商友圈，2012年5月23日。）

在谈恋爱中，这种例子也很多。在《我是你一辈子的试用品》一书中，作者老猫就讲了两个例子。其中一个例子是：

我的一位朋友向我抱怨，他和一个姑娘网聊了很长时间，双方都很有感觉，他正考虑和姑娘见面呢，姑娘却提出他应该换个工作——这位朋友喜欢打零工，多少年来，都是和公司签一年合同，挣了些钱后，不再续约，出去旅游，玩个痛快再回来找工作。姑娘告诉他，你必须有长期稳定的工作，这样才是个负责任的男人。我的朋友立刻掐断了和这个姑娘的联系。他说："假如我们真的在一起了，我真的爱上了她，完全是另外一码事，我可以改变我的习惯。问题是我爱她吗？还没有见过面，和爱又有什么关系呢？这样向我提要求，改变我的生活方式，我当然不会接受，我觉得她是一个事儿妈，将来她会不停地对我指手画脚。"这个姑娘可能是无心之失，但男人对她的第一印象已经形成，不愿意再浪费时间。

可见，一上来就谈一些敏感的问题，是多么的不合时宜。

10. 沟通不畅

中国人力资源开发网曾在一千多名人力资源从业者中进行过大型网络调查，其中一题是“您的企业最不愿意用哪一种员工”。调查结果表明，选择不愿意用不守规则、任意妄为及难以沟通、自我封闭的两类员工各占 15.55%，此两类员工加起来占近 1/3，两项并列企业最不愿意用的员工第二位，仅次于“嫉贤妒能、玩弄政治”的员工。有意思的是，这两类员工看似完全相反，在这里却被 HR 们“同等对待”了，各占 15.55%。仔细分析之后不难发现，这两类员工有一个共同点，那就是在沟通上存在较大问题，运用日常的管理方法可能并不能达到理想的管理效果。

一位 HR 说：“我认为如果只能选一种，那最不愿意用的就是难以沟通、自我封闭的员工，现在的工作都是需要良好的沟通才能很好地进行下去的，如果沟通不好会影响到公司内部客户和外部客户。”

可见沟通不畅的求职者在求职中是要吃亏的。不少求职者介绍自己时结结巴巴，回答问题让人摸不着头脑，声音低得像蚊子叫，招聘方认为这样的人沟通能力实在欠佳，就算知识再扎实企业也不想要。

11. 忘乎所以，口无遮拦

面试中对自己经历及能力的表述要简明扼要，重点突出，适可而止，千万不要一打开话匣子就没完没了，夸夸其谈，自吹自擂，甚至喧宾夺主。求职者要力求实在，言简意赅，不可大包大揽地做太多的口头承诺，更不要情绪宣泄，说得太多了容易引起考官的反感。有时，考官在面试时要求你当场表现自己的才艺，你姑且可以谦虚地一试，但千万不要满不在乎地声称这事没问题，那事很容易。有夸海口之嫌的话在求职面试场合，一定要慎出。

一位应聘毕马威会计师事务所的同学回忆说：

第一轮，小组讨论……；第二轮，我犯了所有的错误。首先，没弄清那 senior 的英文名，也没跟人家问清楚，就含含糊糊过去了，人家讲一堆英文，我一紧张就结结巴巴，反而更紧张，到后面就建议改成中文，结果呢，我话匣子大开，对 senior 讲了在超市实习时和一对不讲理的老夫妇争吵的事情，而且还说老年人不应该这个样子，虽然提到自己的错误应该改正的时候，可 senior 这会儿估计已经不会给我这个改正的机会了。（当时真的不知怎么想的，就那么呱啦呱啦地讲了。）后来让我自己至今还后悔的事情是，我学金融学得有点发疯了，当知道那senior是学金融出身的时候，我忍不住问了他对金融的看法，想想吧，如果我是senior的话，早让这个废话一堆的人get out了，可人家是“四大”的啊，人性化和态度这个好让我都感动。最后结果肯定是……总结：去“四大”或者类似外企，一定不要让自己紧张，把外语发挥好，另外虽然他们给人的感觉是很尊重人，但是自己还是要把握度，不能真把他当朋友，啥都说，把自己平时聊天的本领拿出来，那是最能暴露一个人错误的方法。尤其是这种服务行业，该注意的礼仪还有谈吐方式都要好好注意，淡定一些。（来源：《一位大四女生的求职经历》，应届毕业生网，2017年6月1日。）

不错，面试官很注重对应聘者能力的评估，但面试时他更会对你抱着谨慎的态度，让你尽情表现意在让你充分还原真实的自我。这时，如果你想把考官“侃”晕，东拉西扯，尽说些不着边际的话题，甚至大肆吹嘘“关系网”，还自鸣得意，生怕别人不知道你有多大的能量，那么主考官一定会认为你这个人只会拉大旗做虎皮，浅薄至极。

12. 口气太大，让人逆反

聂先生感慨地说：

某医药公司半个月前的一则招聘业务女助理的小小广告

迎来了120多位应聘者，其中不乏重点大学医学院的学生。“如果你给我一个发挥的空间，我一定能让你有N倍的收益。”一听到类似表述，聂先生就觉得很烦，面谈之后他发现现在的女大学生心都挺高的。“我们也知道大学生就业不容易，但是希望大家在找工作的时候，心态要平一些，看清应聘的职位，多一些诚意，省得大家浪费时间。”（来源：《面试小技巧：面试时要适当表现自己》，566考试吧，2019年9月19日。）

有人在就业压力下被迫表现得很“自信”，其实还是不自信的表现。“女生就业本来就不容易，我不把自己说得强一些，或者表现得强一些，用人单位就会觉得我们自信不足呀，不是说自信是求职很重要的一方面嘛。”对此，不少大四女生都表示不解。城市学院会计专业的女生小章更是尖锐：女生好不容易进入面试关，谁都想把自己好的一面表现出来，如果我表示自己一辈子就想做个助理，难道用人单位就觉得满意了？他们肯定也觉得这样的大学生没出息。自信、工作能力强的女生应当受欢迎呀！大家都倾向于：即使实力不足，也要表现得自信一些。

注意：商贸企业招人有特殊性。在贸易企业，有业务才有生存。从用人单位来看，他们既希望找做事能力强的助手，但是又担心太强的人挖了自己墙角。所以不少人都喜欢招一些女性助手，威胁相对小一些。所以，一些能力强的女生，除了恰如其分地展示自己的能力，不妨让自己表现得低调一些。这样的姿态更能让用人单位接受。

不能过分谦虚，也不能过于“自信”，要平和、自然，实事求是地表现自己，当然，这就要求你平时养成良好的思维方式和沟通方式。其实，在很多情况下，平和、自然、实事求是本身就是面试官们喜欢的。当然，面试官与面试官之间脾性、水平、个人风格、看人标准是不尽相同的，针对同样一个表现，可能有人会予以赞赏，有人会表示反对，因此，针对不同单位的面试官常常需要多对其加以了解，并采取不同的对策。这就是本书反复强调的“投其所好”。

13. 跟面试官套近乎

有些人喜欢在等待面试的时候和其他人员高谈阔论，刻意去迎合面试官、掩饰自己的缺点，这是比较忌讳的，因为面试中双方关系过于随便或过于紧张都会影响面试官对求职者的评判。作为人力资源部是希望为企业招聘到最适合的人选，在甄选的时候希望能全面了解应聘人的各个方面，所以，求职者的所有行为表现都应该是本身自然流露出来的，有利于招聘方根据这些表现来大致判断个人秉性和企业文化是否契合。

直到面试结束，姜浩都不知道是因为自己一句“我认识你们单位的某某”而被面试官淘汰出局的。负责面试的杨主管认为，姜浩的话让人有些反感。知情人透露，姜浩所提之人是杨主管的顶头上司，这样突兀的话，不免让杨主管觉得他在利用自己的关系以势压人，更糟糕的是，平时这两个人的关系又很紧张，姜浩算是撞到枪口上了，被淘汰也在情理之中。（来源：《哪些“死穴”面试时碰不得》，应届毕业生网，2017年8月20日。）

14. 抱怨上个东家

职场人离职的有很多，其中确实也有不少问题源于曾经的东家，但是，在面试中借机抱怨却显然不是明智的做法。面试中要尽可能避开关于前任公司的一些问题，侧面表达自己依然热爱那个公司，只是不愿错过目前的发展机会。

“你为什么要离职？”

听到面试官提问，应聘者小齐开始大吐苦水，“我们的老板能力一般，却总对自己的员工要求特别高，最可恨还是耳根软，一些人本没什么作为，就因为会粉饰成绩，老板就会格外赏识，这样没眼光的东家，不待也罢。”（来源：《哪些“死穴”面试时碰不得》，应届毕业生网，2017年8月20日。）

某企业管理顾问有限公司张总表示：

不少求职者在面试中会被问及离职原因，然而面试并不是让你来找机会倒苦水的，要知道此时面试者正在观察你的一言一行，并在考虑是否录用你。试想一下，如果是你，你愿意和那些经常抱怨、批评别人的人一起工作吗？答案肯定是否定的。现在企业强调团队意识、合作精神，你抱怨其他人，正是暴露了自己不能够和谐处理人际关系，无法面对工作中的冲突等弱点。（来源：《求职者要避开的面试死穴》，应届毕业生网，2018 年 1 月 9 日。）

中国科学院东北地理所人事主管李女士表示，凡事要换位思考，如果你总在抱怨上一个老板哪里不好，你的现任老板会觉得将来有一天你也会这样讲他。而且抱怨上个工作的不好，说明你的适应能力、合作力以及执行力都存在问题。要明确，换工作不是因为现在的工作不顺而换，而是职业发展规划的一部分，而且已得到原东家的谅解。

15. 紧张招致出局

一位大公司 HR 说：

但凡收到面试通知者，都已是用人公司经过初步筛选后的结果，一般已是十中选一。因此，对自己所应聘职位的获得抱有强烈的自信心、给面试人员留下一个良好的印象是至关重要的……我曾经在三个来应聘的大学生当中选择一个从事会计员工作，三个大学生学历相当，专业相同。面试时前两位求职者战战兢兢，由于太过紧张，回答我的问题时只有三言两语且词不达意，虽然我也明白他们是由于心态紧张所致，但言语表达的阻滞也说明他们对这次面试或者对这个职位缺乏起码的自信心。我最终选择的是一位表达得体，敢于直视我审视的目光侃侃而谈的求职者。

同等条件下的应届毕业生，在没有工作经历作为参考的前提下，你的自信和得到这个职位的强烈愿望也许就是你淘汰竞争对手的王牌之一。（来源：《面试必看的五大心经》，职场指南网，2018 年 5 月 3 日。）

张同学的求职意向首选是“四大”。经过层层筛选，他如愿进入普华永道和安永华明的最后一轮面试，也就是要去见事务所的合伙人。能在数千大军中杀到见合伙人实属不易。然而，在见合伙人的时候，他特别紧张。在见普华的合伙人时，他叫错了合伙人的名字，并且临走时把包忘在了合伙人的办公室里；在见安永的合伙人时，由于是英文面试，他将一个英文单词重复数遍，唯恐对方听不清楚，直至那位合伙人亲自打断并说明他已经明白了张同学的意思，他才明白该适可而止。结果是两家国际一流的会计公司都在最后面试时将他拒之门外。（来源：《求职面试案例解析》，应届毕业生网，2017 年 3 月 2 日。）

16. 粗疏导致失败

面试某会计师事务所的会计专业应届大学生小罗回忆说：

起初进展得比较顺利，自我介绍背得滚瓜烂熟，专业问题虽说不上对答如流，却也差强人意。我暗暗松了口气，调整坐姿——一声“呃”的怪声从我屁股下传出，极其酷似屁声。我顿时窘迫难耐，方寸大乱，唯恐被这声音栽赃。

然后是介绍家里情况。我仍停留在刚才那件事的余震里，脑袋一片空白，思维完全追不上嘴巴，话没经过大脑就溜了出来：“我是家里的独女。”此言一出，四座哗然。我又羞又急，慌乱中又狠狠地咬了舌头，疼得我半晌说不出话来。终于挨到结束，我收起资料赶紧逃。门口有一卧倒的椅子，而我一门心思只想着立马消失，下意识抬脚就跨了过去。

一个星期后，事务所来电通知噩耗：我被淘汰了。我鼓起勇气询问个中缘由。对方说：“会计工作要求沉着冷静，精细不苟。你的专业知识虽然扎实，但性格不太成熟，容易受外界影响。一把倒在门口的椅子，你居然视而不见。这种粗疏放在工作中不堪设想。”我一下子蔫了。（来源：Guyue435，《你的面试是不是“门不当户不对”？》，天涯部落，2009 年 12 月 17 日。）

后　记

经过两年多的不懈努力，这本倾注了我们大量心血的拙作即将出版了。在写作过程中，赵千和韦政良负责相关案例的收集、整理、分类和文字初步起草，韦新安负责写作大纲的制定和文字总体把握。在此，对每位参与者的持之以恒表示感谢，对在书稿收尾阶段给予认真指导的责任编辑辛慧蓉老师表示感谢。

需要说明的是，本书所有引用的案例均来自互联网等可公开查阅的资料。由于网络互相转载次数过多等原因，部分引用内容实在无法识别原作者，以致无法准确注明来源。在此，敬请相关内容的原作者见谅，并对所有原作者、发布者表示感谢。

另外，由于我们水平有限，错误在所难免，欢迎读者朋友们批评指正。

韦新安

2020年冬